100 Jahre Pfafferode
1912–2012

Von der Preußischen Landesheil- und
Pflegeanstalt bis zum Ökumenischen
Hainich Klinikum gGmbH

Impressum

Herausgeber:
Lothar Adler, Kathleen Dützmann, Elisabeth Goethe
Ökumenisches Hainich Klinikum gGmbH
*Akademisches Lehrkrankenhaus des Universitätsklinikums
der Friedrich-Schiller-Universität Jena
Fachkrankenhaus für Neurologie, Psychiatrie und Psychotherapie,
Kinder- und Jugendpsychiatrie und -psychotherapie*
Pfafferode 102, 99974 Mühlhausen
Internet: www.oehk.de
e-Mail: klinikleitung@oehk.de

Lektorat: Katja Völkel, Elisabeth Goethe, René Burkhardt
Layout: <i-D> internet + Design GmbH & Co. KG
Druck: PROOF Druckproduktion

erschienen im René Burkhardt Verlag, Erfurt
2012

ISBN 978-3-937981-56-7

100 Jahre Pfafferode
1912–2012

Von der Preußischen Landesheil- und Pflegeanstalt bis zum Ökumenischen Hainich Klinikum gGmbH

Lothar Adler,
Kathleen Dützmann,
Elisabeth Goethe
(Hrsg.)

Luftbild von Pfafferode um 1913 ABB. 1

Vorwort

100 JAHRE PFAFFERODE 1912–2012   VORWORT

Das Ökumenische Hainich Klinikum gGmbH, Akademisches Lehrkrankenhaus des Universitätsklinikums der Friedrich-Schiller-Universität Jena, Fachkrankenhaus für Neurologie, Psychiatrie, Psychotherapie und Psychosomatik, Kinder- und Jugendpsychiatrie und -psychotherapie, war und ist nach 100-jährigem Bestehen die größte Nervenklinik in Thüringen. Sie versorgt den Nordwesten Thüringens mit fast 700 000 Menschen von inzwischen vier Standorten aus und bietet in der denkmalgeschützten Park- und Villenanlage des Stammhauses alle modernen Untersuchungs- und Behandlungsmethoden der Neurologie, Neuropsychologie, Psychotherapie und Psychiatrie, die auch von den Tageskliniken in Eisenach, Heilbad Heiligenstadt und Bad Frankenhausen genutzt werden.

Wir arbeiten konsiliarisch eng mit den somatischen Nachbarkliniken zusammen und nutzen gerne deren ergänzende therapeutische und diagnostische Möglichkeiten. Die vertrauensvolle Zusammenarbeit mit den niedergelassenen Kollegen begann oft mit der Ausbildung im Klinikum, betrifft aber auch zunehmend Kollegen, die uns weit über die Grenzen Thüringens hinaus als Spezialklinik ihre Patienten anvertrauen.

Während seiner langen Geschichte haben – im Guten wie im Schlechten – prominente Nervenärzte, Neurologen, Psychologen, Psychiater und Psychotherapeuten hier gearbeitet und ihre Spuren hinterlassen. Das Fachkrankenhaus und seine Entwicklung ist auf diese Weise ein Abbild dessen, was die Nervenheilkunde an Entwicklungen in Deutschland, aber auch in der Welt durchgemacht hat.

Das historische Fach Nervenheilkunde hat relativ spät Anschluss an die positive Entwicklung anderer medizinischer Fachgebiete gefunden. Erst nach der Aufklärung und mehr noch nach der Französischen Revolution war es möglich, Tote zu sezieren und so Kenntnisse über Hirnkrankheiten wie die Alzheimer'sche Demenz, Schlaganfälle u. ä. zu gewinnen. Damit war die Neurologie begründet und nahm dann allmählich eine eigene Entwicklung.

Die Psychiatrie des 19. Jahrhunderts war lange mit der Ordnung der Krankheitsbilder beschäftigt und therapeutisch wenig wirksam. Mit Ausnahme der medizinischen Hypnose und mehr noch der von Sigmund Freud um 1900 begründeten Psychoanalyse und den aus ihr abgeleiteten Psychotherapieverfahren seelisch bedingter Störungen waren lange Zeit hilflose Versuche durch »Erschütterungsbehandlungen« verbreitet, die Philippe Pinel (1745–1826) schon um 1800 mit den Worten geißelte, dass »*man vor diesem medizinischen Wahn erröten muss, der*

weitaus gefährlicher als der Wahn der Geisteskranken ist, dessen verwirrten Verstand man heilen will.«

Auch gesellschaftliche Prozesse haben tiefe Spuren in diesem und in anderen vergleichbaren Krankenhäusern hinterlassen. Gegründet wurde es im christlich geprägten, humanen Geist der ausgehenden Wilhelminischen Ära. Der Erste Weltkrieg und die Hungerjahre der Nachkriegszeit belasteten dann aber den Beginn schwer; viele

Aufsichtsrat und Geschäftsführer des ÖHK, 2012

1 **Dipl.-Ing. Jürgen Wehlisch**
 Geschäftsführer
2 **OKR Eberhard Grüneberg**
 Aufsichtsratsmitglied
3 **Dipl.-Volkswirt Rolf Schnurr**
 Aufsichtsratsvorsitzender
4 **Simon Kokott**
 Aufsichtsratsmitglied
5 **Caritasdirektor
 Bernd Heller**
 Aufsichtsratsmitglied
6 **Prof. Dr. med. Lothar Adler**
 Geschäftsführer
7 **Klaus-Dieter Gerlach**
 Aufsichtsratsmitglied
ABB. 2 · V.L.N.R.

Patienten verstarben an Unterernährung. Die spätere Weimarer Zeit brachte kurzfristig eine deutliche Verbesserung, ehe dann der nationalsozialistische Vererbungswahn hier vielen Menschen das Leben oder durch brutale ärztliche Eingriffe die körperliche Unversehrtheit kostete. Lange Zeit schien es, als ob die Haupttäter in den Nürnberger NS-Tribunalen verurteilt wurden oder der Verantwortung durch Selbstmord auswichen. Der von uns zur Aufarbeitung der Geschichte des Krankenhauses beauftragte Historiker Dr. Steffen Kublik hat nun durch Quellenstudium nachgewiesen, dass dem nicht so ist.

In der DDR und nach der Wende konnte das Krankenhaus an seine humane Tradition anknüpfen und seinen Auftrag erfüllen. In dieser Zeit wurden psychiatrisch-medizinisch revolutionäre Fortschritte erreicht, die die Psychiatrie und Psychotherapie inzwischen zu einem der erfolgreichsten Fächer der Medizin gemacht haben. Auch die Neurologie konnte dramatische Verbesserungen verbuchen und wurde inzwischen von einem eher diagnostischen zu einem therapeutischen Fach. Diese Veränderungen werden von der Bevölkerung wahrgenommen und haben inzwischen zu einer hohen Inanspruchnahme geführt, wenngleich letzte Spuren der Vorurteile gegen »Pfaffi« immer noch bestehen.

Der neoliberale gesellschaftliche Trend »Privatisierung« hat diese Klinik 2002 zu einem ökumenischen, von katholischen und evangelischen Einrichtungen getragenen, gemeinnützigen Krankenhaus der Diakonie gemacht und damit – wenn man will – wieder zurückgetragen an die Stelle, von der aus alles begann: dem christlich geprägten, wertorientierten Helfen-Wollen.

Das hundertjährige Jubiläum ist Anlass, Ihnen dieses Buch an die Hand zu geben. Es beleuchtet zunächst die von Dr. Kublik bis 1958 aufgearbeitete historische Entwicklung vor dem Hintergrund der Entwicklung unseres Faches in aller Deutlichkeit. Das ist eine Verbeugung vor den Opfern und deren unsäglichem Leid und soll die Wachsamkeit einfordern, die wir angesichts ihres Leids der Bevölkerung schulden.

Es folgt dann die Entwicklung der Nachkriegszeit durch Zeitzeugen und schließt mit dem heutigen Stand aus der Sicht der Chefärzte, die nun die Verantwortung tragen. Es soll verdeutlicht werden, welche enormen Anstrengungen der Mitarbeiterinnen und Mitarbeiter in all den Jahrzehnten nötig waren, um die Entwicklungen voranzutreiben, die heute unseren Patienten eine weitgehend optimale Behandlung ermöglichen.

Das wäre nicht zu realisieren gewesen, wenn die moderne Gesellschaft – hier vor allem die BRD und der Freistaat Thüringen – sich nicht in einem bis dahin unbekannten Ausmaß für die Nervenheilkunde insgesamt und auch für uns engagiert hätte. So wird dieser Rückblick auf 100 Jahre »Pfaffi« zu einem Abbild der Wirklichkeit der »Nervenheilkunde«, die orientierungssuchend begann, in schlimme Verirrungen abglitt und nun zu einem Zustand geführt hat, auf den wir sicher stolz sind und wohl auch sein können, mehr aber noch dankbar.

Wir danken Ihnen für Ihr Interesse und wünschen Ihnen eine anregende Lektüre.

Dipl.-Volksw. Rolf Schnurr **Klaus-Dieter Gerlach** **Bernd Heller** **Eberhard Grüneberg** **Simon Kokott**
VORSITZENDER   VORSITZENDER MAV   CARITASDIREKTOR   OBERKIRCHENRAT   VERWALTUNGSLEITER

AUFSICHTSRAT

Dipl.-Ing. Jürgen Wehlisch   **Prof. Dr. med. Lothar Adler**

GESCHÄFTSFÜHRER

Verwaltungsgebäude um 1925   ABB. 3

I. Die Entwicklung des Ökumenischen Hainich Klinikums von der Gründung 1912 bis zur Anfangszeit der DDR 1958

Steffen Kublik, Lothar Adler

1.0	Einleitung	21
2.0	**Psychiatrie auf dem Weg ins 20. Jahrhundert**	22
2.1	Die Gründung von »Irrenanstalten« im 19. Jahrhundert	22
2.2	Behandlungsmethoden um 1900	25
2.3	Gesellschaftliche Rahmenbedingungen	27
3.0	**Die Gründung der Heil- und Pflegeanstalt Pfafferode**	29
3.1	Die erste Gründungswelle in der Provinz Sachsen	29
3.2	Der Standort Pfafferode – eine politisch-wirtschaftliche Frage	31
3.3	Finanzierung	35
3.4	Konzeption und Planung	35
3.5	Bau	40
4.0	**Betriebsaufnahme**	40
4.1	Belegung	40
4.2	Aufnahmeprozeduren	41
4.3	Seelsorge	43
5.0	**Erster Weltkrieg**	44
6.0	**Die Weimarer Republik**	45
6.1	Neubelegung und Vollendung des Ausbaus	45
6.2	Die fertiggestellte Klinik	46
6.3	Zeitgenössische nervenärztliche Therapie	47
6.4	Behandlungen in Pfafferode	50
6.4.1	*Medikamente*	50
6.4.2	*Sozio- und Arbeitstherapie*	50
6.4.3	*Familienpflege*	52

6.5	Therapieerfolge	52
6.6	Pfafferode als Lebenswelt	53
7.0	**Nationalsozialismus**	56
7.1	Freitod eines Pfarrers	56
7.2	»Gesetz zur Verhütung erbkranken Nachwuchses«	57
7.3	Pfafferode und das Erbgesundheitsgesetz	59
7.4	T4-Aktion, die Vernichtung »lebensunwerten Lebens«	60
7.5	T4 in Pfafferode	65
7.6	Menschenversuche	71
8.0	**Nachkriegszeit**	73
8.1	Besatzungszeit und Aufarbeitung der Verbrechen	73
8.2	Gründungszeit der DDR	81
8.3.	Ein Skandal und der Umbruch	84
	Anhang	
a)	Tabellarische Übersichten	
	Belegungszahlen 1912–1924	87
	Belegungszahlen 1924–1933	88
	Ausgaben und Einnahmen 1925/1926–1933	88
	Diagnosen 1913–1924	89
b)	Deportationen	90

II. Pfafferode 1958–1963: Ein revolutionärer Neuanfang

1.0	**Der Neuanfang 1958**	101
2.0	**Die Revolution der Psychopharmakotherapie**	101
3.0	**Der Weg zu den Rodewischer Thesen**	102
	EHRIG LANGE	

III. Das Bezirkskrankenhaus für Psychiatrie und Neurologie Mühlhausen 1963–1985

1.0 Die evolutionäre Weiterentwicklung 111

2.0 Persönliche Erinnerungen 113
Kurt Niedermeyer

Anhang
Tabellarische Übersicht 128

IV. Die letzten Jahre der DDR bis zur Wende

1.0 Das Bezirkskrankenhaus bis 1989 131
Falk Walther

2.0 Die Wende 132
Falk Walther, Brigitte Fröhlich, Marlene Möller

V. Vom Thüringischen Landesfachkrankenhaus zum Ökumenischen Hainich Klinikum

1.0 Die Zeit nach der Wende
und die Entwicklung bis 1994 135
Falk Walther, Brigitte Fröhlich

2.0 Management einer nervenärztlichen Fachklinik
in den »Neuen Bundesländern« durch einen Arzt 140
Lothar Adler
2.1 Entwicklung von Führungskompetenz 140
2.2 Operatives vor strategisches Management 141
2.3 Beginn der Strategischen Planung 142

	2.3.1	Ist-Analyse der Belegung	142
	2.3.2	Ist-Analyse der Wirtschaftlichkeit	144
2.4	»Überlebens«-Management der Finanzierungskrise		146
2.5	Schwächen-Stärken-Analyse 1995		146
2.6	Strukturelle Probleme		149
2.7	Personalentwicklung		150
2.8	Modernisierung der Immobilie		151
2.9	Leistungs- und Budgetentwicklung		154
2.10	Vorbereitung des Trägerwechsels		155
2.11	Nach dem Trägerwechsel		157
	2.11.1	Die neue Struktur der Leitung	157
	2.11.2	Investitionen innerhalb und außerhalb der VOB	157
	2.11.3	Prozessfähigkeit und Planbetten	160
	2.11.4	Wirtschaftlichkeit und kirchlich-gemeinnütziger Auftrag	160
3.0	**Resümee**		163

VI. Die fachliche Entwicklung von der Wende bis jetzt

1.0	**Allgemeine Psychiatrie**	167
	LOTHAR ADLER	
1.1	Leitlinien der Entwicklung im »Osten«	167
1.2	Reformpsychiatrie im »Westen«	167
1.3	Stationärer Akutbereich	169
1.4	Behandlung von Abhängigkeitserkrankungen	172
	KATHARINA SCHOETT	
1.5	Tageskliniken	175
	LOTHAR ADLER	
1.6	Institutsambulanz	176
1.7	Komplementärer Bereich	178

2.0	**Heime** 179	
	Lothar Adler	
3.0	**Neurologie** 180	
	Falk Walther, Peter Möller, Marek Jauss	
4.0	**Kinder- und Jugendpsychiatrie und -psychotherapie** . 183	
	Fritz Handerer	
4.1	Stationäres Angebot 184	
4.2	Tagesklinik 185	
4.3	Institutsambulanz 186	
5.0	**Maßregelvollzug** 186	
	Norbert Boyan	
6.0	**Weiterbildung und Forschung** 192	
7.0	**Ärztliche Selbstverwaltung und Ständeorganisation** . 192	
8.0	**Klinikseelsorge** 193	
9.0	**Fazit** 194	

VII. Das Ökumenische Hainich Klinikum heute

Aktualisierungen und Kontaktadressen der einzelnen Kliniken, Stationen und Abteilungen unter: www.oehk.de

1.0	**Klinik für Psychiatrie und Psychotherapie** 197	
1.1	Abteilung für Affektive Störungen 198	
	1.1.1 Psych A2 (NPZ).	
	Geschützte Akut-Aufnahmestation 199	

	1.1.2	Psych A1 (NPZ). Aufnahmestation – Schwerpunkt affektive Störungen 200
	1.1.3	Haus 2. Depressionsstation 201
1.2	Abteilung für Psychosekranke 203	
	1.2.1	Haus 4. Aufnahmestation für Frauen 204
	1.2.2	Haus 22. Aufnahmestation für Männer 205
	1.2.3	Haus 5. Spezielle psychiatrische Sozio- und Psychotherapiestation 208
	1.2.4	Haus 13. Psychotherapie bei Psychosen und Persönlichkeitsstörungen 209
1.3	Abteilung für Psychotherapie und Psychosomatik. Haus 6 211	
1.4	Abteilung für geistig und mehrfach behinderte Menschen. Haus 20 213	
1.5	Abteilung für Psychiatrie und Psychotherapie des höheren Lebensalters 215	
	1.5.1	Alter und seelische Krankheiten 216
	1.5.2	Historischer Abriss 217
	1.5.3	Intensivstation Psych B im NPZ 219
	1.5.4	Aufnahmestation Psych C im NPZ 220
	1.5.5	Haus 3. Depressionsstation 221
	1.5.6	Gerontopsychiatrisches Zentrum 223
		1.5.6.1 Station 7/1 223
		1.5.6.2 Station 7/2 226
		1.5.6.3 Gerontopsychiatrische Tagesklinik 226
	1.5.7	Gerontopsychiatrische Ambulanz 226
1.6	Abteilung für Abhängigkeitserkrankungen im ÖHK 228	
	1.6.1	Haus 16. Alkohol- und Medikamentenentzug 228
	1.6.2	Haus 23. Entzug von illegalen Drogen 231
	1.6.3	Suchtambulanz 231
1.7	Psychiatrische Institutsambulanz, Erwachsenenbereich . 232	
1.8	Tagesklinik in Heilbad Heiligenstadt 236	
1.9	Tagesklinik in Bad Frankenhausen 238	

2.0	**Interdisziplinäre Eltern-Kind-Station. Haus 1**	239
3.0	**Klinik für Kinder- und Jugendpsychiatrie und -psychotherapie**	241
3.1	Einleitung	241
3.2	Haus 8	242
3.3	Haus 11	244
3.4	Haus 15	245
3.5	Tagesklinik und Ambulanz Eisenach	247
3.6	Psychiatrische Institutsambulanz der Kinder- und Jugendpsychiatrie. Haus 9	249
3.7	Therapiezentrum der Kinder- und Jugendpsychiatrie	251
3.8	Kooperierende Einrichtungen in der KJPP	251
4.0	**Klinik für Neurologie**	252
4.1	Neurologische Intensivüberwachungsstation mit Stroke-Unit-Überwachungsbetten	255
4.2	Station Neurologie 1 mit Stroke-Unit-Überwachungsbetten	255
4.3	Station Neurologie 2	257
4.4	Diagnostikabteilung	257
5.0	**Klinik für Forensische Psychiatrie**	259
6.0	**Heimbereich**	263
6.1	Das »Warum« der Heime am ÖHK	263
6.2	»Elisabeth von Thüringen«	265
6.3	»St. Martin«	267
6.4	»Hildegard von Bingen«	270
7.0	**Krankenhausapotheke**	271
8.0	**Verwaltung und Wirtschaft**	272

9.0	**Mitarbeitervertretung**	276
9.1	Entwicklung von der Betriebsgewerkschaftsleitung zur Mitarbeitervertretung	276
9.2	Mitarbeitervertretung heute	277
10.0	**Neue therapeutische Berufe**	278
10.1	Pflege im psychiatrisch-neurologischen Krankenhaus	278
10.2	Sozialdienst	279
10.3	Ergotherapie	281
10.4	Logopädie	284
10.5	Physiotherapie	285
11.0	**Klinikseelsorge**	287
12.0	**Abbildungsverzeichnis**	290
13.0	**Abkürzungsverzeichnis**	291
	Anhang Übersicht über die Direktoren 1912–2012	292

HINWEIS ZU KAPITEL I.
Die historische Aufarbeitung der Entwicklung des Ökumenischen Hainich Klinikums von der Gründung 1912 bis zur Anfangszeit der DDR bis 1958 durch den Historiker Dr. Steffen Kublik ist in der gleichnamigen Monographie vollständig abgedruckt. Sie finden sie auch auf der Internetseite www.oehk.de. Die mit [x] gekennzeichneten Anmerkungen und Literaturquellen können Sie aus Platzgründen dort nachlesen. Der nachfolgende gemeinsame Text versucht, die historische Entwicklung der Klinik auf dem Hintergrund der Entwicklung der Faches »Nervenheilkunde« zu beleuchten.

I. Die Entwicklung des Ökumenischen Hainich Klinikums von der Gründung 1912 bis zur Anfangszeit der DDR 1958

Steffen Kublik und Lothar Adler

1.0 Einleitung

Die Erkrankung der »Seele« ist, anders als die eines anderen Körperorgans, etwas, das den ganzen Menschen von vornherein grundlegend betrifft. Von vornherein meint, dass das Gehirn als das Organ gelten kann, das den Menschen im Wesentlichen repräsentiert, natürlich auch das differenzierteste ist und dessen Erkrankung sofort auch die »Psyche« und uns »Selbst« beeinflusst. Viele leichte körperliche Erkrankungen können das auch in Grenzen – jeder weiß, wie schlecht man sich selbst bei Zahnschmerzen oder Grippe fühlen kann – aber man ist man selbst, wenn auch unter Schmerzen.

Selbst leichtere psychische Erkrankungen erscheinen dem Betroffenen dagegen von vornherein fremd, nicht zu sich selbst passend – wie unerklärlich und »unvernünftige« Ängste, Ordnungsbedürfnisse, Traurigkeit und ähnliches: *»Das will ich nicht fühlen, das passt nicht zu mir und zur Situation.«*

Schwere seelische Erkrankungen sind manchmal so ausgeprägt, dass der Betroffene die eigene Veränderung nicht mehr merkt und seine Sinne sich verwirren: eigene Gedanken werden zu Stimmen von außen, Angehörige zu Fremden und Gefühle grundlos unnormal gut oder auch schlecht.

Wer sich kritisch mit sich selbst befasst und um sich schaut, weiß freilich, dass auch dies eigentlich gar nichts so Besonderes ist: ein tüchtiger Rausch oder schwere körperliche Erkrankungen können gleichfalls dazu führen, dass der Betroffene nicht mehr »bei Sinnen ist«. Das Gehirn ist in seiner Funktion gestört. Körper und Psyche sind medizinisch untrennbar eng verbunden. Heute haben wir genaue Vorstellungen über die unterschiedlichen Erkrankungen des Gehirns und der Nervenbahnen. Dies war bis in das letzte Jahrhundert hinein anders. In breiten Kreisen – auch der Wissenschaft – herrschten Vorurteile vor, die bei Tabuverletzungen, Hexenwahn, Besessenheit, schlechtem, meist als unsittlich verstandenem Lebenswandel und ähnlichem begannen und bis zu einem mechanischen Vererbungsdenken reichten, in dem Kranken minderwertiges Erbgut zugesprochen oder die Nähe von Genie, Wahnsinn und lasterhaftem Lebenswandel beschworen wurde. Nicht nur die Kenntnisse über die Ursachen waren völlig falsch oder zumindest unzureichend, auch der Umgang mit den Kranken war schlecht und oft unmenschlich.

Der lange Weg aus dieser von Vorurteilen, Desinteresse und oft – aus heutiger Sicht – Unmenschlichkeit geprägten Behandlung psychisch Kranker begann mit der Einrichtung von »Irrenanstalten«.

2.0 Psychiatrie auf dem Weg ins 20. Jahrhundert

2.1 Die Gründung von »Irrenanstalten« im 19. Jahrhundert

In der Retrospektive ist es leicht, die »Irrenhäuser« der vergangenen Zeit zu kritisieren, ähnlich wie anderes von »Früher« auch. Es scheint daher angemessen, einen Zeitgenossen zur Bedeutung von »Irrenhäusern« zu hören, der als damaliger Universitätsprofessor der Maximilians-Universität München auch heute noch weltweit hohes Ansehen genießt, nämlich Prof. Dr. Emil Kraepelin (Kraepelin, E.: Psychiatrie. Ein Lehrbuch für Studierende und Ärzte. Bd. 1 Allgemeine Psychiatrie, Leipzig, 1909, S. 624–630). Im ersten Band seiner »Allgemeinen Psychiatrie« von 1909 führte er aus:

»Die Irrenanstalt in ihrer heutigen Gestaltung ist eine Errungenschaft unseres Zeitalters. In früheren Jahrhunderten ließ man harmlose Kranke einfach herumlaufen und begnügte sich damit, die störenden Irren über die nächste Grenze zu treiben oder in Gewahrsam zu nehmen; sie wurden dann in Klöstern (Tasso in San Onofrio in Rom), häufiger in Gefängnissen und Zuchthäusern, zusammen mit allem möglichen Gesindel untergebracht, in Käfigen (›Dorenkisten‹) oder aber auch in eigenen, menagerieartigen ›Narrentürmen‹ eingesperrt, die meist in der Stadtmauer lagen und an gewissen Tagen von der Menge zur Belustigung besucht wurden. ... Da man das Irresein im Allgemeinen für unheilbar hielt, so waren die Irren nichts als eine Last, deren man sich auf möglichst einfache Weise zu entledigen suchte. Allerdings wurden in manchen Spitälern schon Geisteskranke ganz sachgemäß verpflegt; meist aber dienten die an Kranken-, Siechenhäusern u. dgl. angebauten ›Tollhäuser‹, ›Narrenhäuslein‹, ›Gefängnisse der Angefochtenen‹ nur zur Aufbewahrung ...

Auch nachdem gegen Mitte des 18. Jahrhunderts in England die erste eigentliche Irrenanstalt (St. Luke bei London) zur Behandlung von Geisteskranken eingerichtet worden war, fand dieses Beispiel nur langsame Nachahmung. Noch um die Wende des Jahrhunderts, als Chiarugi in Italien, Tuke in England und Pinel 1798 in Paris das Schicksal der verwahrlosten Geisteskranken zu lindern bemüht waren, herrschte fast überall, auf dem Festland wie in England in den Narrenhäusern die entsetzlichsten Zustände ...

Ja, noch 1817 sah sich Hayner, der ehrwürdige Vorkämpfer für die menschliche Behandlung der Irren in Deutschland, veranlasst, auf das feierlichste gegen die Ketten, die Zwangsstühle, die körperlichen Züchtigungen öffentliche Verwahrung einzulegen: ›Verflucht sei also von nun an jeder Schlag, der einen Elenden trifft aus dieser bejammernswürdigsten Klasse von Leidenden!‹ ... Er zittre vor der rächenden Macht des finstern künftigen

Emil Kraepelin (1856–1926) ABB. 4

Schicksals, das niemand kennt, und versetze sich lebhaft in die Lage des Unglücklichen, den nach dem Verluste seines edelsten Kleinods seine unmenschlichen Brüder in Ketten legen, in Zwangsstühle riemen, mit Henkersfaust stäupen und schlagen! Er zittre, wenn ihn alles das nicht rührt, vor Gott, der uns den Verstand gab, damit wir die Verstandlosen nicht ohne Verstand behandeln!!! ...

Nach und nach kamen die Erkenntnisse von der Notwendigkeit einer völligen Neugestaltung der Irrenversorgung auf ärztlichen Grundlagen mit immer wachsender Gewalt zum Durchbruch und es gab daher in den ersten Jahrzehnten des vergangenen Jahrhunderts in den meisten fortgeschrittenen Ländern anstelle der einfachen Aufbewahrung die Einrichtung wirklicher Heilanstalten, die endlich auch dem unglücklichen Irren die Wohltat einer ärztlichen, auf die Beseitigung ihres Leidens gerichteten Behandlung zu vermitteln bestimmt waren. In Deutschland wurde die erste Heilanstalt, der Sonnenstein bei Pirna, 1811 durch Pienitz in einem alten Schloss eingerichtet; ... Der erste Neubau einer Irrenanstalt fand auf dem Sachsenberg bei Schwerin durch Flemming 1830 statt. Diese Wandlung stand in der innigsten Beziehung zu dem Fortschritt der wissenschaftlichen Erkenntnis von dem Wesen der Geistesstörungen. ...

Zwar hatte vielfach die tägliche Erfahrung schon zu einer Behandlung der Geisteskranken geführt, die unseren heutigen Anschauungen gar nicht so sehr fern steht. Dennoch konnte es nicht fehlen, dass der Einfluss gewisser spekulativ-psychologischer Auffassungen des Irreseins sich in allerlei Absonderlichkeiten geltend machte. Man forderte in den Irrenanstalten Einrichtungen, die in besonderer Weise auf die Einbildungskraft der Kranken wirken sollten. Der Ankömmling sollte mit Kanonendonner und Trommelschlag von Mohren empfangen werden, über rasselnde Zugbrücken fahren, das Anstaltspersonal sich einer fremden, sonoren Sprache bedienen. ...

Den Kranken sollten Spukgestalten umgeben, Eissäulen, Pelzmänner, eine Totenhand ihnen den Bart streichen, während Wassergüsse unvermutet auf ihn stürzten und reißende Tiere ihn erschreckten. ...

Während diese Verfahren, die darauf berechnet waren, durch gemütliche Erschütterung die krankhaften Störungen des Seelenlebens zu beseitigen, in der Hauptsache Vorschläge blieben, fanden andere Behandlungsmittel ausgedehnte Verbreitung. Die Kranken wurden in der verschiedensten Weise misshandelt und gequält, aber nicht mehr aus Rohheit, sondern in der wohlgemeinten Absicht ärztlicher Beeinflussung. Zum Teil handelte es sich dabei mehr um Sicherungsmittel, wie bei dem Hineinstecken des Kranken in einen Sack oder in sargartige Gehäuse, beim Festschnallen auf Zwangsstühlen und Zwangsbetten, bei der Anwendung von Masken und Zwangsjacken; zugleich aber wollte man durch solche Vergewaltigungen unmittelbar die krankhaften Regungen unterdrücken, ebenso durch kalte Übergießungen und Duschen. ...

Glücklicherweise sind diese Verirrungen verhältnismäßig rasch überwunden worden, und die Behandlungswerkzeuge wanderten bald in die Rumpelkammern; dagegen erschien die Anwendung einfacher mechanischer Beschränkungen zum Schutze gegen erregte Kranke oder auch zu ihrer psychischen Beeinflussung noch Jahrzehnte lang als selbstverständliche Maßregel. Lange und schwere Kämpfe hat es gekostet, bis allmählich Conollys kühne Neuerung mit ihren weitreichenden Folgen für die gesamte Gestaltung der Irrenanstalten überall als selbstverständliche Forderung betrachtet wurde. Wir dürfen es aber nicht ohne Stolz aussprechen, dass die Widerstände gegen den Fortschritt weit weniger bei den Irrenärzten gelegen haben, als in den äußeren Verhältnissen, in der

Horn'scher Drehstuhl ABB. 5

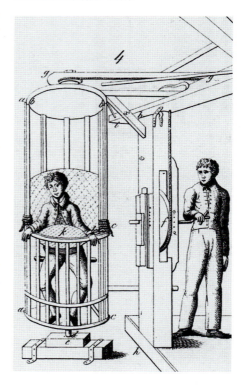

Verständnislosigkeit und Gleichgültigkeit der Massen, in dem Mangel an verfügbaren Hilfsmitteln. Jahrhundertelang haben Regierungen und Volk dem Elend der Geisteskranken teilnahmslos zugesehen, und erst, seitdem es Irrenärzte gibt, ist endlich die Bewegung in Fluss gekommen, die uns auf die jetzige Höhe geführt hat. ...

2.2 Behandlungsmethoden um 1900

Behandlungsansätze dieser Zeit zielten eher auf Symptome wie Erregungszustände, Unruhe, Schlaflosigkeit, Unreinlichkeit, Unterernährung u. ä. und waren recht pragmatisch. Wieder orientierend an Kraepelin (1909) bestand der erste Zweck der Anstalt darin, »*zunächst den Kranken mit einem Schlage der Einwirkung jener täglichen Reize*« zu entziehen, »*wie sie nur allzu oft in seinem Berufsleben in der Sorge für das tägliche Brot in der verfehlten und verständnislosen Behandlung seitens der Angehörigen und Freunde, ja in dem Spott und der Neckerei einer rohen Umgebung auf ihn einstürmten*«. Der Kranke fände sich wieder in einem »*geordneten, vom Geiste der Menschenliebe und des Wohlwollens durchdrungenen Hauswesen, in dem ihn teilnehmenden Verständnis für seinen Zustand, liebevolle Fürsorge für seine Bedürfnisse und vor allen Dingen Ruhe erwartet. Sehr häufig ist daher auch eine sofortige Beru-*

higung der rasche Erfolg seiner Versetzung in die Anstalt.« (Kraepelin 1909, S. 630 f.)

Auch medikamentös stand die Beruhigung des »Furor« im Vordergrund. Verabreicht wurde Opium selbst, aber auch Morphium oder andere Abwandlungen des Opiums. Es wurden auch Alkaloide wie Scopolamin u. ä. empfohlen, vom Haschisch gäbe es nur wenig verwertbare Beobachtungen. Neben der Beruhigung des erregten Patienten ging es auch um Schlafanstoß. Dazu wurden Chloralhydrat und Paraldehyd, Bromide und Barbitursäuren (z. B. Veronal) empfohlen. Die Nebenwirkungen – abgesehen vom Paraldehyd – waren enorm, angefangen damit, dass die Mittel meist widerlich schmeckten, durch die Verabreichung subkutan, intramuskulär oder in den Darm höchst problematisch waren und schließlich, dass die Nebenwirkungen bis hin zu plötzlichen Todesfällen reichten. Das galt auch für die Gruppe der Bromsalze, die aber auch gleichzeitig antiepileptisch wirken konnten und die Barbiturate, die dann die ersten sicheren Antiepileptika wurden, gleichzeitig aber stark schlafanstoßend wirken.

Von den physikalischen Heilmethoden wurden Wasserbehandlung und insbesondere Bäder vorgeschlagen, wobei Kraepelin besonders lange anhaltende warme Bäder empfahl, die ohne jeden Zwang durchzuführen und von den Kranken als behaglich empfunden würden und nebenbei dem Zwecke dienten, sie von den üblichen Verschmutzungen zu reinigen. Körperlicher Bewegung gab er gegenüber Massagen eindeutig den Vorzug: »*Dagegen werden wir der körperlichen Bewegung in verschiedensten Formen einen bedeutsamen Platz unter unseren Behandlungsmitteln einzuräumen haben. Es ist richtig, dass in allen frischen und schweren Geistesstörungen das erkrankte Hirn vor allem der Ruhe bedarf. In der Genesungszeit jedoch, ... wird die ärztlich überwachte körperliche Betätigung nicht nur für den Wiedererwerb verlorener Kräfte, sondern nämlich auch zur Erziehung des Willens von allergrößter Wichtigkeit sein.*« (Kraepelin 1909, S. 589 f.) Schließlich betonte er die Bedeutung regelmäßiger und angemessener Ernährung.

Kraepelin setzte sich auch kritisch mit dem Thema Separierung und Isolierung auseinander. Der Separierung als freiwillige Trennung des Patienten von der Gruppe der anderen sprach er eine sehr häufig günstige Wirkung zu, während er der unfreiwilligen Isolierung sehr kritisch gegenüberstand, weil sich in ihnen »*alsbald eine Reihe der schwersten Übelstände*« entwickelten ... »*Dass unter günstigen Verhältnissen die Isolierung grundsätzlich aufgegeben werden kann, ... steht für mich fest. Dennoch würde ich in einem besonderen Ausnahmefall, ..., nicht zögern, zur Isolierung zu greifen.*« (Kraepelin 1909, S. 596) Bei der psychischen Behandlung wäre oberster Grundsatz Offenheit und unbedingte Wahrheitsliebe. »*Der Arzt hat daher in erster Linie für die möglichste Fernhaltung aller äußeren und inneren Reize zu sorgen.*« Der Hypnose als Heilbehandlung stand er skeptisch, der Psychoanalyse deutlich ablehnend gegenüber: »*Was bisher von dieser ›Deutungskunst‹ bekannt geworden ist, lässt es völlig begreiflich erscheinen, dass die ›Psychoanalyse‹ niemals Gemeingut werden kann, sie ist offenbar mehr Kunst als Wissenschaft. ... Wenn sie Erfolge hat, was bei der Eindringlichkeit des Verfahrens und der Art der behandelnden Zustände nicht zu bezweifeln ist, so dürfte sie sicherlich nicht auf dem Abreagieren eingeklemmter Affekte, sondern auf die Wirkung der ärztlichen Persönlichkeit und der von ihr ausgehenden Suggestion beruhen.*« (Kraepelin 1909, S. 612 f.)

»*Die Gesamtheit aller körperlichen und psychischen Heilmittel findet sich zu einheitlichem Zusammenwirken vereinigt in den mannigfaltigen Einrichtungen der I r r e n a n s t a l t .*« (Kraepelin 1909, S. 624) Verglichen mit dem, was vorher psychisch Kranken angetan wurde, wären sie ein bedeutender Fortschritt für viele.

2.3 Gesellschaftliche Rahmenbedingungen

Die Lage der Geisteskranken konnte sich erst bessern, als man begann, sie als Rechtssubjekt zu verstehen. Als nach der Niederwerfung Napoleons sich die meisten der nun im »Deutschen Bund« zusammengeschlossenen Staaten eine Verfassung gaben, geriet auch die Stellung der »Irren« als Staatsbürger in den Blick des Gesetzgebers.[7] Bereits 1821, 17 Jahre bevor 1838 das als wegweisend geltende französische Irrengesetz in Kraft trat, definierte das Großherzogtum Sachsen-Weimar-Eisenach einschlägige Rechtsnormen. Es wurde festgelegt, dass die Einlieferung von Kranken in die 1804 in Jena eröffnete Irrenanstalt ein Gutachten des jeweiligen behandelnden Arztes sowie ein entsprechendes Zeugnis des zuständigen Geistlichen voraussetze.[8] So wollte der Gesetzgeber verhindern, dass einfach verhaltensauffällige und eher nur lästig gewordene Menschen von ihren Verwandten oder etwa den Lokalbehörden nach Gutdünken in die Anstalt abgeschoben würden.

In Preußen, das neben Österreich zu den wirtschaftlich leistungsfähigsten Staaten im »Deutschen Bund« aufgestiegen war, kamen unter der Federführung des Ministerialbeamten Johann Gottfried Langermann (1786–1832) wegweisende Reformen bei der Irrenbehandlung in Gang. In der unter seiner Oberaufsicht 1825 im rheinischen Siegburg errichteten Anstalt verzichteten die Ärzte weitgehend auf den Einsatz zwangspädagogischer Techniken; stattdessen bekämpften sie die Symptome geistiger Erkrankung mit Medikamenten und diätetischen Mitteln. Das machte Schule.[9]

Mitte des 19. Jahrhunderts fand die »Irrenheilkunde« in Deutschland den Anschluss an die universitäre Lehre, eine Entwicklung, die mit dem Namen Wilhelm Griesinger (1817–1868) eng verbunden ist; er setzte sich für die hirnanatomisch-neurologische, somato-psychische Ausrichtung (»Geisteskrankheiten sind Gehirnkrank-

Wilhelm Griesinger (1817–1868) ABB. 6

heiten«) seiner Wissenschaft ein."¹¹ Damit stellte er körperlich und psychisch Kranke auf eine Stufe und versuchte, deren Diskriminierung zu beenden.

Das öffentliche Irrenanstaltswesen erlebte in Deutschland während des letzten Drittels des 19. Jahrhunderts einen enormen Aufschwung. 1877 gab es auf dem Territorium des Deutschen Reichs 93 staatlich subventionierte Heil- und Pflegeanstalten. In Preußen existierten 1885 allein 71 Einrichtungen; bis 1900 erhöhte sich ihre Zahl auf 105. Mögliche Ursachen dieser Entwicklung waren natürlich zum einen der damalige Bevölkerungszuwachs, aber auch die Industrialisierung. In der sich mehr und mehr ausformenden, auf disziplinierte und hausferne Arbeit angewiesenen industrialisierten Gesellschaft hatten Menschen, die den erhöhten Anforderungen nicht gewachsen waren oder gar der Beaufsichtigung bedurften, keinen Platz.¹⁴ Zu den Richtlinien staatlicher Ordnungspolitik gehörte es, psychisch Kranke von den Gesunden möglichst zu trennen. Man muss sich vergegenwärtigen, dass diese Entwicklung auch die somatische Medizin betraf; zwischen der Reichsgründung 1871 und der Jahrhundertwende 1900 hatte sich die Anzahl der Krankenhäuser von ca. 3000 auf 6300 gut verdoppelt und die der Betten von 141000 auf 370000 fast verdreifacht.

All das verlangte eine umfangreiche Veränderung der medizinischen Versorgung und Arbeitswelt, die hier nur skizziert werden kann. Die Anzahl der im Krankenhaus tätigen Ärzte stieg von 2,8 auf neun Prozent und liegt heute bei ca. 50 Prozent. In der Pflege blieben zwar noch lange die katholischen Barmherzigen Schwestern dominierend, nach Gründung des ersten Diakonissenmutterhauses durch Theodor Fliedner (1800–1864) kamen rasch weitere hinzu und 1900 waren schon ca. 4000 Diakonissen in Krankenanstalten tätig. 1860 forderte Rudolf Virchow (1821–1902) eine säkulare Pflegeausbildung, die dann lange Zeit zur einzigen gesellschaftlich anerkannten Arbeit für Frauen außerhalb der Familie wurde. Schließlich fiel in diese Zeit die Bismarck'sche Sozialgesetzgebung, in deren Rahmen 1883 die Krankenversicherung der Arbeiter eingeführt wurde und so die Voraussetzung für eine breite medizinische Versorgung der Bevölkerung und die Grundlage zur Finanzierung der Krankenanstalten schuf.

3.0 Die Gründung der Heil- und Pflegeanstalt Pfafferode

3.1 Die erste Gründungswelle in der Provinz Sachsen

Die Verwaltung und Finanzierung der öffentlichen Fürsorgeeinrichtungen war im Königreich Preußen Angelegenheit der Provinzen; nur sie hatten Vertreterkörperschaften, Provinziallandtage genannt. Ihre wichtigste Kompetenz bestand darin, über das Budget

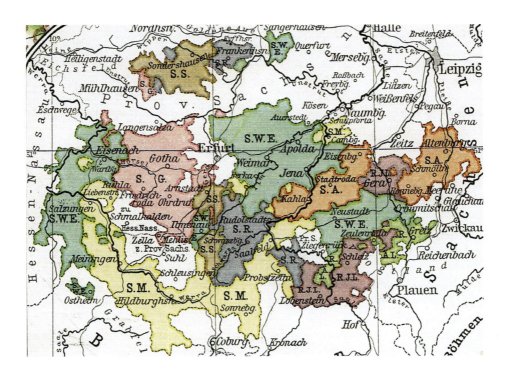

Thüringen (mit dem südlichen Teil der zum Königreich Preußen gehörenden Provinz Sachsen). Politische Übersicht Anfang 20. Jahrhundert.
ABB. 7

1912

1958

abzustimmen, also auch über die Bewilligung von Mitteln für das Medizinalwesen zu entscheiden.¹⁵

Die Provinz Sachsen war eines der wachstumsstärksten Gebiete in Preußen. Es wurde gebildet aus dem westlichen Teil des ehemaligen Kurfürstentums und späteren Königreich Sachsen, den mitteldeutschen Teilen des früheren Kurfürstentums Mainz, der Region zwischen Altmark und unterem Saaletal sowie den ehemaligen Reichsstädten Mühlhausen und Nordhausen. Diese Verwaltungseinheit schloss soziologisch so unterschiedliche Territorien wie das handwerklich geprägte Harzvorland, die überwiegend bäuerlichen Strukturen der Börde und des Thüringer Beckens, das von Kleingewerbetreibenden dominierte Eichsfeld und die Industrie- und Handelsstädte Erfurt, Magdeburg und Halle zusammen.¹⁶ Erfurt und Magdeburg waren auch die Zentren der gleichnamigen Regierungsbezirke; östlich von ihnen erstreckte sich der Regierungsbezirk Merseburg. In den Bezirken *lag das Rückgrat der Provinzialverwaltung*.¹⁷

Das wirtschaftlich entwickelte Land folgte früh dem Trend, moderne Irrenanstalten einzurichten. Nach längeren Debatten darüber, ob nicht etwa das Zeitzer Schloss zu einer solchen umgestaltet werden könnte, entschied sich der Provinziallandtag schließlich für einen Neubau auf dem Gelände des Weinbergs bei Nietleben unweit von Halle.¹⁸ 1844 öffnete die Anstalt ihre Pforten.

Konrad Alt (1862–1922) ABB. 8

Die hier binnen drei Jahrzehnten gewonnenen Erfahrungen fanden ihren Niederschlag bei der Konzeption der zweiten in der Provinz Sachsen errichteten Irrenheilstätte: Altscherbitz. Statt aus einem großen Gebäude, das nicht erweitert werden konnte, bestand sie aus einem Zentralbau und mehreren Nebengebäuden.¹⁹ Indem Gruppen von Kranken zu »Kolonien« zusammengestellt wurden und man diese auf dem anstaltseigenen Gut arbeiten ließ, setzte man zukunftsweisende Akzente.[20]

Den Impuls zur Errichtung einer weiteren Anstalt für Geisteskranke gab das preußische Pflegegesetz von 1891, dem zufolge nicht nur wie bisher die heilbaren und gemeingefährlichen unheilbaren, sondern auch alle anderen »Irren«, einschließlich der Schwachsinnigen, Anspruch auf staatliche Fürsorge hatten. Da abzusehen war, dass die beiden vorhandenen Anstalten die nun in Frage kommenden Kranken nicht würden fassen können, beschloss der Provinzial-Landtag den Bau einer dritten.[21] Bei der Verwirklichung dieses Planes spielte der von Prof. Griesinger vertretene Gedanke eine wichtige Rolle, wonach friedfertige Psychiatriepatienten wenn möglich in Privathaushalten gepflegt werden sollten, damit sie am Gesellschaftsleben teilhaben könnten.[22]

Der Psychiater Dr. Konrad Alt (1862–1922), der an dem Projekt maßgeblich beteiligt war und auch die Leitung der 1894 in Uchtspringe (Altmark) eingerichteten Anstalt übernahm, legte Wert darauf, dass die für das Anstaltspersonal zu schaffenden Wohnungen auch für die Aufnahme von nicht mehr internierungsbedürftigen Kranken geeignet wären.[23] Als um 1900 schließlich auch die Kapazität von Altscherbitz erschöpft war, versuchte der Landtag zunächst mit der Einrichtung eines »Landesasyls« nahe der ebenfalls in der Altmark gelegenen Kleinstadt Jerichow Abhilfe zu schaffen. Wie schon in Uchtspringe wurden geeignete Patienten bei Familien untergebracht, von diesen mit leichten Arbeiten beschäftigt und von einem Arzt betreut.[24]

Das wachsende Bedürfnis nach fachgerechter Behandlung konnte weder so noch durch Ausbau der Anstalt Nietleben befriedigt werden. Eine erneute Vergrößerung der bereits erweiterten Anstalten Altscherbitz und Uchtspringe verbot sich, weil deren wirtschaftliche Einrichtung dies nicht zuließ. Besonders prekär wurde es, als zwei Privatanstalten die mit der Provinz geschlossenen Verträge kündigten.[25] Den drohenden Zusammenbruch der psychiatrischen Versorgung vor Augen, wandten sich die drei Direktoren der vorhandenen Heilstätten daraufhin Ende 1908 in einer Eingabe an die Provinzialverwaltung: Der Landtag möge beschließen, Mittel zur Erbauung einer neuen Anstalt, in der bis zu 800 Patienten untergebracht werden könnten, bereitzustellen.[26]

3.2 Der Standort Pfafferode – eine politisch-wirtschaftliche Frage

Der Provinzialausschuss – der die Tagungen des Landtags vorzubereiten hatte – stand dem Wunsch der Anstaltsdirektoren positiv gegenüber. Seine Mitglieder waren sich darüber einig, dass der Neubau im Regierungsbezirk Erfurt angelegt werden müsste, da dieser noch keine Irrenanstalt besaß.[27] Zwei Kommunen hatten der Provinz für den Bau der Anstalt Grund und Boden offeriert: Erfurt ein etwa 150 Hektar großes, südöstlich der Stadt auf dem »Herrenberg« gelegenes Gelände, das sie jedoch zum Teil erst noch mehreren Privateigentümern hätte abkaufen müssen; Mühlhausen das eine Fläche von rund 260 Hektar einnehmende Gut Pfafferode, das sich anderthalb Kilometer westlich der Stadt befand.[28]

Mühlhausens Oberbürgermeister Adolf Trenckmann (1856–1932) fasste die sich bietende Gelegenheit, die wirtschaftliche Situation der Stadt zu verbessern, beim Schopf. Noch bevor der Provinzialausschuss den Vorgang auf die Agenda setzte, bat der umtriebige Kommunalpolitiker den Jenaer Psychiatrieprofessor Otto Binswanger (1852–1929), Pfafferode zu besichtigen und sich zu den Qualitäten des Geländes im Hinblick auf das Vorhaben schriftlich zu äußern. Binswanger vermied aber eine eindeutige Stellungnahme. Verpackt in einen detaillierten Vergleich der geografischen und klimatischen Verhältnisse Erfurts mit denen Mühlhausens fällt in seinem Bericht die wenig aussagekräftige Bemerkung, dass *das Gut Pfafferode sicherlich geeignet zur Anlage einer Irrenanstalt in dem projektierten Umfange sei*.[29] Inwieweit das Erfurter Terrain die hierzu erforderlichen Eigenschaften besaß, darüber erfuhr man von ihm nichts.

Vermutlich konnte der Provinzialausschuss mit diesem Bericht nicht viel anfangen. Zudem war Binswanger zwar ein namhafter Psychiater[30], die von ihm geleitete Jenaer Universitätsklinik wies aber ein ganz anderes Profil auf als die geplante Anstalt. Ein überzeugendes Votum für oder gegen einen der Standorte war nur von jemandem zu erwarten, der selbst über Erfahrungen als Direktor einer gleichartigen Einrichtung ver-

Adolf Trenckmann (1856–1932)   ABB. 9

fügte. Der Provinzialausschuss beauftragte deshalb den Direktor der Anstalt Uchtspringe Konrad Alt mit der Erstellung eines Gutachtens. Alt war Vorkämpfer eines progressiven Psychiatriekonzepts, das auf die resozialisierende Wirkung der Arbeitstherapie sowie der Unterbringung von Patienten bei Pflegefamilien setzte.

Für Alt stand außer Zweifel, welchem Standort er den Vorzug geben würde: Erfurt. Grundsätzlich kämen zwar beide infrage, da sie beide die arbeitstherapeutische Beschäftigung der Kranken in der Landwirtschaft erlaubten und der Anschluss an das Trinkwasser- und Kanalisationsnetz von beiden Städten zugesagt worden wäre; ansonsten brächte die Annahme des Mühlhäuser Angebots nur Nachteile. Zum einen läge Mühlhausen an einer *für den Verkehr ungünstigen Nebenbahn*.[31] Anreisende wären gezwungen umzusteigen, was für die in die Anstalt zu bringenden Kranken mit peinigenden Gefühlen verbunden sein könnte, wenn sie *aller Mitreisenden Augen auf sich gerichtet* sähen.[32] Zum anderen gäbe es in der Gegend um Pfafferode *weit und breit keine Ortschaft*.[33] Das von der zeitgemäßen Psychiatrie angestrebte Ziel, möglichst viele resozialisierungsfähige Patienten in Privathaushalten zu pflegen, ließe sich zuverlässiger erreichen, wenn die Anlage auf dem von freundlichen Dörfern umgebenen Gelände bei Erfurt errichtet werden würde. Alt betonte weiterhin, dass es für den

Otto Binswanger (1852–1929) ABB. 10

psychiatrischen Nachwuchs interessanter wäre, in oder im Umfeld der kulturell lebendigen und großen Stadt Erfurt zu wohnen, als seinen Lebensmittelpunkt in der Kleinstadt Mühlhausen zu haben.[34] Während die beiden ersten Argumente in der Rückschau kaum Relevanz hatten, ist der Arztmangel in der Region auch heute noch ein Problem.

Der Provinzialausschuss hatte eigentlich kaum eine andere Wahl, als diesem *außerordentlich gut begründeten Gutachten* beizu-

ENTWICKLUNG 100 JAHRE PFAFFERODE 1912–2012

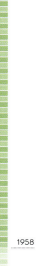

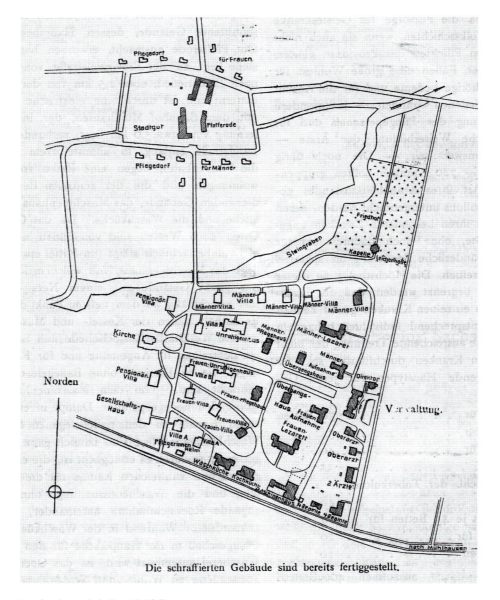

Bauplan der Landesheilanstalt Pfafferode ABB. 11

fügte. Der Provinzialausschuss beauftragte deshalb den Direktor der Anstalt Uchtspringe Konrad Alt mit der Erstellung eines Gutachtens. Alt war Vorkämpfer eines progressiven Psychiatriekonzepts, das auf die resozialisierende Wirkung der Arbeitstherapie sowie der Unterbringung von Patienten bei Pflegefamilien setzte.

Für Alt stand außer Zweifel, welchem Standort er den Vorzug geben würde: Erfurt. Grundsätzlich kämen zwar beide infrage, da sie beide die arbeitstherapeutische Beschäftigung der Kranken in der Landwirtschaft erlaubten und der Anschluss an das Trinkwasser- und Kanalisationsnetz von beiden Städten zugesagt worden wäre; ansonsten brächte die Annahme des Mühlhäuser Angebots nur Nachteile. Zum einen läge Mühlhausen an einer *für den Verkehr ungünstigen Nebenbahn*.[31] Anreisende wären gezwungen umzusteigen, was für die in die Anstalt zu bringenden Kranken mit peinigenden Gefühlen verbunden sein könnte, wenn sie *aller Mitreisenden Augen auf sich gerichtet* sähen.[32] Zum anderen gäbe es in der Gegend um Pfafferode *weit und breit keine Ortschaft*.[33] Das von der zeitgemäßen Psychiatrie angestrebte Ziel, möglichst viele resozialisierungsfähige Patienten in Privathaushalten zu pflegen, ließe sich zuverlässiger erreichen, wenn die Anlage auf dem von freundlichen Dörfern umgebenen Gelände bei Erfurt errichtet werden würde. Alt betonte weiterhin, dass es für den

Otto Binswanger (1852–1929) ABB. 10

psychiatrischen Nachwuchs interessanter wäre, in oder im Umfeld der kulturell lebendigen und großen Stadt Erfurt zu wohnen, als seinen Lebensmittelpunkt in der Kleinstadt Mühlhausen zu haben.[34] Während die beiden ersten Argumente in der Rückschau kaum Relevanz hatten, ist der Arztmangel in der Region auch heute noch ein Problem.

Der Provinzialausschuss hatte eigentlich kaum eine andere Wahl, als diesem *außerordentlich gut begründeten Gutachten* beizutreten.³⁵ Ende Februar 1910 erging an den Landtag der Antrag, er möge beschließen, unweit von Erfurt *eine neue Landesheilanstalt […] zum Kostenbetrage von 5 Millionen Mark* bauen zu lassen.³⁶

Im Abgeordnetenhaus regte sich gegen diese Vorlage jedoch Widerstand. Adolf Trenckmann, der gleichzeitig Oberbürgermeister von Mühlhausen und Landtagsabgeordneter war, kämpfte engagiert um den Standort: Pfafferode wäre zur Errichtung von eventuell erforderlichen Erweiterungsbauten viel geeigneter als das Erfurter Gelände, Mühlhausen würde mit der geplanten Einführung des Schnellzugverkehrs zwischen Hannover und Erfurt bald ebenso gut erreichbar sein wie Erfurt, vor allem aber wäre zu bedenken, dass Mühlhausen das fragliche Grundstück für einen sehr günstigen Preis anböte.

Die Reaktion des Plenums, das am 7. März 1910 über den Sachverhalt beraten sollte, war überraschend. Statt sich, wie üblich, die Argumente des Provinzialausschusses zu eigen zu machen, stellten sich viele Diskutanten auf Trenckmanns Seite. Der Fürst von Stolberg-Wernigerode warnte davor, sich bei seinem Votum hauptsächlich von den Freizeitbedürfnissen der Ärzte leiten zu lassen.³⁷ Die Herren Bansi und Oppé griffen das von Trenckmann herangezogene Kostenargument auf, und die Abgeordneten von Wedel und Lentze plädierten dafür, auch einmal etwas für das Wirtschaftsleben kleinerer Kommunen zu tun.³⁸ Zwar gaben die Herren Rive und Ludewig zu bedenken, dass mit dem Bau der vorgesehenen Anstalt in der Nähe von Mühlhausen der Ärztemangel in psychiatrischen Einrichtungen wohl kaum bekämpft werden könnte³⁹, doch blieben ihre Worte wirkungslos: Bei der Abstimmung über den Standort der neuen Einrichtung votierte eine Dreiviertelmehrheit des Landtags für Pfafferode.⁴⁰

Das Abstimmungsverhalten war wohl Resultat geschickter Lobbyarbeit. Der »Mühlhäuser Anzeiger« berichtete, Oberbürgermeister Trenckmann hätte in einem wenige Tage vor jener denkwürdigen Sitzung an den Landtag gesandten Schreiben nachdrücklich darauf hingewiesen, dass 50 000 Reichsmark eingespart werden könnten, wenn der zur Anstalt gehörende Gutshof nicht erst neu angelegt werden müsste, sondern das auf dem Gut Pfafferode stehende Gehöft übernommen werden würde.⁴¹ Einem Erfurter Regionalblatt zufolge hatte die Leitung der Konservativen Partei des Wahlkreises Mühlhausen die Parteizentrale gebeten, auf die Konservativen im Landtag zugunsten von Pfafferode einzuwirken. Mit Blick auf die bevorstehende Nachwahl zum Reichstag im Wahlkreis hatte die Kreisleitung so für ihre Partei Stimmung gemacht.⁴² Vor allem aber war es die Kostenfrage, die die Konservativen veranlasste, sich für Pfafferode zu entscheiden. Wie der Vertreter des Wahlkreises von Hagke gefordert hatte⁴³, musste die Stadt der Provinz weit entgegenkommen. Sie überschrieb das Gelände für die vergleichsweise geringe Summe von 150 000 Mark,⁴⁴ verpflichtete sich, die Wasserleitung und die Kanalisation auf eigene Kosten an das Anstaltsgelände heranzuführen und zudem, einen regelmäßigen Straßenbahnbetrieb zwischen Stadtgebiet und Anstalt zu gewährleisten.⁴⁵

3.3 Finanzierung

Bereits im März 1910 beauftragte der Landtag den Dezernenten für das Hochbauwesen der Provinzialverwaltung, Otto Ruprecht (1860– nach 1927), mit der Projektierung der Anlage;⁴⁶ den Plan ausführen sollte Regierungsbaumeister Knabe.⁴⁷ Gelder in Höhe von drei Millionen Reichsmark standen ebenfalls seit März 1910 zur Verfügung, im März 1912 bewilligte der Landtag weitere zwei Millionen.⁴⁸

3.4 Konzeption und Planung

Die Entscheidung für Pfafferode hatte für Konrad Alt unangenehme Konsequenzen. Es war ihm nicht vergönnt, sein Lebenswerk mit der Leitung einer nach dem neuesten Stand eingerichteten Heilstätte zu krönen und dabei auch noch die Annehmlichkeiten einer nahe gelegenen Großstadt zu ge-

nießen.⁵¹ Die Provinzialverwaltung ließ sich aber bei der Gestaltung der Baulichkeiten von seinen Vorstellungen leiten und verdeutlichte so, wie sehr sie seinen Sachverstand schätzte. Die Konzeption der Anstalt basierte auf seinem sorgfältig ausgearbeiteten Bauprogramm, das er seinem Gutachten beigefügt hatte. Nur in wenigen Fällen wich man von seinen Angaben ab.⁵²

Dr. Alts Bauprogramm lag die Überlegung zugrunde, wie sie auch schon Kraepelin geäußert hatte. Jeder Kranke müsse den *seinem Zustand angepassten und gleichwohl die Interessen der Mitkranken wenigst gefährdenden* Aufenthaltsort bekommen.⁵³ Patienten, die ein ähnliches Verhalten zeigten, sollten an gleicher Stelle untergebracht, z. B. die gefährlichen von den harmlosen abgesondert werden. Dem ließ sich am zuverlässigsten Rechnung tragen, wenn unterschiedlichen Bestimmungen dienende Krankenhäuser vorhanden wären und diese Häuser ihrem jeweiligen Zweck entsprechend eingerichtete Räume besäßen. Er hielt es für zwingend erforderlich, die Anstalt im *sogenannten Pavillon-System,* in Form einer aus zahlreichen Einzelgebäuden bestehenden Anlage, erbauen zu lassen.⁵⁴ Es geht um die Konkretisierung von Griesingers Grundsatz, wonach die zu einer Irrenheilstätte gehörenden Bauten sich *möglichst wenig* von einem *großen Privathaus* [...] unterscheiden dürften und *nicht genug* [...] *auf Geschmack und Freundlichkeit in* [ihrer] *Erscheinung*

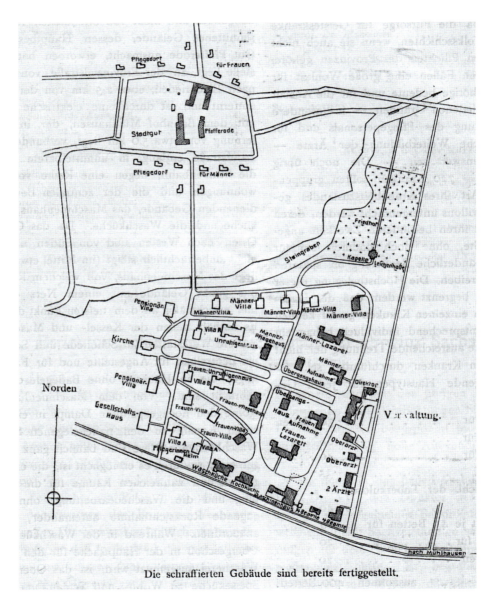

Bauplan der Landesheilanstalt Pfafferode ABB. 11

geachtet werden könne.⁵⁵ Von den insgesamt 800 Krankenplätzen der Anstalt sollten je 360 für Frauen und Männer *der gewöhnlichen Versorgungsklasse* bestimmt sein. Je 20 Plätze wollte Alt den *Herren und Damen der Pensionärsklasse* vorbehalten, also Kranken, die sich eine bevorzugte Beköstigung und Betreuung leisten konnten. Bis zu je 20 Frauen und Männer plante er von Pflegefamilien versorgen zu lassen.⁵⁶

Das Baukonzept sah eine für weibliche und eine für männliche Kranke bestimmte Seite vor. Die eingelieferten Patienten wären zunächst in so genannte Aufnahmehäuser zu bringen, wovon je eines auf jeder Anstaltsseite errichtet werden sollte. Hier würden die Neuankömmlinge untersucht und eine Zeitlang beobachtet werden.⁵⁷ Diejenigen, die sich oder anderen gefährlich werden könnten, sollten dann in eines der beiden auf jeder Anstaltsseite stehenden »Unruhigenhäuser«, alle anderen in eines der beiden »Übergangshäuser« verlegt werden. Nach einer geraumen Zeit, so Alt, würden die in den Übergangshäusern versorgten Patienten, sofern sich ihr Zustand als stabil erwiesen hätte, in einer der zehn »Freien Villen« untergebracht werden können. Für nicht nur psychisch, sondern auch physisch kranke Patienten sollten Lazaretthäuser – je eines für die Frauen-, eines auf der Männerseite – gebaut werden. Bei *schwerem Siechtum* sollten die Patienten in »Pflegehäuser« verlegt werden können.⁵⁸

Zur inneren Einrichtung der Krankengebäude finden sich ebenfalls genaue Angaben: So plädierte Alt für eine reichliche Ausstattung der Aufnahmehäuser mit Badegelegenheiten, um stark erregte Neuankömmlinge mithilfe von Dauerbädern beruhigen zu können. *Feste Fenster* und andere Sicherungen, die aggressive Patienten *gegen Schädigung der eigenen Person und der anderen zu schützen vermögen,* gehörten für Alt zur Standardausrüstung der Aufnahmehäuser.⁵⁹ In den Übergangshäusern, die er sich mit weniger starken Sicherheitseinrichtungen versehen vorstellte, sollte es auch ein *vom Treppenaufgang betretbares Besucherzimmer* geben.⁶⁰ Die Unruhigenhäuser wollte er so ausgestattet sehen, dass von dem durch die Kranken verursachten Lärm möglichst wenig nach außen dringen konnte. Das auf der »Frauenseite« der Anstalt stehende Lazarett sollte einen für beide Geschlechter verwendbaren Operationssaal besitzen.⁶¹ Auch Arztwohnungen sollten sich in den Lazaretthäusern befinden, sodass im Bedarfsfall ein *Arzt möglichst sofort zur Stelle* wäre. In den Pflegehäusern, so Alt, dürften *gut zu isolierende und leicht zu desinfizierende Gelasse* zur Pflege von Tuberkulosekranken nicht fehlen.⁶²

Auf dieser Basis entwickelte Landesbaurat Ruprecht sein Baukonzept. Er entwarf einen Gebäudekomplex, der eher an eine herrschaftliche Residenz als an eine »Irrenanstalt« denken lässt. Ob die *Übernahme des*

Residenzschemas der doch einem recht profanen Zweck dienenden Anlage *eine geheime Ironie* in sich birgt, wie der Kunsthistoriker Winfried Korf wissen will,[64] sei dahingestellt.

Die dem Publikum zugänglichen Anstaltsräume sollten von Wohlstand und gediegener Üppigkeit Zeugnis ablegen, die das Bürgertum der Wilhelminischen Ära so schätzte. Nach Betreten des Empfangszimmers im Aufnahmehaus für Frauen konnte man den Eindruck haben, *man befinde sich in einer modernen, komfortabel eingerichteten Villa*. An den Fenstern hingen *schneeweiße Gardinen,* und die aus solidem Holz gefertigten Türen und Türpfosten waren mit satter blauer Farbe gestrichen. Braun gemusterte Leinwand bedeckte zwei Drittel der Wände, ihren oberen Teil schmückte eine im ornamentalen Jugendstil gehaltene, *mit leuchtenden Blumen und bunte*[n] *Vögeln* bedruckte Papiertapete. Einen nüchterneren Anblick boten die Schlafräume des Hauses. Hier standen bis zu zehn eiserne Bettstellen, mit Matratzen und Wolldecken versehen. Die in diesem Haus vorhandene *Isolierzelle* war ein *Zimmer ohne Klinken;* Beleuchtung und Heizung konnten nur vom Nachbarzimmer aus bedient werden.[67]

Blick vom Mittelweg auf Krankengebäude in den 1920er Jahre
ABB. 12 · OBEN

Blick vom Sozialzentrum auf Krankengebäude 1920
ABB. 13 · UNTEN

Besuchszimmer in der Frauenaufnahme
ABB. 14 · LINKS

1912

1958

3.5 Bau

Die Hoffnung des Oberbürgermeisters Trenckmann, durch Errichtung der neuen Anstalt am Rande seiner Stadt die heimische Wirtschaft zu fördern, erfüllte sich. Die Provinzialverwaltung engagierte für die Arbeiten am Bau Firmen aus Mühlhausen und Umgebung. Es waren vor allem Mühlhäuser Betriebe, die die Gebäude mit Möbeln ausstatteten, Kleidung für die Patienten lieferten und die Versorgung der Anstalt mit Lebensmitteln sicherstellten.[49] Im Sommer 1912 waren die Bau- und Einrichtungsarbeiten so weit gediehen, dass die Anstaltsleitung ihre Tätigkeit aufnehmen konnte: Direktor Dr. Adolf Schmidt (1863–1926), bisher Oberarzt in Altscherbitz, trat seinen Dienst am 1. Juli 1912 an. Nachdem im Herbst auch die technischen Systeme installiert worden waren, trafen am 2. Dezember 1912 zwanzig Patientinnen aus Jerichow in Pfafferode ein. Damit war die Anstalt eröffnet.[50]

4.0 Betriebsaufnahme

4.1 Belegung

Der Transport von 20 Frauen aus Jerichow in die neue Anstalt am 2. Dezember 1912 war der Auftakt zu sich über Jahre hinstreckende Verlegungen aus anderen Irrenheilstätten der Provinz Sachsen. Zunächst konnten nur wenige Patienten hier aufgenommen werden, da die meisten der projektierten Krankengebäude noch gar nicht oder nur als Rohbau standen. Ende 1912 waren nur die beiden Aufnahmehäuser bezugsfertig; erst im Laufe des Jahres 1913 wurden die beiden Übergangshäuser, die beiden Unruhigenhäuser, die zehn »Freien Villen« sowie das Frauen- und das Männerlazarett fertiggestellt.[68] Entsprechend etappenweise ging die Belegung der Anstalt vonstatten. Bereits zwei Tage nach Ankunft des ersten Kranken-

Direktor Adolf Schmidt (1863–1926) ABB. 15

> **Landesheilanstalt.** Die ersten Kranken 20 Frauen von der Landesheilanstalt Jerichow, sind heute hier eingetroffen und mit der Elektrischen zur Landesheilanstalt Pfafferode gebracht worden, wo sie vorläufig im **Aufnahmegebäude untergebracht** wurden, bis andere Gebäude fertiggestellt sind. Kleinere Krankentransporte aus Altscherbitz und Uchtspringe sind für die nächste Zeit zu erwarten.

»Mühlhäuser Anzeiger« vom
3. Dezember 1912, Seite 2   ABB. 16

transports trafen weitere 14 Patientinnen in Pfafferode ein, drei Tage später kamen 14 männliche Pfleglinge hinzu.

Im darauffolgenden Frühjahr, nach Fertigstellung weiterer Krankengebäude, wurde die Belegung der Anstalt fortgesetzt; die Zahl ihrer Insassen belief sich im April 1913 auf 210. Ein knappes Jahr darauf hatte sie sich auf 466 erhöht, und im März 1915 konnte Direktor Schmidt berichten, dass in seiner Einrichtung 556 Personen betreut würden.[69] Damit war die Anstaltskapazität zwar noch immer nicht ausgeschöpft, dennoch hatte man schon im Vorjahr geglaubt, einem bei diesem Belegungstempo möglicherweise bald eintretenden Platzmangel vorbeugen zu müssen:

Aus den von Direktor Schmidt in der Zeit von 1912 bis 1925 an die Provinzialverwaltung gesendeten Berichten über den Zustand der Pfafferöder Anstalt geht hervor, dass in seiner Amtszeit zwischen 40 und 50 Prozent der hier untergebrachten Patienten an »einfacher Seelenstörung« litten. Diese heute eher ungewöhnliche Bezeichnung pflegte die Vor-Kraepelinsche Psychiatrie für alle endogenen Psychosen zu gebrauchen, Adolf Schmidt hielt an diesen veralteten Bezeichnungen bis in die 1920er Jahre fest. Zwischen 15 bis über 20 Prozent der Patienten waren Epileptiker. Zuweilen bildeten diese, zuweilen die »Schwachsinnigen« die zweitgrößte Patientengruppe. Bei etwa fünf bis acht Prozent der Betreuten handelte es sich um Paralytiker, daneben gab es einige an Chorea Huntington Erkrankte (eine vererbte Hirnschrumpfung mit anfänglich auffälligen unkontrollierten Bewegungen), Alkoholiker und auch Traumatisierte.[98] *(siehe Anhang Tabelle »Diagnosen 1913–1924«)*

4.2 Aufnahmeprozeduren

In dieser Zeit musste sich jeder Neuzugang einem Aufnahmeritual unterziehen. Wie E. Kraepelin hatte K. Alt in seinem »Programm zur Errichtung einer neuen Landesheilanstalt« gefordert, dass die eingelieferten Kranken gründlich gereinigt werden sollten.[99] Man schickte ausnahmslos jeden künftigen Anstaltspflegling erst einmal ins Bad. Noch in den 1950er Jahren wurde so verfahren.[100]

Danach mussten sich die Neuzugänge für gewöhnlich ins Bett legen.[101] Schlug der

Baden der Patienten ABB. 17

Versuch, die Patienten auf diese Weise zur Ruhe zu bringen, fehl – was eher die Regel, als die Ausnahme gewesen sein dürfte –,[103] griff man zu hydrotherapeutischen Anwendungen. Die Erregten wurden in Badewannen gesetzt, die mit lauwarmem Wasser gefüllt waren, und mussten oder durften in ihnen stundenlang verbleiben. Half auch das nicht, wickelte man die Patienten in feuchte Tücher und ließ sie dann bis zu zwei Stunden so eingepackt liegen.[104] Immer ging es um den mehr oder minder erfolgreichen Versuch, der psychotischen Unruhe, Gereiztheit oder auch Aggression gegen sich und anderen Herr zu werden.

4.3 Seelsorge

Die weniger profanen Bedürfnisse der Patienten sollte die Kirche befriedigen. Der hohe Stellenwert der seelsorgerischen Betreuung schlug sich schon in der Konzeption der Anstaltsanlage nieder: Selbstverständlich sollte die neue Einrichtung eine eigene Kirche erhalten, da in einer solchen, wie Konrad Alt versicherte, die *Kranken andächtiger und vertrauensvoller beten und göttlichen Trost empfangen* würden als in einem auch weltlichen Zwecken dienenden Festsaal.[129] Geplant war, die Kirche den Abschluss der das Gelände durchziehenden Hauptachse, also das Gegenstück zum Verwaltungsgebäude, bilden zu lassen.[130] Warum sie schließlich im Pflegerdorf erbaut wurde, ist heute nicht mehr nachvollziehbar. Die Patienten evangelischer Konfession wurden zunächst von einem Mühlhäuser Stadtpfarrer geistlich versorgt, während für die Katholiken ein Franziskaner zuständig war (und mit Bruder Jordan Tentrup wieder ist). 1916 erhielt Pfafferode mit dem evangelischen Pfarrer August Emmelmann (1879–1933) einen eigenen Anstaltsgeistlichen. Da sich der Bau des Kirchengebäudes kriegsbedingt verzögerte, mussten die Gottesdienste erst einmal in der Begräbniskapelle stattfinden, wo Pastor Emmelmann allsonntäglich, Franziskanerpater Burckhardt jeden zweiten Sonntag Gottesdienste abhielten. Am 9. September 1917 wurde im Beisein hochrangiger Vertreter der Provinzialverwaltung sowie des Generalsuperintendenten Jacobi aus Magdeburg die Anstaltskirche geweiht.[131]

Kirche von Pfafferode um 1917 ABB. 18

Gutshof ca. 1913 ABB. 19

5.0 Erster Weltkrieg

Bereits im Frühjahr 1914 hatte der Provinziallandtag den Bau von zwei weiteren Häusern zur Unterbringung von Kranken der »gewöhnlichen Versorgungsklasse« beschlossen; zudem stellte er Mittel für die Errichtung von zwei Villen bereit, in denen wohlhabendere Patienten würden verpflegt werden können.[70] Der im August 1914 ausgebrochene Erste Weltkrieg ließ es ratsam erscheinen, das Vorhaben vorerst zurückzustellen. Es fehlte zwar auch an Arbeitskräften, aber es gab bald auch keine Notwendigkeit mehr, zusätzliche Krankenplätze in Pfafferode zu schaffen. Die Zahl der Patienten verminderte sich nämlich in dramatischer und tragischer Weise. 1915 waren nur wenig mehr Todesfälle als im Vorjahr zu verzeichnen, im Jahr darauf starben aber mehr als doppelt so viele Patienten *(siehe Anhang, Tabelle 1)*; gelegentlich angegebene Anzahl von Toten, die in die Tausende gingen, sind offenbar reine Spekulation. Auch 1917 und 1918 bewegte sich die Sterblichkeit der Anstaltsinsassen auf diesem Niveau.[71] Die meisten von ihnen fielen einer sich verschlimmernden Tuberkulose oder anderer

Krankheit zum Opfer. Die Verschlimmerungen gingen auf das Konto anhaltender Mangelernährung. Es fehlte an eiweiß- und kalorienreichen, gut verwertbaren Lebensmitteln. Um ein Gefühl der Sättigung zu erzeugen, war man gezwungen, die vorhandene Nahrung mit Wasser zu strecken, sodass gewöhnlich dünne Suppen auf den Tisch kamen. Vermutlich Eiweißmangel und Herzinsuffizienz bedingte Ödeme wurden beschrieben, an deren Folgen die bereits körperlich kranken oder schwachen Patienten dann letztlich verstarben.[72] In der Retrospektive wundert dies doch trotz aller kriegsbedingten, auch die allgemeine Bevölkerung treffende Mängel, weil die Selbstversorgungskapazität der Klinik mit ihrem Gut eigentlich das Schlimmste hätte verhindern können *(siehe unten)*.

6.0 Die Weimarer Republik

6.1 Neubelegung und Vollendung des Ausbaus

Kurz nach Kriegsende hielten sich nur noch 378 Patienten in Pfafferode auf.[73] Danach füllte sich die Klinik zwar wieder, aber einige Villen blieben noch jahrelang leer. In eine der »Männervillen« waren Wohnungen für das Anstaltspersonal eingebaut worden, um den Raum zu nutzen.[74] Erst gegen Mitte der 1920er Jahre wurden wieder deutlich mehr Kranke in die Anstalt eingewiesen. Dann stieg deren Zahl so schnell an, dass die Fertigstellung der noch vor Kriegsbeginn projektierten und im Rohbau errichteten Häuser unumgänglich wurde. Nach Abschluss der Arbeiten gab es in Pfafferode 1200 Betten; fast alle wurden ab 1929 auch benötigt.[75] Die drohende Überbelegung der für die Pflege Geisteskranker und Behinderter bestimmten Einrichtungen in der Provinz Sachsen war 1926 auch Thema einer Sitzung des Provinzialausschusses. Man bewilligte Gelder für den Ausbau der bestehenden Landesheilanstalten und beschloss die Gründung einer neuen. Sie wurde bei der unweit von Magdeburg gelegenen Kleinstadt Haldensleben errichtet.[76]

Es wurde nach Überwindung der Nachkriegskrise viel Geld in die Klinik investiert. Nachdem die vor dem Krieg im Rohbau errichteten Krankengebäude fertiggestellt waren, wurde die Modernisierung der technischen Einrichtungen in Angriff genommen. Pfafferode bekam eine neue Kühlanlage und einen Röntgenapparat, die Waschküche und das Versorgungsmagazin wurden erweitert und auch eine elektrisch betriebene Kesselbeschickungsanlage installiert, die dem Heizungs- und Warmwassersystem künftig die nötige Energie zuführen sollte. Um Wärmeverlusten vorzubeugen, brachte man am Dach des Kesselhauses Verschalungen an, und schließlich erhielt die Anstalt auch eine beheizbare Garage.[83]

6.2 Die fertiggestellte Klinik

Über die nun fertiggestellte, in eine schöne Umgebung eingebettete, aus prächtigen Bauten und gepflegten Parkanlagen bestehende Pfafferöder Anstalt gibt der von der Provinzialverwaltung in Auftrag gegebene Inspektionsbericht des Göttinger Psychiatrieprofessors Ernst Schultze und des Amtsarztes Dr. Clauss aus Erfurt aus dem Jahr 1920 Auskunft. Die für die Kranken zum Tagesaufenthalt bestimmten Räume seien groß, peinlich sauber und geschmackvoll möbliert. Im Unterschied dazu würden die Schlafsäle stets verschlossen gehalten, auch die Fenster in allen Räumen könnten nur vom Pflegepersonal geöffnet werden: Ordnung und Hygiene bestimmten den Alltag aller. In den Aufnahme-, Unruhigen- und Übergangshäusern gab es zudem Isolierzimmer, in denen besonders aggressive Patienten untergebracht würden. Deren Fenster wären aus unzerschlagbarem Glas und mit extrastarken Türen gesichert. Die Räume würden ununterbrochen beleuchtet.[79]

Von diesen Sicherungseinrichtungen war in einem Interview, das der Pfafferöder Arzt Dr. Emil Jach (1874–1930) dem »Mühlhäuser Anzeiger« kurz vor seiner offiziellen Ernennung zum Nachfolger des am 30. März 1926 verstorbenen, ersten Anstaltsdirektors Schmidt gab, nicht die Rede. Die *moderne Irrenpflege,* versicherte er, gehe durchaus *andere Wege als man gemeinhin glaubt.* Zwar sei

Grabstätte des Direktors Emil Jach (1874–1930) auf dem Pfafferöder Friedhof
ABB. 20

man manchmal gezwungen, *gelinden Druck auf die Patienten auszuüben,* immer aber würden sie *mit Liebe und Güte* behandelt.[80] In Jachs einige Jahre später veröffentlichter Beschreibung der Pfafferöder Anstalt spielt das Thema Krankenbehandlung überhaupt keine Rolle. Dafür äußert sich der Autor ausführlich zu den baulichen Gegebenheiten seiner Wirkungsstätte. Man erfährt, dass die Schlafabteilung der Aufnahmehäuser von der Wachabteilung durch *behaglich mit Nischen und bequemen Sitzgelegenheiten* versehenen Tagesräumen getrennt sei, dass die den Fenstern der Pflegehäuser vorgelagerten Glasveranden es den Pfleglingen ermöglichten, auch bei schlechtem Wetter frische Luft zu genießen, und man darf sich mit den Damen und Herren der »Pensionärsklasse«

über ihr *Vierzellenbad* freuen[81] – kurz – es ist ihm sehr daran gelegen zu zeigen, dass seine Anstalt auf der Höhe der Zeit steht, was sie bei aller Kritik aus heutiger Sicht denn wohl auch tat.

6.3 Zeitgenössische nervenärztliche Therapie

Im Ganzen gesehen steht außer Frage, dass die »Irrenärzte« der ersten Hälfte des 20. Jahrhunderts vielen ihrer Patienten nur wenig helfen konnten, aber auch erste tatsächliche Fortschritte machten. Die größten Erfolge wären bei der Behandlung der Neurosen und posttraumatischen Belastungsstörungen zu erzielen gewesen, die aber nur selten stationär behandelt wurden. Die Freud'sche »Psychoanalyse« stieß aber bei vielen der damals in Deutschland praktizierenden Nervenärzten auf Skepsis bis klare Ablehnung wegen der vermeintlichen Überbetonung der Sexualität. Die psychotherapeutischen Behandlungen erschienen zudem als zu langwierig und kostspielig und

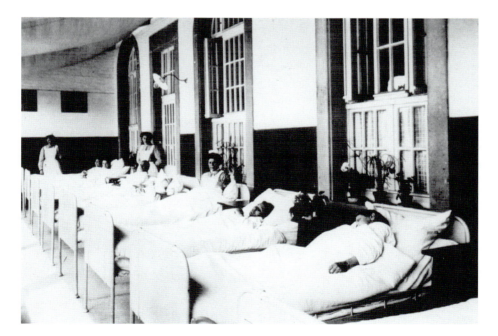

Patientenzimmer ABB. 21

die Kapazitäten waren zu gering.[84] Vor allem in den USA, England und der Schweiz war die Situation anders; tiefenpsychologisch fundierte Behandlungen wurden viel früher eingesetzt und zum Beispiel von dem Schweizer Prof. Eugen Bleuler in seinem Lehrbuch *(Bleuler, E.: Lehrbuch der Psychiatrie, Berlin, 1937)* einschließlich hellsichtiger Modifikationen und Ergänzungen, die man heute eher der Verhaltenstherapie zuordnen würde, auch empfohlen. Die Psychoanalyse kehrte quasi nach dem Ende des 2. Weltkrieges nach Deutschland zurück, weil sie vor allem in den USA und Großbritannien sehr angesehen und verbreitet war.

Bei »endogenen Psychosen« – heute Schizophrenie, bipolare affektive Psychose und monopolare Depressionen genannt – wurden erst Mitte des 20. Jahrhunderts medikamentöse Behandlungsansätze gefunden *(siehe unten)*. Dass sie teils vererblich waren, wusste man, was in Deutschland fatale Folgen haben sollte. Die später in der Behandlung bipolarer Patienten eingeführten, wichtigen Lithiumsalze waren an sich auch schon im 19. Jahrhundert bei Depressionen eingesetzt worden; auch die antidepressive Wirkung des Johanniskrauts war seit dem Altertum bekannt, beide wurden aber nicht systematisch untersucht und eher »geheim« in Privatkliniken angewandt.

Oswald Bumke (1877–1950) machte 1924 in seinem weithin anerkannten Lehrbuch *(Bumke, O.: Lehrbuch der Geisteskrankheiten, München, 1924)* deutlich, dass keine Mittel ursächlich auf diese endogenen Psychosen einwirkten und es nur um Beruhigung und Schutz vor Fehlhandlungen ginge. Eugen Bleuler (1857–1939) stellte am Ausgang dieser Epoche für die Schizophrenie fest, dass Patienten nur wegen erheblicher Fehlverhalten in psychiatrischen Kliniken behandelt werden sollten, die allerdings häufig wären.

Die Behandlung bestand im Akutstadium aus der Gabe von beruhigenden Mitteln wie schon bei Kraepelin fast 30 Jahre zuvor. Empfohlen wurden Schlafmittel wie Brom-

Eugen Bleuler (1857–1939) ABB. 22

salze und Barbiturate, deren Einsatz dann, einem Vorschlag seines Mitarbeiters Jakob Klaesie (1883–1980) folgend, 1921 zu acht- bis zwölftägigen Schlafkuren ausgebaut wurde. Neu und unerprobt waren die Cardiazol-Krampfbehandlung nach Ladislas Joseph von Meduna (1896–1964) und die Insulin-Schock-Behandlung nach Manfred Sakel (1900–1957). Den Verfahren lag u. a. die Erkenntnis zugrunde, dass Schizophrene mit Epilepsie nach einem Anfall häufig gebessert waren. Beide Verfahren konnten über generalisierte tonisch klonische Krämpfe tatsächliche Besserungen bewirken, waren aber in der Art der damals üblichen Anwendung auch potenziell lebensgefährlich, wie im Übrigen auch die Schlaftherapien.

1937 kam dann noch die Elektrokrampftherapie hinzu, die als einziges der Erschütterungsverfahren – freilich unendlich verfeinert – noch heute vor allem in den USA angewandt wird.

Epileptiker konnten schon im mittleren 19. Jahrhundert mit Kaliumbromid relativ erfolgreich behandelt werden. Ab ca. 1910 wurden die schon 1864 von Adolf von Baeyer (1835–1917) synthetisierten, zunächst nur zur Sedierung eingesetzten Barbiturate in die Epilepsiebehandlung eingeführt; führender Vertreter dieser Substanzen war Phenobarbital (Luminal), das sich nach Oswald Bumke nur langsam durchsetzte. Erst 1938 folgte Phenytoin als deutlich weniger nebenwirkungsbelastete Substanz.

Patienten und Pfleger um 1930 ABB. 23

Andere, aus heutiger Sicht neurologische Erkrankungen konnten ebenfalls wenig gebessert werden. Unter Hirnerkrankungen bildete die Progressive Paralyse insofern eine Ausnahme, als sie seit Ende des Ersten Weltkrieges wirksam behandelt werden konnte: 1917 war es Julius Wagner von Jauregg (1857–1940) in Wien gelungen, diesen durch Syphilisbakterien verursachten, zu Demenz führenden Krankheitsprozess aufzuhalten, indem er die Patienten mit Malariaerregern infizierte.[87] Dieses Verfahren erwies sich als so erfolgreich, dass viele ihre Berufsfähigkeit wiedererlangten[88] und Wagner von Jauregg den Nobelpreis einbrachte. Die Anwendung von Fiebertherapien bei anderen psychiatrischen Erkrankungen war nicht erfolgreich; sie spielte dann aber später hier in Pfafferode eine traurige Rolle.

6.4 Behandlungen in Pfafferode

Wie sahen aber nun Behandlungen hier konkret aus? Darüber weiß man wenig, weil die damals geführten Akten kaum Auskunft darüber geben. Was man an Verlauf und Behandlung dokumentierte, soll nur an einigen Fällen illustriert werden.

6.4.1 Medikamente

Medikamente kamen, das lässt zumindest ein Blick in die Krankenakten vermuten, in der Pfafferöder Anstalt während des ersten Jahrzehnts ihres Bestehens nur verhältnismäßig sparsam zum Einsatz.

Frau M., geboren 1879, hatte im Alter von sieben Jahren ihren ersten epileptischen Anfall. Damals sei sie über fünf Stunden bewusstlos gewesen; von da an hätten ihre Geisteskräfte nachgelassen. Nach weiteren Anfällen habe sie eine Neigung zu Gewalttätigkeiten entwickelt. 1905 wurde sie in die Anstalt Uchtspringe aufgenommen, wo sie zunächst ein scheues, gereiztes Wesen zeigte, dann aber zunehmend abstumpfte. In Pfafferode wurde ihr von Anfang 1928 bis Ende 1930 täglich ein halber, ab 1931 ein ganzer Esslöffel des Anti-Epileptikums Natriumbromid verabreicht; ab 1932 bekam sie zudem Luminal zur Beruhigung, das auch ein sehr wirksames Anti-Epileptikum sei.[106]

Frau H., geboren 1889, war auf Veranlassung des Mühlhäuser Magistrats 1913 in die Anstalt aufgenommen worden, nachdem sie aus ihrer Stellung als Kontoristin entlassen worden war und androhte, sich das Leben zu nehmen. In Pfafferode war ihre Stimmung gedrückt, sie starrte viel vor sich hin und wollte oft nicht essen. Das verordnete Opium lehnte sie ab, weil sie ja doch nicht wieder gesund würde. Nach vielem Zureden nahm sie es dann doch ein und erhielt es bis Februar 1914 regelmäßig. Im Juli 1914 wurde Frau H. nach Hause beurlaubt, nach drei Wochen aber von ihrer Mutter wieder in die Anstalt gebracht. Im Frühjahr 1915 bekam die Patientin Fieber; ihr Vater holte sie schließlich nach Hause, wo sie bald darauf – wahrscheinlich an »Miliartuberkulose« – starb.[108]

6.4.2 Sozio- und Arbeitstherapie

Seit langem bestand unter führenden Psychiatern die Ansicht, dass Bettruhe nur im akuten Stadium das Befinden bessere, auf Dauer aber negativ beeinflusse. Hermann Simon (1867–1947), der Direktor der psychiatrischen Anstalt Gütersloh, plädierte dafür, die Kranken, sofern ihr Zustand es irgendwie gestatte, *aus dem Bett heraus[zu]nehmen,*[110] ihnen eine geeignete Arbeit zuzuweisen und so zu versuchen, sie *wieder in das normale Leben zurückzuschleusen.*[111] Simons Verdienst war es, die »Arbeitstherapie« in das

Zentrum der psychiatrischen Praxis gestellt zu haben.¹¹³

Pfafferode bot vielfältige Möglichkeiten, das in die Tat umzusetzen. In den 1920er Jahren gab es auf dem Gelände eine Tischlerei, eine Sattlerei, eine Weidenflechterei, eine Schneiderei, eine Malerei sowie eine Schuhmacherei.¹¹⁴ Bei der Einrichtung dieser Arbeitsbereiche hatte man sich auch von therapeutischen Erwägungen leiten lassen, Kostengründe dürften damals wie heute aber ebenso eine wichtige Rolle gespielt haben. Preußen – und mithin die Provinz Sachsen – gewährte diesen Institutionen nur eine Beihilfe. Tatsächlich erwirtschaftete die Pfafferöder Anstalt zwischen 1925 und 1932 etwa 60 bis 80 Prozent ihres finanziellen Bedarfs.¹¹⁵

Wie überall sonst unterschied man auch in Pfafferode zwischen »Männer- und Frauenarbeit«. Bis zu 80 männliche Patienten waren unter der Aufsicht von Gutsarbeitern, die wiederum einem Inspektor namens Otto Röbbenack unterstellt waren, auf dem Anstaltsgut beschäftigt. Dieses mehr als 200 Hektar umfassende, aus Acker-, Weide- und Waldland bestehende Gelände lieferte Frischfleisch, Getreide, Hackfrüchte und Holz für den Anstaltsbedarf. In der Gärtnerei wurden von den Patienten, angeleitet von Anstaltsgärtnern, Gemüse und Blumen gezüchtet.¹¹⁷ Einige »Patientenkolonnen« hielten die Wege instand, andere pflegten die Parkanlagen und den Friedhof, transportierten die Kohlen vom Keller zur Heizungsanlage oder das Essen von der Küche zu den Krankengebäuden bzw. zu den Speiseräumen des Anstaltspersonals.¹¹⁸

Patientinnen bei der Arbeitstherapie
ABB. 24 · OBEN

Patienten bei Arbeiten in den Gartenanlagen
ABB. 25 · UNTEN

6.4.3 Familienpflege

Während also die Arbeitstherapie in Pfafferode im großen Stil Anwendung fand, gelang es nicht, das Konzept »Familienpflege« im geplanten Umfang zu verwirklichen.[119] Zwar waren nach Eröffnung der Anstalt zunächst etliche Patienten in häusliche Pflege gegeben worden, und selbst im Kriegsjahr 1917 lebten noch 24 frühere Anstaltsinsassen in einem Privathaushalt. Im März 1918 betrug die Zahl der Pfafferöder Familienpfleglinge aber nur noch elf, Anfang 1919 lebten lediglich zwei Patienten bei Familien, und auch sie wurden kurze Zeit später von der Anstalt zurückgenommen.[120] Über das baldige *Wiederaufleben der Familienpflege* machte Direktor Schmidt sich keine Illusionen. Die Angestellten hätten *keine Neigung mehr, Kranke in Verpflegung zu sich zu nehmen*, berichtete er der Provinzialverwaltung; *die Unterbringung in fremden Familien* könne vorläufig *ebenfalls nicht in Frage kommen.*[121] Angesichts der in den späteren Kriegsjahren herrschenden Lebensmittelknappheit war damals kaum eine Familie bereit und fähig, nicht zum Verwandtenkreis gehörende Personen mit Nahrung zu versorgen. Durch die dramatische Inflation änderte sich daran auch in den Nachkriegsjahren nichts. Selbst als nach der Stabilisierung der Währung Ende 1923 wieder bessere Zeiten kamen, war die Krisenangst inzwischen so fest in den Köpfen verankert, dass die Menschen von

Pflegerdorf um 1925 ABB. 26

derlei Überlebensstrategien zunächst nicht abrückten.

Erst in den späten 1920er Jahren nahm das Anstaltspersonal wieder Patienten bei sich auf. Die 1929 ausgebrochene Weltwirtschaftskrise dürfte die meisten Anstaltsangestellten weniger als zuvor der Lebensmittelmangel und die Inflation verängstigt haben, da sie als Beamte eine hohe Arbeitsplatzsicherheit genossen:[122] 1930 lebten 18 Kranke bei Pfafferöder Pflegefamilien, zwei Jahre später 28.[123]

6.5 Therapieerfolge

In seinem dem »Mühlhäuser Anzeiger« gegebenen Interview hatte Direktor Jach geäußert, dass *fast ein Drittel* der in der Pfafferöder Anstalt gepflegten Patienten *als geheilt entlassen werden* könnten.[124] Das klingt gut, kritisch wird man heute sehen müssen, dass dies etwa der Spontanheilungs- bzw. Besserungsquote vieler psychischer Erkrankungen entspräche. Jach verschwieg nicht, dass die Hälfte der aufgenommenen Kranken zeitlebens dort bleiben müsse.[125] Diese Anstaltsbewohner dazu zu bewegen, sich mit ihrem Schicksal abzufinden, konnte nur gelingen, wenn Pfafferode für sie ein neues Zuhause wurde. Die Anstaltsdirektion war demnach verpflichtet, gerade den Dauerpatienten das Anstaltsleben erträglich zu machen.

6.6 Pfafferode als Lebenswelt

Als Erstes musste die Anstalt für eine ausreichende Ernährung der Kranken sorgen. Das bereitete während des Krieges offenbar unüberwindliche Schwierigkeiten. Schon im ersten Nachkriegsjahr standen aber wieder

Küche und Waschküche um 1920 ABB. 27

Kirmes am Gesellschaftshaus 1928 ABB. 28

mehr Speisefette zur Verfügung und ab 1921 wurden die Anstaltsinsassen auch wieder satt.[126] Anlass zu Klagen war in den 1920er Jahren die wenig schmackhafte Zubereitung der Speisen. Nachdem sich sogar die Provinzialverwaltung mit der Angelegenheit befasste, gab sich die Anstaltsküche anscheinend mehr Mühe.[127] Ein erhalten gebliebener Speisezettel hinterlässt einen anschaulichen Eindruck von der den Patienten im Februar 1930 verabreichten Kost:

Am Dienstag, den 11. Februar 1930, bestand das Frühstück für Kranke der »ersten und zweiten Versorgungsklasse« aus Butterbrot mit Zervelatwurst, mittags wurde ihnen Sauerbraten mit Sahne und Kartoffeln vorgesetzt; Butterbrot mit Hausmacherwurst, dazu Bohnenkaffee, bildete ihr Abendessen. Zur Hauptmahlzeit der Erste-Klasse-Patienten gehörte noch ein Dessert. Patienten der dritten Klasse mussten sich morgens mit Butterbrot ohne Belag begnügen, zu Mittag bekamen sie Rindfleisch, Kartoffeln und Weißkohl, abends gab es das Gleiche für alle Klassen.

Sonntags fielen die Mahlzeiten opulenter aus: So gab es am 9. Februar 1930 für alle Anstaltsinsassen zum Frühstück Butterbrot mit Bismarckhering. Mittags bekamen die Patienten der ersten und zweiten Klasse

Bouillon, Kalbsnierenbraten mit Schmorkohl und Kartoffeln sowie als Nachtisch eine Apfelspeise mit Vanille. Auf die Kranken der ersten Klasse wartete noch eine weitere Obstspeise. Die Hauptmahlzeit der Dritte-Klasse-Patienten bestand aus Bouillon, Kalbsbraten mit Soße und Kartoffeln sowie Äpfeln als Nachtisch. Abends aßen alle Butterbrot mit gekochtem Schinken und tranken Kakao dazu.[128]

Wenn dieser Plan repräsentativ für das um 1930 in Pfafferode offerierte Speiseangebot ist, so darf die Verpflegung der Kranken als hoffentlich schmackhaft, in jedem Fall aber als nahrhaft bezeichnet werden.

Höhepunkte im kulturellen Leben von Pfafferode waren die Konzerte des Anstaltschors und die von Pflegerfamilien und Patienten in Szene gesetzten Theaterspiele. Von einer solchen, offenbar besonders gelungenen Veranstaltung schrieb Pastor Emmelmann in der Kirchenchronik:

[1921 brachte] das liebe Weihnachtsfest [...] außer der musikalisch reich ausgestatteten Christvesper am Heiligabend (3 Uhr) die Aufführung eines Kinderspiels »Mitternacht und Weihnachtsschein« von Paul Mahlsdorf am 2. Feiertag. Es waren etwa 300 Kinder der Anstalt beteiligt, die mit ihren Reigen-Gesängen und sonstigem fröhlichen Spiel viel Freude unter Kranken und Gesunden verbreiteten. Schöne Lichteffekte hoben die Aufführung noch ungemein. Alle die typischen Weihnachts-gestalten, das Christkind, der Knecht Ruprecht, Frau Holle und Engel, aber auch Gestalten der Natursage, die Frau Sonne, Mond, Sterne, Frostriese, Wind, Schneeflocken und Dezembertage traten darin auf.[132]

Tanzveranstaltungen hatten ebenfalls ihren Platz im Pfafferöder Festkalender. Wie oft und in welcher Form sie stattfinden konnten, hing allerdings vom Willen des Anstaltsdirektors ab. Adolf Schmidt zeichnete sich zwar eher durch *Pflichttreue* und *Gerechtigkeitssinn* als durch heitere Gelassenheit aus und galt auch als schwer zu befriedigender Vorgesetzter, *dessen wachsame[m] Auge nicht die geringste Regelwidrigkeit entging*.[133] Tanzvergnügen bildeten unter seiner Ägide aber einen festen Bestandteil des Pfafferöder Veranstaltungsprogramms.[134]

Dagegen hatte Emil Jach, der großen Wert darauf legte, in der Öffentlichkeit als moderner Psychiater zu gelten, *für die Vergnügungen der Patienten [...] kein Verständnis*.[135] Der mehrfach geäußerte Vorschlag, ein Anstaltsfest mit Tanz im Freien zu feiern, stieß bei ihm auf taube Ohren.

Erst nachdem Dr. Paul Langer (1871–1934) Nachfolger des am 11. Oktober 1930 verstorbenen Direktors Jach geworden war, durfte ein Tanzfest ausgerichtet werden.[136] Langer war es aber auch, der nach Hitlers Machtübernahme die Umwandlung der Anstalt Pfafferode in einen Ort der Inhumanität auf den Weg brachte.

7.0 Nationalsozialismus

7.1 Freitod eines Pfarrers

Am 11. Februar 1933 starb Pfarrer August Emmelmann *nach langem Nervenleiden plötzlich unter tragischen Umständen.*[137] Mit diesen Worten umschrieb Georg Heinrich Neunobel (1893–1971) in der Pfafferöder Kirchenchronik die Tatsache, dass sein Amtsvorgänger seinem Leben selbst ein Ende setzte. Dem Anstaltspersonal dürfte der Freitod sehr wohl bekannt gewesen sein; jedenfalls wurde noch nach Jahrzehnten darüber gesprochen. Ob jedoch der gewichtigste Grund für Emmelmanns Selbsttötung dessen Kapitulation vor den immer bösartigeren Angriffen antikirchlicher Kräfte war, wie die Überlieferung wissen will,[138] darf bezweifelt werden. Keinen Zweifel kann es allerdings an der Existenz einander feindlich gegenüberstehender Gruppierungen in Pfafferode während der Zeit der Weltwirtschaftskrise geben. Emmelmann selbst zufolge kam es 1931 zu einer *scharfen Zuspitzung der politischen Gegensätze in unserer Anstalt,*[139] und es ist anzunehmen, dass der Anstaltpfarrer in diese Konflikte tief hineingezogen wurde. Seinen Suizid, den er nur wenige Tage nach Hitlers Ernennung zum Reichskanzler verübte, mögen all jene begrüßt haben, die von Hitler das Heil erwarteten. Sie verschärften nach Hitlers Machtantritt ihre kirchenfeindlichen Aktivitäten. Als im September 1934 die evangelische »Frauenhilfe« ihr zehnjähriges Bestehen feiern wollte, liefen die nationalsozialistischen Anstaltsangestellten dagegen Sturm. Direktor Langer, der, so der »Mühlhäuser Anzeiger«, *den Aufbruch des neuen Deutschland mit tiefer Freude begrüßte,*[140] verbot schließlich das geplante Fest. Nach Langers Ableben am 7. Oktober 1934 gab der zum kommissarischen Anstaltsdirektor ernannte Dr. Ernst-Heinrich Gengnagel dann doch die Erlaubnis, es auszurichten.[141] Dies war aber nur ein vorläufiges Zugeständnis an einen nicht zu vernachlässigenden Teil des Personals. Der Kampf der Pfafferöder Nazis gegen die Kirche ging weiter. Als mit Beginn des Krieges 1939 neben anderen Waren des täglichen Bedarfs auch Heizmaterial rationiert wurde, bot sich dem Anstaltsleiter Dr. Karl Kolb (1906–1941) die Gelegenheit, gegen die Pfafferöder Kirchgemeinde vorzugehen:

Vorbereitungen zum Sportfest um 1939 ABB. 29

Er sperrte ihr das Kohlenkontingent und untersagte ihr schließlich die Abhaltung von Gottesdiensten während der Wintermonate. Nachdem auch diese Maßnahme den Pfarrer offenbar nicht einzuschüchtern vermochte, erwirkte Kolb Anfang 1940 seine Verhaftung. Erst nach der Kapitulation konnte Neunobel seine Amtstätigkeit wieder aufnehmen.[142]

Verglichen mit dem, was viele hundert Pfafferöder Patienten in den Jahren der Hitlerdiktatur erleiden mussten, war die Terrorisierung der Anstaltskirchgemeinde allerdings vergleichsweise harmlos.

7.2 »Gesetz zur Verhütung erbkranken Nachwuchses«

Unter der Herrschaft der Nationalsozialisten stürzte das Fundament einer Jahrtausende alten ärztlichen Tradition ein. Orientierte sich ärztliches Handeln bisher am Wohl des jeweiligen Patienten, so sollte nun die »Gesundung des Volkskörpers« Leitidee medizinischer Ethik sein. Eine Konsequenz war das »Gesetz zur Verhütung erbkranken Nachwuchses«, das am 1. Januar 1934 in Kraft trat. Es ermöglichte die Sterilisation derer, die in den Augen der Nazis Träger minderwertigen Erbgutes waren. Als erbkrank galten Geisteskranke verschiedener Art, von Geburt an Blinde und Taube, so genannte Schwachsinnige sowie schwer Fehlgebildete, selbst Alkoholiker sollten unfruchtbar gemacht werden dürfen.[143] Solche Personen, im Fall von deren Unmündigkeit deren gesetzliche Vertreter, konnten von nun an bei den neu geschaffenen, aus einem Richter und zwei Ärzten bestehenden Erbgesundheitsgerichten ihre Sterilisation beantragen. Das Recht, einen solchen Antrag zu stellen, sollte auch der für den Wohnort des Kranken zuständige Amtsarzt sowie, wenn der Kranke Insasse einer Heilanstalt war, ihr Leiter haben.[144] Von einer freien Entscheidung des Patienten, sich sterilisieren zu lassen, konnte also keine Rede sein. Der menschenverachtende Charakter des Sterilisationsgesetzes offenbart sich nicht zuletzt in einer von dessen Durchführungsbestimmungen, der zufolge unmittelbarer körperlicher Zwang angewendet werden sollte, falls der Kranke den durch Beschluss des Erbgesundheitsgerichts angeordneten Eingriff nicht dulden wollte.[145]

Der international angesehene Psychiater Prof. Ernst Rüdin (1874–1952) lieferte den Verfassern des Gesetzestextes das nötige geistige Rüstzeug.[146] Als erklärter Befürworter der Unfruchtbarmachung so genannter Erbkranker war er nicht nur unter den Wissenschaftlern keine Ausnahme. *»Neben der Sozialhygiene hat sich in den 20er Jahren – von breitesten Bevölkerungskreisen rezipiert und akzeptiert – eine zweite Disziplin verselbständigt und institutionalisiert: die Rassenhygiene.« (W. E. Eckhart: Die Geschichte der Medizin. 3. Aufl. Springer. 1998, S. 344)*

Ernst Rüdin (1874–1952) ABB. 30

1914 wurde eine Gesellschaft für Rassenhygiene gegründet. Die von Alfred Ploetz (1860–1940) 1895 erstmals umrissene Lehre der Eugenik (= Rassenhygiene) stand in einer geistigen Tradition, die auf den Begründer der Evolutionstheorie Charles Darwin (1809–1882) zurückgeführt wurde. Vor dem Hintergrund einer ihm zugesprochenen, wohl aber von Huxley formulierten Theorie des »Survival of the fittest«, wurde im »Sozialdarwinismus« abgeleitet, dass die in zivilisierten Gesellschaften moralisch gebotene Erhaltung der *an Körper und Geist Schwachen [...] nachteilig für die Rasse* sei.[148]

Es gehörte auch bei vielen zeitgenössischen Psychiatern quasi zum guten Ton, Regelungen zu fordern, die geeignet sein würden, die Fortpflanzung »Erbgeschädigter« zu verhindern.[147] Es gab aber auch deutlich kritische Positionen. Kraepelin (1909) argumentierte angesichts der unbestreitbaren erblichen Belastung eher mit pragmatischen Argumenten dagegen, aber auch mit dem hohen Anteil gesunder Kinder aus Beziehungen Erbkranker. Bumke (1924) relativierte noch deutlicher die Erblichkeitslehre mit Untersuchungen, nach denen sich die erbliche Belastung – was immer man darunter verstand und sehr verschieden war – bei Geistesgesunden und -kranken nur unwesentlich unterschied und im Übrigen sich auch körperliche Erkrankungen in ähnlichem Umfang vererbten, sodass die Eugenik am Ende jeden treffen könnte.

1932 legte der Preußische Landesgesundheitsrat den Entwurf eines Gesetzes vor, das die Sterilisierung der erblich Geisteskranken freigab; die Operation sollte allerdings nur mit dem Einverständnis der Betroffenen ausgeführt werden dürfen. Erst nach Hitlers Machtantritt erhielt das Regelwerk den ihm letztlich eigenen Zwangscharakter[150] *(Gesetz zur Verhütung erbkranken Nachwuchses, Art. 1 der 3. Ausführungsverordnung)*. Dass sein geistiger Vater Rüdin von diesem Gesetz sagte, es *trage den diagnostischen Fortschritten der psychiatrischen Wissenschaft*

Rechnung, musste die Hitlerregierung in ihrer Ansicht bestärkt haben, nah am Puls der Zeit zu sein.[151]

In dem sonst fortschrittlich zu nennenden Lehrbuch von Bleuler (1937) vertrat der Münchener Prof. Luxenburger Positionen, die denen der Nazis sehr nahe standen. Er berief sich auf analoge Gesetzgebungen in den USA und in der Schweiz. Am 1. Januar 1929 trat im Schweizer Kanton Waadt ein Gesetz mit folgendem Wortlaut in Kraft: *»Ein Geisteskranker oder Geistesschwacher ist ärztlicher Behandlung zur Verhütung seiner Fortpflanzung zu unterwerfen, wenn er unheilbar ist und aller Wahrscheinlichkeit nach nur minderwertige Nachkommenschaft haben kann. Der ärztliche Eingriff kann nur auf Grund eines Beschlusses des Gesundheitsrates stattfinden«* (Luxenburger, S. 173. In: Bleuler, E. *Lehrbuch der Psychiatrie, Berlin, 1937).* Das deutsche Gesetz unterschied sich aber von den anderen grundlegend dadurch, dass es zwar formal die Freiwilligkeit zur Grundlage machte, letztlich aber unmittelbaren Zwang vorsah.

7.3 Pfafferode und das Erbgesundheitsgesetz

Sein Ohr am Puls dieser Zeit hatte auch der Ärztliche Direktor Paul Langer. Er legte Wert darauf, dass die gerichtlich erzwungenen Sterilisationen auch in seiner Anstalt stattfänden. Als Anstaltsinspektor Clauss der Provinzialverwaltung berichtete, in Pfafferode könnten allenfalls Männer sterilisiert werden, weil die hier tätigen Chirurgen nicht genügend Erfahrung in der Unfruchtbarmachung von Frauen hätten,[152] widersprach Langer vehement. Sein Vorstoß lief jedoch ins Leere. Clauss konnte sich nicht dazu durchringen, den Pfafferöder Chirurgen die für die Sterilisation von Frauen erforderliche Sachkenntnis zuzugestehen. Im Mühlhäuser Städtischen Krankenhaus wurden bereits Personen beiderlei Geschlechts sterilisiert; so sahen die Behörden zunächst keinen Grund, der Pfafferöder Anstalt auch diese Operationen an Männern zu gestatten.[156] Erst 1935, nach dem Tod Langers, änderte die Behörde ihre Meinung. Ein Jahr später hatte der Erfurter Gynäkologe Konrad Kayser seinen Tätigkeitsbereich auf Pfafferode ausgedehnt und es wurden hier nun auch weibliche Patienten um ihre Fortpflanzungsfähigkeit gebracht.[157]

Dr. Fritz Karl Rust (1883–1938), der nach siebenmonatigem provisorischem Direktorat des Altscherbitzer Anstaltsleiters Gengnagel am 1. Juni 1935 Chef der Pfafferöder Einrichtung wurde, hatte seinen Posten nicht zuletzt seinem Einsatz für die Ziele der NSDAP zu verdanken. Das sprach der Landeshauptmann Otto[158] bei seiner Amtseinführung offen aus, und Rust selbst hatte bei diesem Anlass gelobt, *stets darauf bedacht zu sein, dass alle Beamten und Angestellten*

Fritz Karl Rust (1883–1938) ABB. 31

ihre Pflicht im Geiste des Führers täten.[159] Wenige Monate nach seinem Amtsantritt lud er Journalisten der regionalen Parteizeitung, des »Mitteldeutschen Beobachters«, zur Besichtigung seiner Wirkungsstätte ein. Dem Gang durch die Anlage schickte er eine Grundsatzerklärung voraus. Rust meinte, sich als Anwalt des von den Machthabern beschworenen »gesunden Volksempfindens« darstellen zu müssen. Er erging sich in Betrachtungen über die Prinzipien nationalsozialistischer Sozialmoral, denen zufolge es den *geistig Minderwertigen* nicht zustehe, *eine ganz besondere staatliche Pflege zu erhalten.*[161] Die Zeit wäre vorbei, in der Abermillionen für Geisteskranke ausgegeben würden. Dann präsentierte er den Besuchern eine peinlich saubere, wohlorganisierte Anstalt, die nur den einen Fehler aufwies, auch unheilbar Kranke und Behinderte zu beherbergen – so lautete jedenfalls die von den Journalisten verstandene Botschaft. Unverblümt brachten sie ihren Abscheu zum Ausdruck, wenn sie von einigen in Pfafferode untergebrachten Patienten schrieben, diese säßen *stumpf und in buddhistischer Versunkenheit auf einer Bank, [stierten] vor sich hin* und wären nur noch *Bilder des Jammers.*[162] Freilich waren die Presseleute Teil der vom Staat installierten Propagandamaschinerie. Schon bald sollte Rust selbst zu den unheilbar Kranken und Hilfsbedürftigen gehören. Im Frühjahr 1938 trat seine Tuberkuloseerkrankung in ein akutes Stadium, dazu kam ein Krebsleiden; am 23. August 1938 starb er.[163]

7.4 T4-Aktion, die Vernichtung »Lebensunwerten Lebens«

Ab 1939/40 begannen im Auftrag von Adolf Hitler direkte Tötungen (Aktion T4), ohne dass dies eine Rechtsgrundlage hatte. Den Auftakt zu dieser Patientenmordserie bildete eine im Frühsommer 1939 ergangene Genehmigung Hitlers, ein Kleinkind zu töten, falls es tatsächlich so schwer behindert wäre, wie dessen Eltern behaupteten. Diese hatten Hitler gebeten, ihrem im höchsten Grad schwachsinnigen, blinden und mit nur einem Bein und einem missgebildeten Arm zur Welt gekommenen Sohn die Fortexistenz zu ersparen.[164] Ihre Bitte wurde erfüllt und Hitler regte an, die Voraussetzungen dafür zu schaffen, dass künftig in ähnlichen Fällen ebenso verfahren werden könnte. Es entstand ein Ausschuss, dessen Aufgabe es war, zu entscheiden, welche von Geburt an Behinderten weiterleben durften und welche nicht. Behinderte Säuglinge und Kleinkinder bis zu drei Jahren mussten fortan diesem Kollegium gemeldet werden. Auf der Grundlage der in den Meldebögen vermerkten Angaben fällten die Ausschussgutachter ihr Urteil. Die zum Sterben bestimmten Kinder wurden in eine der mit dem Ausschuss kooperierenden »Pflegeanstalten« eingeliefert und dort durch Verabreichung von Beruhigungs- und Schlafmittel getötet.

Ärzteschaft und Verwaltung zur Zeit des Direktorats von Fritz Karl Rust (links oben Direktor Rust) ABB. 32

Das Einverständnis der Eltern zur Verbringung ihres Kindes in eine solche Anstalt versuchte man durch die Versicherung zu erwirken, Patienten dieser Art würden, wenn überhaupt, nur dort geheilt werden können. Um sie auf den Tod des Kindes vorzubereiten, wies man sie auf die Gefährlichkeit der in Aussicht gestellten Behandlung hin. Wer sich der Einlieferung seines Kindes in die Anstalt widersetzte, wurde mit dem Entzug des Sorgerechts bedroht.[165]

Die Tötungen dieser kranken Säuglinge und Kleinkinder scheint das Gewissen der beteiligten Ärzte nicht belastet zu haben, sie waren sich mit der Mehrheit des Volkes weitgehend darüber einig, dass »Missgeburten« keine »wirklichen« Menschen seien. Viel bedenklicher war es in ihren wie in den Augen der Öffentlichkeit, geistig Kranke und Behinderte zu beseitigen, die schon eine Lebensgeschichte hatten und früher einmal gesund waren.[169]

Solche Erwägungen musste auch Hitler ernst nehmen. Erst als die Vorbereitungen zum Krieg auf Hochtouren liefen, entschloss er sich dazu, auch die seiner Ansicht nach lebensunwerten älteren Psychiatriepatienten töten zu lassen.[170] Mit Rücksicht auf die öffentliche Meinung lehnte Hitler es allerdings ab, die Vernichtung »lebensunwerten Lebens« gesetzlich zu regeln. Hitler zog es vor, nur eine »Führerermächtigung« auszufertigen: Er beauftragte seinen Vertrauensarzt Karl Brandt (1904–1948) und seinen Kanzleichef Philipp Bouhler (1899–1945), ein Ärztegremium zu berufen, dessen Aufgabe darin bestehen sollte, *nach menschlichem Ermessen unheilbar Kranken bei kritischster Beurteilung ihres Krankheitszustandes den Gnadentod zu gewähren.*[171]

Auf der Grundlage dieser Führerermächtigung begann nun die zweite Phase der Euthanasieaktion. Nach dem Vorbild des für die Realisierung des Kindereuthanasie-Programms verantwortlichen Ausschusses wurde eine mit dem Decknamen »Reichsarbeitsgemeinschaft für Heil- und Pflegeanstalten« versehene »Gnadentod«-Behörde gegründet, die sich aus einer etwa fünfzigköpfigen Ärztegruppe zusammensetzte. Diese fing unverzüglich an, die Opfer zu erfassen. An alle Anstalten erging Order, den Krankheitszustand ihrer Pfleglinge betreffende Daten in die an sie versendeten Formulare einzutragen.

Die in der »Arbeitsgemeinschaft« tätigen Gutachter fällten ihre Entscheidungen gewöhnlich nur anhand von schriftlichen Informationen. Den endgültigen Beschluss, einem Kranken das Leben zu nehmen, fassten einige wenige Obergutachter.[172] Diese Anstaltsinsassen wurden aus ihren Pflegestätten herausgeholt und auf dem Umweg über andere Anstalten in eine der insgesamt sechs auf dem Gebiet des Deutschen Reiches eingerichteten Tötungsstätten verbracht.[173] Dort erlitten sie in einem als Gaskammer umfunktionierten Duschraum den durch Einleitung von Kohlenmonoxid herbeigeführten Erstickungstod.[174]

Dass Ärzte sich dem Hitlerregime als Henker andienten, erweckt heute Empörung und lässt sich kaum verstehen. Es geht auch nicht um einige Wenige, sondern um eine Entwicklung. Schon vor 1900 hatte die Vorstellung, *schwächliche[n] oder missgestaltete[n] Kind[ern]* einen *sanfte[n] Tod* zu bereiten, den Weg in das populärwissenschaftliche Schrifttum gefunden,[175] und spätestens nachdem 1904 der berühmte Zoologe Ernst Haeckel (1834–1919) öffentlich darüber nachdachte, welchen Nutzen *Tausende von Krüppeln, Kretinen, mit unheilbaren erblichen Uebeln Belastete [...] selbst von ihrem Leben haben,*[176] war die Tötung von Schwerbehinderten auch unter seriösen Wissenschaftlern kein Tabuthema mehr. In Gestalt von Alfred Hoche (1865–1943), der in einer mit dem Juristen Karl Binding (1841–1920) verfassten Schrift die »Freigabe der Vernichtung lebensunwerten Lebens« forderte,[177] wurde nach dem Ersten Weltkrieg ein Psychiatrieprofessor Bannerträger der Euthanasiebefürworter. Es ist leider nur konsequent, dass viele in diesem geistigen Klima sozialisierte Ärzte kaum Skrupel hatten, den Kranken das Daseinsrecht abzusprechen. Angesichts der Tatsache, dass die psychiatrischen Einrichtungen überfüllt und die vom Staat für ihre Unterhaltung bereitgestellten Mittel reduziert worden waren, erhob sich die Frage, ob es nicht »vernünftig« wäre, die vorhandenen Kapazitäten allein den therapierbaren Patienten zugutekommen zu lassen, die unheilbar Kranken und dauernd Behinderten dagegen in *Absterbeanstalten* abzuschieben[180] oder sogar ihren Tod herbeizuführen. Wieder verbunden mit dem Kostenargument agierten die Nationalsozialisten gegen psychiatrische Patienten als lebensunwertes Leben, denen der »Gnadentod« zu gewähren sei.

Als Prof. Werner Heyde (1902–1964; T4-Obergutachter) in einer Sitzung der »Reichsarbeitsgemeinschaft der Heil- und Pflegeanstalten« am 15. August 1940 in Berlin

Alfred Hoche (1865–1943) ABB. 33

Kriegssterbefallanzeige

über den

1. Dienstgrad: Oberarzt
2. Truppenteil: Fliegerhorst - Behelfs - Kommandantur 4
3. Vornamen: Karl
4. Familienname: Kolb   5. Religion: gottgl.
6. Letzter inländ. Wohnort: Mühlhausen-Pfafferode
7. Todestag und Todesstunde: 26. April 1941 um 6 Uhr 30
8. Todesort: Castel Benito bei Tripolis / Nordafrika
9. Todesursache: Selbstmord
10. Geburtstag und -ort: 26. November 1906 in Gießen
11. Beruf oder Stand: Arzt
12. Familienstand: ~~ledig~~ verheiratet mit: Margrit geb. Fein, Mühlhausen-Pfafferode / Thür.
13. Vater: ?
14. Mutter: ?
15. Sonstige Angehörige, soweit hier bekannt: ./.

Im Auftrage:

Rh.

Karl Kolb (1906–1941), Kriegssterbefallanzeige   ABB. 34

die Pläne den Ordinarien des Faches in Deutschland vorstellte, leistete nur der Göttinger Professor Ewald offenen Widerstand (*J. E. Meyer. Psychiatrie im XXX. Jahrhundert, Goltze, 1985*). Immerhin verschwand aus vielen Kliniken die Diagnose Schizophrenie, die die Kranken auf das Höchste gefährdete. Als Kirchenvertreter, wie der Bischof von Münster, Clemens Graf von Galen (1878–1946), die Patiententötungen in seiner am 3. August 1941 gehaltenen Predigt anprangerte, wurden die Aktionen offiziell eingestellt; er und andere konnten aber nicht verhindern, dass sie weiter im Hintergrund betrieben wurden.

Trotz der Beendigung dieser ersten Phase der Euthanasie ab August 1940 ging das Morden von psychisch Kranken und Behinderten nun in erweiterter Form weiter. Nur war es jetzt nicht ein Gremium ausgewählter Ärzte, das die Beseitigung eines Patienten anordnete, sondern die Entscheidung blieb nun ganz dem Leiter der Einrichtung vorbehalten, in der sich der Patient aufhielt. In der berechtigten Annahme, dass der nationalsozialistische Staat sie nicht zur Rechenschaft ziehen werde, ließen die Euthanasiebefürworter unter den Anstaltsleitern den von ihnen zum Tod Verurteilten eine »Behandlung« angedeihen, die in absehbarer Zeit ihren Tod herbeiführen musste.[201]

Es wurden auch immer mehr Menschen in den Kreis derer aufgenommen, die zu selektieren und zu töten seien – wie arbeitsunfähige sowjetische Kriegsgefangene, Sinti und Roma, Wohnungslose und viele andere mehr. Diese 2. Phase mündete in der Wannseekonferenz am 20. Januar 1942, wo die »Endlösung der Judenfrage« beschlossen wurde; viele T4-Ärzte und Mitarbeiter wüteten dann in den Konzentrationslagern.

7.5 T4 in Pfafferode

In die Ära von Rusts Amtsnachfolger Karl Kolb fiel der Beginn der Kinder-Aktion. Das Ausmaß direkter Beteiligung bleibt eine offene Frage. Tatsache ist, dass im Sommer 1938 die Provinzialverwaltung entschied, eine größere Anzahl von Insassen des katholischen Kinderpflegeheims Ershausen (Eichsfeld) nach Pfafferode und Uchtspringe zu verbringen.

Bekannt ist, dass die Klinik 1939/40 zur Zwischenstation für geistig behinderte Kinder aus Heimen wie dem St.-Johannis-Stift gemacht wurde. Sie sollten in die so genannten »Kinderfachabteilungen« weiterverlegt werden, in denen sie der Tod erwartete. Nur die kirchlichen Mitarbeiter, von den Ordensschwestern bis hin zum Bischof von Fulda, Dietz, leisteten den Eltern Hilfe, die freilich nicht alle der knapp 200 »verschickten« Kinder retten konnten. Vier der 97 schließlich nach Pfafferode verlegten Pfleglinge starben, bevor sie abtransportiert werden konnten; nur 93 Kinder gelangten also an ihren Bestimmungsort. Sieben von ihnen wurden nach heftigem Protest ihrer Eltern gegen die Umquartierung wieder aus der Anstalt Pfafferode entlassen, ihr weiteres Schicksal ist unbekannt.[166] Wie es den übrigen 86 Patienten erging, darüber lassen sich nur Vermutungen anstellen. Allem Anschein nach fielen sie der Kindereuthanasie-Aktion zum Opfer.[167]

Die Erwachsenen-Euthanasieaktion begann hier im Sommer 1940 konkret zu werden. Am 25. Juni 1940 erschienen zum ersten Mal die für den Transport der Opfer präparierten, großräumigen, mit undurchsichtigen Fenstern ausgestatteten Busse auf dem Anstaltsgelände. Eine aus wahrscheinlich 27 Patienten bestehende Patientengruppe musste Pfafferode verlassen. Ziel ihrer Fahrt war die als Zwischenstation auf dem Weg in den Tod dienende Anstalt Altscherbitz.[182] 18 zu dieser Gruppe gehörende Kranke gelangten am 30. Juli in die Tötungsstätte Brandenburg.[183] Ende August fand die nächste Verlegung von Pfafferöder Patienten nach Altscherbitz statt; diesmal wurden mindestens 83 Personen dorthin gebracht. Mindestens 30 von ihnen starben am 23. Oktober 1940 in Brandenburg.[184]

Kurze Zeit später wurde diese Tötungsstätte aufgegeben und der Keller des in der Anstalt Bernburg stehenden ehemaligen Männerhauses II zur Gaskammer umfunktioniert. Von nun an sollten alle Pfafferöder Opfer der »Aktion T4« dort ihr Ende finden.[185] Am 16. September 1940 fuhr der dritte, 170 Patienten umfassende Transport aus Pfafferode ab; sein Bestimmungsort war die Anstalt Uchtspringe. 144 der zu diesem Transport gehörenden Patienten gingen bald darauf in den Tod,[186] ob noch in Brandenburg oder schon in Bernburg, lässt sich nicht mehr nachvollziehen. Weitere Patientenverlegungen von Pfafferode nach Uchtspringe müssen Mitte Oktober 1940 erfolgt sein; nur noch von drei zu jenem Zeitpunkt umquartierten Männern existieren Krankenakten.[187] 42 Pfafferöder Patienten trafen am 15. November in Altscherbitz ein.[188]

Für das Jahr 1941 lassen sich zwei Transportfahrten von Pfafferode nach Altscherbitz nachweisen. Die erste Fahrt, die 19 Personen an ihr vorläufiges Ziel brachte, fand am 10. Februar statt, die andere am 9. April. Offenbar waren die 43 mit diesem Transport in der Altscherbitzer Anstalt eingetroffenen Kranken die letzten, die in Vorbereitung ihrer Vergasung aus Pfafferode wegverlegt wurden. Insgesamt mindestens 121 von dort stammende Patienten, aller Wahrscheinlichkeit nach aber wesentlich mehr,[189] wurden zwischen dem 25. November 1940 und dem 16. Juni 1941 von Altscherbitz nach Bernburg verbracht.[190] Zählt man zu ihnen die 144 von Uchtspringe nach Brandenburg oder Bernburg beförderten ehemaligen Pfafferöder Anstaltsinsassen sowie jene 48 hinzu, die schon zuvor nach Altscherbitz und dann nach Brandenburg

Kurt Schroeder (1879–1969) ABB. 35

deportiert wurden, so ergibt sich, dass die »Aktion T4« mindestens 313 in Pfafferode gepflegten Personen das Leben gekostet hat.

Die damalige Pfafferöder Anstaltsleitung hatte eine klare Mitschuld an den im Zuge der »Aktion T4« verübten Krankenmorden. Von den Angaben, die sie in den an die Berliner »Gnadentod«-Behörde einzusendenden Formularen machte, hing ab, ob ein Anstaltsinsasse als unheilbar krank eingestuft und so das Todesurteil über ihn verhängt werden konnte. Ein Mitglied des für die Selektion der zu beseitigenden Kranken zuständigen Ärztekollegiums äußerte anlässlich des in den 1960er Jahren gegen ihn geführten Prozesses, Pfafferode hätte zu jenen Anstalten gehört, deren Belegschaft seiner Tätigkeit als Selektionsgutachter uneingeschränkt positiv gegenüberstand.[194]

Wahrscheinlich, aber eben nicht beweisbar, ist, dass der seit dem 1. Dezember 1938 als Chef der Pfafferöder Einrichtung amtierende *fanatische Nazi*[197] Karl Kolb das Euthanasieprogramm aus seiner Gesinnung heraus kannte und bejahte. Kolb wurde 1940 oder 1941, der Zeitpunkt lässt sich nicht feststellen, zur Wehrmacht eingezogen. Als Soldat des Afrika-Korps beging er am 26. April 1941 aus unbekannten Gründen Suizid.[198] Seine Amtsgeschäfte übernahm Dr. Kurt Schroeder (1879–1969), der schon vor Kolbs Ernennung zum Leiter der Pfafferöder Anstalt deren Direktorat drei Monate lang kommissarisch innegehabt hatte.[199]

Der Abtransport von Insassen psychiatrischer Einrichtungen in andere Anstalten und ihr darauffolgendes Verschwinden konnte auf Dauer nicht geheim gehalten werden. Die im Umfeld der Tötungsstätten wohnenden Menschen wussten aus eigener Beobachtung ziemlich genau über die Krankenmorde Bescheid und das Gros der Bevölkerung ahnte zumindest, dass ein für Psychiatriepatienten lebensbedrohliches Unternehmen im Gang war.[200] Ein der Euthanasieverbrechen angeklagter Arzt behauptete vor Gericht, die zur Vergasung verurteilten Kranken wären größtenteils *erbärmliche, trostlose, abgemagerte Gestalten* gewesen, die *bewegungsarm und fratzenhaft entstellt nur noch vor sich hingebrabbelt* hätten;[191] er sagte wider besseres Wissen die Unwahrheit. Es handelte sich bei vielen der mit dem ersten Transport aus Pfafferode nach Altscherbitz gekommenen und dann in Brandenburg ermordeten Patienten durchaus nicht um Menschen, deren Persönlichkeit zerfallen war, sondern z. B. um intellektuell behinderte Kleinkriminelle.[192]

Herr W. H. aus Erfurt hatte dem Botschafter der Sowjetunion 1935 eine offene Postkarte geschrieben und ihm vorgeschlagen, ihn gegen Bezahlung zu beraten. Er warnte ihn vor den Bestrebungen des Nationalsozialismus und forderte ihn auf, gegen die in der deutschen Presse zu findenden Beschimpfungen der Sowjetunion vorzugehen. Zur Rede gestellt, erklärte er, er habe sich mit seinen Ratschlägen nur ein paar Mark verdienen wollen.[193]

Herrn H.s »Behandlung« war letztlich eine dauerhafte Internierung. Seine Ermordung beweist, wie weit die Diagnose einer psychiatrischen Erkrankung missbraucht wurde. Dass die Sterblichkeitsrate in der Anstalt Pfafferode in den letzten Jahren des Hitlerregimes so hoch wie nie zuvor war, hatte in erster Linie der am 1. April 1943 zu ihrem Direktor ernannte Psychiater

Dr. Theodor Steinmeyer (1897–1945) zu verantworten.[202] In der NSDAP seit 1929 aktiv, hatte der zunächst als Anstaltsarzt im Oldenburgischen tätige Steinmeyer kurz nach Hitlers Machtantritt die Direktion der psychiatrischen Einrichtung Bremen-Ellen übernommen. Ende 1939 war er an die westfälische Provinzialanstalt Marsberg gewechselt, wo er im Rahmen des gerade angelaufenen Kindereuthanasie-Programms eine der ersten »Kinderfachabteilungen« einrichtete. Als kurze Zeit später die »Gnadentod«-Behörde ihren Mitarbeiterstab aufbaute, erbot

Theodor Steinmeyer (1897–1945) ABB. 36

er sich, in ihrem Auftrag die Ausfüllung der der Erfassung der Todeskandidaten dienenden Formulare zu überwachen. Sein Engagement zahlte sich aus; 1941 stieg er zum »Arzt in der Zentrale« dieser Behörde auf. Seine Berufung auf den Posten des Pfafferöder Anstaltsdirektors war das Resultat einer Absprache zwischen dem westfälischen Landeshauptmann Kolbow, der Steinmeyers Reisegutachtertätigkeit für unvereinbar mit der Wahrnehmung seiner Pflichten als Chef der Anstalt Marsberg hielt, und dem Landeshauptmann der Provinz Sachsen Otto, der ausgewiesene Euthanasiebefürworter in den Leitungsfunktionen der ihm unterstellten psychiatrischen Anstalten sehen wollte.[203]

In seinem neuen Amt setzte Steinmeyer die Prinzipien nationalsozialistischer Medizinethik geradezu fanatisch in die Tat um. Heilbare Kranke wurden unter Einsatz moderner Therapiemethoden zumindest soweit wieder hergestellt, dass sie einer Beschäftigung nachgehen konnten. Den auf Dauer arbeitsunfähigen Anstaltsinsassen wurde dagegen *ein schnelles Ende bereitet.*[204] Nachdem Pfafferode durch Vermittlung der Gesundheitsabteilung im Reichsinnenministerium ein Elektroschockgerät erhalten hatte, berichtete Steinmeyer seinem befreundeten Kollegen Dr. Friedrich Mennecke, er sei *sehr glücklich,* endlich die *Flut von aufgespeicherten Fällen [...] in Behandlung [nehmen]* zu können.[205] Im gleichen Atemzug sprach er aber ungerührt von der *phantastisch[en] Mortalität* der in seiner Anstalt untergebrachten unproduktiven Patienten.[206] Seinen Anteil, die Mortalität zu steigern, mochte er *dem Papier nicht anzuvertrauen.* Doch dürfte der frühere T4-Reisegutachter Mennecke sehr wohl verstanden haben, dass es sich bei jener *Sache,* an der Steinmeyer, wie er schrieb, *eifrig [...] weiter arbeite[te],* um die Vernichtung so genannten lebensunwerten Lebens handelte.[207]

Die von Steinmeyer auf die Todesliste gesetzten Patienten wurden in die zu Sterbestationen umfunktionierten Krankenhäuser 17 und 18 verlegt, zu denen, wie es scheint, nur er und seine Vertrauensleute Zutritt hatten. Hier erhielten sie permanent Schlaf- und Beruhigungsmittel verschiedenster Art in hohen Dosen.[208] Viele starben schon wenige Tage nach ihrer Umquartierung, auch solche, deren *körperliche Konstitution recht gut war.*[209] Nach Aussage eines Pflegers gingen die eigentlichen Tötungen so vonstatten, dass Oberpfleger Gustav Völker, der als Leiter der nationalsozialistischen Betriebszelle Pfafferode Steinmeyers besonderes Vertrauen genoss,[210] an mehreren Tagen der Woche in der Anstaltsapotheke eine extrastarke Lösung des Schlafmittels Veronal herstellte. Nach *besonderem Anruf* holten die in den »Sterbehäusern« tätigen Pflegerinnen oder Pfleger das Mittel ab, das den Todeskandidaten – offenbar von Steinmeyer selbst – injiziert wurde.[211]

Jahr	Patientenstand am 1. Januar	Zugänge	Gesamtpatientenzahl	Sterbefälle	Sterberate	NS-Opfer
1939	1290	539	1829	247	13,5	97
1940	1290	403	1693	302	17,8	163
1941	640	564	1204	125	10,4	26
1942	440	800	1240	349	28,1	247
1943	1000	1214	2214	650	29,4	469
1944	1200	1168	2368	1168	49,3	974
			gesamt:	2841		1976

Erhebungen zur Sterblichkeit der Pfafferöder Patienten in den Jahren 1939–1944
(In: Faulstich, H.: Hungersterben in der Psychiatrie 1914–1949, Freiburg im Breisgau, 1998, S. 518) ABB. 37

Wie viele Pfafferöder Patienten auf diese Weise umkamen, lässt sich nicht präzise ermitteln, denn selbstverständlich wies die Anstaltsleitung die Euthanasie nicht als solche in den Sterbebüchern aus. Die Ursache ihres Ablebens wurde mit banalen Diagnosen wie Pneumonie, Marasmus etc. verschleiert.[212] Eine unmittelbar nach dem Ende des Hitlerregimes vorgenommene Erhebung spricht von 2024 zwischen dem 1. Januar 1942 und dem 23. Mai 1945 in der Anstalt verstorbenen Kranken.[213] Nach einer Studie jüngeren Datums stieg die Sterberate der Pfafferöder Anstaltsinsassen, die seit 1939 durchschnittlich 15 Prozent betragen hatte, 1942 auf 28 Prozent. Im Folgejahr blieb sie mit über 29 Prozent annähernd auf diesem Niveau, um 1944 mit über 49 Prozent eine geradezu erschreckende Höhe zu erreichen. Etwa 70 Prozent der 1942/43 verstorbenen Pfafferöder Kranken sollen Euthanasieopfer gewesen sein; 1944 soll deren Anteil unter den Toten der Anstalt sogar 83 Prozent betragen haben.[214]

Die extrem hohe Sterblichkeit im Jahr 1944 steht aber auch mit der Tatsache in Verbindung, dass Pfafferode seit September 1944 auch als Sammelstelle für die Zwangsarbeiter aus den besetzten Gebieten Osteuropas fungierte, die dann geisteskrank (oder zumindest unproduktiv) wurden.²¹⁵ Nach einem Erlass des Reichsinnenministeriums sollten so genannte Ostarbeiter nur kurze Zeit psychiatrisch behandelt werden. Bereits vier Wochen nach Beginn ihrer Therapie sollte die trotz offiziellen Stopps der »Aktion T4« noch immer existierende Zentrale der T4-Behörde darüber informiert werden, ob diese Personen voraussichtlich wieder eine Arbeit aufnehmen könnten.²¹⁶ Die Arbeitsunfähigen wurden als unheilbar krank abgestempelt. Was nun mit ihnen geschah, blieb offenbar dem Ermessen des jeweiligen Anstaltschefs überlassen.²¹⁷ Wie Steinmeyer dieser *Ostarbeiterinvasion*²¹⁸ Herr zu werden gedachte, verriet er seinem Freund Mennecke, als er schrieb, dass er *jetzt den gleichen Bau errichtet bekommen* soll, den sein nun als Direktor der Anstalt Kaufbeuren-Irsee tätige frühere Gutachterkollege Dr. Valentin Faltlhauser hatte,²¹⁹ nämlich ein Krematorium.

Als Ende 1944 die alliierten Truppen auf das Gebiet des Deutschen Reiches vorrückten, wurde Pfafferode zu einer Zufluchtsstätte für Mitarbeiter der T4-Zentrale. Die Lage des Ortes in der Mitte von Deutschland schien ihnen die beste Gewähr dafür zu bieten, nicht in feindliche Hände zu fallen. Nachweisen lässt sich die Anwesenheit Dr. Horst Schumanns, des Leiters der Tötungsanstalten Grafeneck in Württemberg und Sonnenstein bei Pirna in Sachsen, wie auch die Dr. Hans-Joachim Beckers, der die »Zentralverrechnungsstelle Heil- und Pflegeanstalten« leitete, jene Instanz, die für die Abrechnung der T4-Behörde mit anderen Behörden zuständig war.²²⁰ Der Direktor der psychiatrischen Einrichtung Tiegenhof in Westpreußen, Dr. Viktor Ratka, flüchtete Anfang 1945 nach Pfafferode und wurde von Steinmeyer als Anstaltsarzt angestellt.²²¹ Wie sein neuer Vorgesetzter, so war auch er ein entschiedener Euthanasiebefürworter und hatte als Anstaltschef zahlreiche Patiententötungen zu verantworten.²²² Steinmeyers mörderische Praktiken haben schon bald nach dem Ende des Dritten Reichs die ihnen gebührende Beachtung gefunden.²²³ Er gilt *als einer der radikalsten und brutalsten Vertreter der NS-Psychiatrie.*²²⁴

7.6 Menschenversuche

Angesichts der von Steinmeyer verübten Morde gerät leicht in Vergessenheit, dass Pfafferode während seiner Amtszeit auch Schauplatz medizinischer Experimente am Menschen war. Seit dem 1. Januar 1944 beherbergte die Anstalt eine Zweigstelle des der Luftwaffe unterstehenden Instituts für Wehrhygiene. Unter der Oberaufsicht des international angesehenen Tropenmediziners Prof. Dr. Gerhard Rose (1896–1992) wurden hier Menschenversuche unternommen.

Im Mittelpunkt des Interesses stand die Malaria, deren Erforschung sich die von Dr.

Günter Blaurock (1907–1995) geleitete Abteilung des Instituts widmete. In Gestalt von Psychiatriepatienten verfügten die Institutsmitarbeiter hier über genügend »Menschenmaterial«, an dem die Wirksamkeit von Malariamitteln geprüft werden konnte – waren die Anstaltsinsassen doch kaum imstande, sich gegen die ihnen zugemutete Herabwürdigung zum Testobjekt zu wehren.[225] Die Testpersonen wurden mit Malaria infiziert und dann mit verschiedenen Medikamenten gegen die Infektion behandelt. Wie dieser Vorgang im Einzelnen ablief, davon vermittelt der Bericht eines damaligen Pflegers aus dem Jahr 1946 einen Eindruck:

Junge und kräftige männliche oder weibliche Patienten wurden vom Oberpfleger oder der Oberpflegerin befragt, ob sie bereit wären, sich ins Haus 14 oder 16 verlegen zu lassen. Dort müssten sie einige Tabletten schlucken, bekämen aber ein besonders kräftiges Essen. Dieser Verlockung konnten viele der ausgehungerten Patienten nicht widerstehen. Im Labor ... der Luftwaffe (heute Haus 23) wurde die Malariafliege gezüchtet. Laborantin v. F. [...] ging mit dem Mückenkasten von Haus zu Haus und setzte den Kasten Patienten ans Bein, bis sie von den Fliegen gestochen wurden. Sie wurden dann mit allen möglichen Tabletten gefüttert und bekamen auch zusätzliche Kost. Diese Vergünstigungen standen aber in keinem Verhältnis zu den Fieberqualen, die sie jetzt erleiden mussten.[226]

Bis zum Ende ihres Lebens wurden die Versuchspersonen nun von Fieberschüben attackiert. Viele von ihnen dürften bei dem damaligen Stand der Malariatherapie bald ihrer Krankheit erlegen sein,[227] zumal der Malariaforschung, die der Entwicklung wirksamer Mittel für den Schutz der in die Tropen geschickten Soldaten dienen sollte, mit den Pfafferöder Experimenten keinerlei Erfolg beschieden war.

Infektionskäfig ABB. 38

8.0 Nachkriegszeit

8.1 Besatzungszeit und Aufarbeitung der Verbrechen

Am 4. April 1945 erreichten US-amerikanische Truppen Mühlhausen.[228] Für Stadt und Region war der Nationalsozialismus Geschichte. Steinmeyer amtierte kurzfristig weiter als Anstaltsdirektor, und auch Blaurock übte seine Funktion weiter aus – nun unter der Schirmherrschaft der amerikanischen Besatzungsmacht.[229]

Eine reichliche Woche nachdem die deutsche Wehrmacht kapituliert hatte, ging bei der Mühlhäuser Polizeidienststelle die Meldung ein, dass der Leiter der Anstalt Pfafferode unmittelbar vor und nach dem Einmarsch US-amerikanischen Militärs in Mühlhausen Akten beseitigt habe.[230] Der daraufhin festgenommene und im Mühlhäuser Gerichtsgefängnis internierte Steinmeyer behauptete, bei dem vernichteten Material handele es sich nicht um Akten, sondern um Bücher der seit einiger Zeit in Pfafferode untergebrachten »Zentralverrechnungsstelle für Heil- und Pflegeanstalten«, die bei einer Revision möglicherweise hätten beanstandet werden können.[231] Diese Ausrede half ihm nicht weiter. Der Verfasser der Anzeige, Oberarzt Dr. Willibald Haeuptner (1878– nach 1951), hatte nämlich auch den Verdacht geäußert, sein Chef könnte sich der Tötung von Kranken schuldig gemacht haben.[232]

Bei seiner Vernehmung erklärte er, ihm sei aufgefallen, wie schnell die von Steinmeyer in spezielle Häuser des Krankenhauses verlegten und dort von ihm selbst behandelten Anstaltsinsassen starben.[233] Auch dem Pflegepersonal schien die Zahl der in diesen Häusern aufgetretenen Todesfälle ungewöhnlich hoch. Übereinstimmend sagten sie jedoch aus, von einer besonderen Behandlung der dort einquartierten Kranken nichts zu wissen. Die Pfleglinge hätten lediglich die von Steinmeyer verordneten Schlafmittel erhalten.[234] Oberpflegerin Lüders gab darüber hinausgehend an, dass Steinmeyer *die Visite stets allein durchführte*.[235] In seinem Ermittlungsbericht fasste Kriminalinspektor Schwarz zusammen: Die hohe Sterblichkeit der von Steinmeyer behandelten Kranken begründe die Vermutung, dass diese keines natürlichen Todes starben. Ihr Tod mochte durch überhöhte Gaben von Medikamenten herbeigeführt worden sein. Wahrscheinlich habe Steinmeyer den Patienten die tödliche Dosis bei seinen alleinigen Visiten verabreicht.[236]

Steinmeyer musste mit einer Verurteilung wegen vielfachen Mordes rechnen. Er hätte seine Taten nicht einmal mit einer Berufung auf die im Dritten Reich bestehende Gesetzeslage rechtfertigen können, denn Hitler hatte kein Euthanasiegesetz erlassen.[237] Am Abend des 26. Mai 1945 wurde Steinmeyer in seiner Gefängniszelle tot aufgefunden. Ein Polizeibeamter gestand,

Heilanstalt Pfafferode, das Auschwitz Mühlhausens!

Wir alle wissen, daß Geisteskranke, Geistesschwache usw. in radikaler Weise von Himmler und Konsorten vernichtet und ausgemerzt wurden. Entweder wurden sie den einzelnen Konzentrationslagern zugeführt, wo sie von „erfahrenen" ﬀ-Aerzten entweder vergiftet, verbrannt oder als Versuchsobjekte für „wissenschaftliche Forschungsarbeiten" benutzt wurden und dabei zugrunde gingen, oder aber die Aerzte der einzelnen Heilanstalten nahmen ihren Kollegen von der ﬀ die Arbeit ab, indem sie die Kranken ermordeten. Auch Dr. Steinmeyer von Pfafferode schien sich recht ausgiebig dieser Methode bedient zu haben. Polizeiinspektor Jaritz teilt der Oeffentlichkeit deshalb mit:

Ein Blick in die Heilanstalt Pfafferode

Seit 1942 war ein gewisser Herr Dr. Theodor Steinmeyer als Direktor der Landesheilanstalt Pfafferode eingesetzt. Während seiner Dienstobliegenheiten in der Landesheilanstalt waren ihm die Kranken auf Leben und Tod übergeben worden.

Nach vorliegenden Berichten sind in der Zeit vom 9. Januar 1942 bis 11. Februar 1945 1642 Kranke aus verschiedenen Heil- und Pflegeanstalten nach Pfafferode verlegt worden, von denen in der genannten Zeit 1038 Kranke starben.

In den Jahren 1942 bis 1945 starben bei einer Gesamtbelegschaftsstärke von 3701: 2420 Kranke. Die Sterblichkeitsziffer wurde dadurch gefördert, indem die Kranken aus den Häusern der Landesheilanstalt auf Anordnung des Dr. Steinmeyer in die Häuser 17 und 18 verlegt wurden. Hier wurde den Kranken ein schnelles Ende bereitet.

Dr. Steinmeyer wurde von der CIC am 18. Mai 1945 verhaftet und hat mit demselben Gift, das er auch seinen Kranken verabreichte, am 26. Mai 1945 Selbstmord verübt.

Frau Steinmeyer, die zur Zeit in der Wanfrieder Landstraße 81a wohnt, hat nach Mitteilung der Belegschaft von Pfafferode auf einem Tauschwege von dem jetzigen Anstaltsdirektor Dr. Häuptner ca. 72 Zentner Braunkohlen erhalten. Außerdem soll sie noch weitere 40 Zentner im Keller gelagert haben. Sie verfügt also trotz der großen Krise über einen Vorrat von ca. 110 Zentnern Heizmaterial.

Die Beurteilung über die Zusammenarbeit des Herrn Dr. Häuptner mit der Familie Steinmeyer wird der Oeffentlichkeit überlassen.

Jedes weitere Kommentar ist hier überflüssig!

»Thüringer Volkszeitung« vom 3. Januar 1946, Seite 3   ABB. 39

Steinmeyer hätte ihn gebeten, nach Pfafferode zu fahren, um ihm Veronal zu besorgen; die Anstaltsärzte hätten das Mittel unter Hinweis auf die Zuständigkeit des Gefängnisarztes aber nicht herausgegeben und so habe er dem Inhaftierten mit dem von ihm selbst benutzten Schlafmittel ausgeholfen.[239] In seinem Gutachten über den Tod des Pfafferöder Anstaltsleiters führte Amtsarzt Wasserfall aus, dass Steinmeyer zwar allem Anschein nach die Absicht hatte, sich das Leben zu nehmen, dass aber nirgends Spuren eines Giftes zu finden waren und die Leiche auch keine Verletzung aufwies. Die Tatsache, dass Steinmeyer schwer herzkrank und seit seiner Festnahme außerordentlich erregt war, lasse die Annahme zu, er könnte *bei den Vorbereitungen zur Selbsttötung [...] an einem Schwächeanfall von Seiten des Herzens* gestorben sein. Auf eine Obduktion der Leiche wurde mit Rücksicht auf die herrschenden Nachkriegsverhältnisse verzichtet.[240]

So bleibt die eigentliche Ursache von Steinmeyers Tod ungeklärt. Die Pressemitteilung vom 3. Januar 1946, wonach er sich mit demselben Gift umbrachte, mit dem er seine Euthanasieopfer ermordete,[241] erhob zur Tatsache, was nur eine Vermutung sein konnte.

Der Tod ihres Vorgesetzten wurde für die übrigen Angestellten der Heilanstalt Pfafferode juristisch zu einem Vorteil, denn er eröffnete ihnen die Möglichkeit, der Frage nach ihrer Beteiligung an den Patiententötungen auszuweichen. Die verhörten Oberärzte versicherten, sie hätten die Sterbestationen nicht betreten dürfen und deshalb auch nicht wissen, sondern allenfalls ahnen können, was dort geschah.[242] Niemand konnte ihnen zwingend widersprechen. Das in den Sterbestationen tätige Pflegepersonal beharrte einstimmig darauf, in seiner Gegenwart wären keine ungesetzlichen Handlungen vorgenommen worden.[243] Schutzbehauptungen fielen allen leicht, weil die Kriminalpolizei kaum Anstrengungen unternahm, die verbrecherischen Vorgänge gründlich aufzuklären. Es stand für sie aber außer Zweifel, dass die für die Betreuung der Todeskandidaten zuständigen Personen *über den Verlauf der Dinge in den Häusern 17 und 18 bestens Bescheid wüssten.*[244] Die ermittelnden Beamten vertraten aber die Auffassung, sie hätten *als Untergebene keine Rechenschaft abzulegen über Menge und Art der Verabfolgung von Medikamenten.*[245] Selbst Oberpfleger Völker, der die den Euthanasieopfern injizierten extrastarken Veronallösungen herstellte,[246] blieb von Strafverfolgung verschont,[247] er wurde nur entnazifiziert.

Auch die Steinmeyer unterstellten Anstaltsärzte blieben mit einer einzigen Ausnahme unbehelligt. Dr. Hermann Eysel, der Anfang 1945 Kurt Schroeder als stellvertretenden Anstaltschef abgelöst und nach dessen Zeugnis als einziger Arzt außer Steinmeyer Zugang zu den in den Krankenhäusern 17 und 18 einquartierten Todeskandidaten hatte,[249] war zusammen mit seinem Chef verhaftet und dann beim Abzug der Amerikaner aus Thüringen in das Internierungslager Darmstadt verbracht worden;[250] dort verliert sich seine Spur. Der Amtsvorgänger von Steinmeyer, Schroeder, hätte über die in den Jahren 1940 und 1941 vorgenommenen Deportationen vielleicht etwas aussagen können, wenn er dazu befragt worden wäre – was mit an Sicherheit grenzender Wahrscheinlichkeit aber nicht geschah.²⁵¹ Der Oberarzt Willibald Haeuptner wurde nach Steinmeyers Ende zu dessen Amtsnachfolger, obwohl auch gegen ihn der Vorwurf erhoben wurde, Patienten in jene beiden »Sterbehäuser« verlegt zu haben.²⁵²

Viktor Ratka, der frühere Chef der Anstalt Tiegenhof, lebte nach Kriegsende noch einige Jahre in Pfafferode;²⁵³ 1949 siedelte er in die Bundesrepublik über. Von seinen in Tiegenhof verübten Euthanasieverbrechen war den Ermittlungsbehörden zunächst nichts bekannt. Erst 1961, nach Beginn des Verfahrens gegen den Obergutachter der T4-Behörde, Werner Heyde, geriet auch er in das Visier der Justiz. Ein amtsärztliches Gutachten, das ihm Haft- und Transportunfähigkeit bescheinigte, bewahrte ihn vor einem Prozess.²⁵⁴

Dem Chef der Malariaforschungsabteilung, Günter Blaurock, wurde nicht nur kein Prozess gemacht, ihm sollte sogar noch eine steile Karriere bevorstehen. Anfangs war offen, ob er für die Menschenversuche nicht doch einen Preis würde zahlen müssen. Der frühere stellvertretende Anstaltsdirektor Schroeder hatte der Mühlhäuser Entnazifizierungskommission von den Malariaversuchen berichtet,²⁵⁵ und die Kommission hatte dafür plädiert, Blaurock die Leitung der inzwischen in »Thüringisches Robert-Koch-Institut« umbenannten Forschungsstätte zu entziehen. Er sollte auch nicht länger Chefarzt der auf dem Anstaltsgelände eingerichteten Abteilung für Innere Medizin bleiben.²⁵⁶ Doch die Besatzungsmacht hielt ihre schützende Hand über ihn. Im Sommer 1947 erteilte die Sowjetische Militäradministration dem Gesundheitsamt im Thüringer Innenministerium die Weisung, Blaurock *trotz seiner Mitgliedschaft zur NSDAP, SA und NSFK* [Nationalsozialistisches Fliegerkorps, S.K.] *in seiner bisherigen Stellung bis auf weiteres* [weiter zu beschäftigen].²⁵⁷ Am 10. Mai 1949 erging Order, das wegen Verbrechen gegen die Menschlichkeit gegen ihn angestrengte Ermittlungsverfahren einzustellen, da Blaurock als *führender Biologe einen Namen* [habe], und die Wertschätzung, die »die Intelligenz« im wieder aufzubauenden Deutschland genieße, einen solchen Schritt notwendig erscheinen lasse.²⁵⁸ Der Fortsetzung seiner beruflichen Laufbahn stand nun nichts mehr im Weg. 1952 ging er nach Ost-Berlin, wo er die Direktion des bakteriologischen Instituts wie auch die des dortigen »Hauptmedizinaluntersuchungsamts« übernahm.²⁵⁹ Seine Vergangenheit im Dritten Reich war Zeit seines Lebens nie wieder Gegenstand irgendwelcher Ermittlungen.

Sein früherer Vorgesetzter Prof. Dr. Rose, Direktor des Pfafferöder Hygieneinstituts, wurde als einer der Angeklagten des Nürnberger Ärzteprozesses 1947 zwar mit einer lebenslänglichen Freiheitsstrafe belegt. Bei diesem Prozess stand aber seine Pfafferöder Tätigkeit nicht zur Debatte. Angeklagt und verurteilt wurde Rose vielmehr wegen

Gerhard Rose (1896–1992) ABB. 40

Beteiligung an den mit KZ-Insassen veranstalteten Fleckfieberversuchen.²⁶⁰ 1955 aus der Haft entlassen, gelang es ihm, die Wiederaufnahme seines Verfahrens zu erwirken. Das in Nürnberg gegen ihn ergangene Urteil wurde zu einem Justizirrtum erklärt; ihm sei eine persönliche Schuld an jenen Verbrechen nicht nachzuweisen.²⁶¹ Im hohen Alter zu den Vorgängen hier befragt, gab Rose unumwunden zu, dass in Pfafferode untergebrachte Schizophrene mit Malaria infiziert wurden. Man hätte dabei aber nicht in erster Linie die Absicht verfolgt, Antimalariamittel auszutesten, es sei vor allem darum gegangen, die Psychose der Probanden günstig zu beeinflussen. Im Übrigen wären diese Versuche schon deswegen kein Thema in Nürnberg gewesen, weil es schwer wäre, jemanden dafür strafrechtlich zu verfolgen, dass er dasselbe medizinische Verfahren anwendet, für das der Urheber des Verfahrens, Wagner-Jauregg, den Nobelpreis erhalten hatte.²⁶² Er unterschlug, dass die Versuche mit Fiebertherapien längst verlassen waren (*O. K. Linde. Fiebertherapien. In: Pharmakopsychiatrie im Wandel der Zeit. O. K. Linde [Ed.]. Tilia, 1988, S. 80–95*).

Dr. Haeuptner mag von der amerikanischen Militärregierung zu Steinmeyers Nachfolger ernannt worden sein, weil er derjenige war, der die Ermittlungen gegen Dr. Steinmeyer in Gang gesetzt hatte. Vor allem war er aber ein dem konservativen Spektrum zuzurechnender Nazigegner, der im Dritten Reich erhebliche berufliche Nachteile hatte in Kauf nehmen müssen. Vor 1933 hatte er sich in der »Deutschnationalen Volkspartei« engagiert.

Haeuptner wurde, seit 1931 stellvertretender Direktor der Anstalt Nietleben, ein Jahr nach Hitlers Machtantritt wegen Regimekritik mit einem Verweis bestraft. Auch als stellvertretender Direktor der Anstalt Altscherbitz hatte er sich mit freimütigen Äußerungen unbeliebt gemacht, was ihm 1941 die Strafversetzung nach Pfafferode *unter Degradation zum Oberarzt* eintrug.²⁶³

Es erstaunt dann, wie wenig Haeuptner sich seinem neuen Amt gewachsen gezeigt haben soll. Im Dezember 1945 berichtete die »Thüringer Volkszeitung«, ein in Pfafferode vorgenommener Inspektionsbesuch der Mühlhäuser Kriminalpolizei habe unerträgliche Missstände aufgedeckt.

In den inzwischen zu Typhus- und Tuberkulosestationen umgewidmeten Anstaltsgebäuden herrsche die pure Not. Die Räume seien ungeheizt, die Betten feucht, der behandelnde Arzt verfüge nur über einen Kittel und übertrage so *den Tod von einem Saal in den anderen*. Dagegen fehle es in den der Unterbringung von Geisteskranken dienenden Häusern *an nichts*.[266] Haeuptner wurde beschuldigt, »seine« Psychiatriepatienten in geradezu empörender Weise bevorzugt zu haben, obwohl er als Anstaltsleiter das Wohl aller betreuten Kranken hätte im Auge haben müssen.

Es gab auch den Vorwurf, er habe das von Dr. Steinmeyer im Anstaltsmagazin zwischengelagerte, flüchtigen Nazibeamten gehörende Hab und Gut nicht vorschriftsgemäß den städtischen Behörden zur Verfügung gestellt, sondern weiterhin für seine Besitzer aufbewahrt.[267] So kam es, dass Haeuptner der heimlichen Sympathie mit den früheren Machthabern bezichtigt werden konnte.[268] In einer Leitungsposition erschien er untragbar. Mit Wirkung vom 1. Juli 1946 wurde er, mittlerweile ohnehin 66 Jahre alt, in den Ruhestand versetzt.[269]

Seine Amtsgeschäfte übernahm die seit sechs Monaten als stellvertretende Direktorin in Pfafferode angestellte Dr. Eva Gatzek (geb. 1909).[270] Neun Monate später löste sie der zuletzt als Chef der Heil- und Pflegeanstalt Hildburghausen tätige Dr. Richard Lische (geb. 1898) ab.[271] Unter seinem bis Anfang 1953 dauernden Direktorat sollten die ersten Schritte zu einer infrastrukturellen Modernisierung seiner Wirkungsstätte getan werden.

Am 1. August 1946 wurde die »Landesheil- und Pflegeanstalt Pfafferode« in »Staatliches Landeskrankenhaus Pfafferode« umbenannt.[272] Damit trug man der Tatsache Rechnung, dass die Pfafferöder Einrichtung nun keine ausschließlich der Pflege von geistig Kranken und Behinderten dienende Institution mehr war, sondern auch andere Patienten auf ihrem Gelände beherbergte. In den letzten Kriegsmonaten sind in den leer gewordenen psychiatrischen Stationen Lazarette eingerichtet worden, in denen Verwundete oder mit einem gefährlichen Infekt behaftete Soldaten versorgt werden sollten.

Nach Kriegsende quartierte die Mühlhäuser Kreisverwaltung in verstärktem Maße Kranke aller Art ein. Es entstanden Abteilungen für Infektions-, Haut- und Geschlechts- und für Kinderkrankheiten.[273] Zu der hier ebenfalls eingerichteten Abteilung für Innere Medizin,[274] die bis 1952 Günter Blaurock leitete, gehörte zunächst auch die

Unglaubliche Zustände in der Heilanstalt
Wer trägt die Verantwortung?

Am 29. November 1945 stattete der Herr Polizeiinspektor Jaritz, der Leiter der Kriminalpolizei, Herr Lohmeyer, und ein Mitglied der Schriftleitung der „Thüringer Volkszeitung" der Heilanstalt überraschend einen Besuch ab. Veranlaßt war diese Untersuchung durch Hilferufe der Patienten und deren Angehörige.

Bau 10. Ein Schild an der Tür mahnt: „Achtung Infektionskranke! Eintritt polizeilich strengstens untersagt!" Doch die Klingel ist nicht intakt, und die Tür ist unverschlossen. Wir können unbehelligt die Räume betreten für Typhuskranke und Tuberkulöse. Es macht alles einen verwahrlosten und unsauberen Eindruck. Endlich taucht der Arzt auf. Nach anfänglichem Erschrecken zeigte er uns bereitwillig seine Abteilung und gibt uns Auskünfte, die uns erschauern lassen.

Der ärztliche Behandlungsraum erinnert in seiner Primitivität an mittelalterliche Zustände. Ein alter eiserner Ofen, notdürftig mit Lehm verschmiert, ein Schrank mit wenigen Medikamenten gefüllt, ein Gaskocher, Tisch und Stuhl bilden die Einrichtung. Schlechte Beleuchtung, kalte Feuchtigkeit lassen uns frösteln in diesem ungeheizten Raume, in welchem 120 kranke Menschen behandelt werden ohne die notwendigsten Instrumente. Es fehlt an kochendem Wasser, um die Injektionsnadeln keimfrei zu machen. Einige Kranke starben, weil kein Notlicht zur Operation vorhanden war. Im Schwesternzimmer steht ein Schrank, welcher neben den Medikamenten die geringen Lebensmittelvorräte der Schwestern enthält. Die Küche besitzt einen Waschkessel und eine zweiflammige Gaskochplatte, um die „Diätküche" zu bereiten! Etwas beschädigtes Geschirr, 2 Dutzend Tassen, zum großen Teil ohne Henkel, 3 Dutzend Teller, einige Gabeln und Löffel, 3 größere Töpfe und 2 kleinere, welche ohnehin noch von Patienten geliehen sind, bilden das Küchengeschirr für 120 Kranke.

Der Arzt verfügt nur über einen Kittel und hat Typhusbazillen übertragen und dadurch den Tod von einem Saal in den anderen getragen, wie er selbst sagt.

Die Räume sind ungeheizt und dadurch feuchtkalt, die Betten grau und seit langem nicht überzogen: sie fühlen sich feucht an. Die Matratzen auf Holzbrettern sind durchgelegen und verursachen nach längerem Krankenbett schwerste Schäden. In einige besonders schlechte Räume schiebt man die Todeskandidaten. Hier glänzen die Wände von Nässe, und der Boden sieht aus, als wäre er frisch gewischt worden. Aktenmappen überziehen sich in wenigen Tagen mit einer grünweißen Schimmelschicht.

In einem Saale mit ca. 20 Betten ist ein Klosett für Typhuskranke. Da es fast dauernd verstopft ist, läuft das Wasser oft bis mitten in den Saal. Kinder und Erwachsene liegen durcheinander. Ein Arzt und drei Schwestern sollen 120 Kranke betreuen! Die Gesetze der Hygiene sind dem Personal sehr bekannt, doch was will man machen, alle Hilferufe und Bitten waren vergeblich. In aufopfernder 12-stündiger Arbeit suchen die Schwestern mit ihrem Arzt, Dr. Bier, den Kranken zu helfen. Sie führen einen verzweifelten Kampf gegen diese verheerenden Seuchen, welche sich zu einer großen Gefahr für das ganze Land entwickeln können. In einer Waschschüssel waschen sich Dutzende Kranke; ein graues nasses Etwas hängt über der Stuhllehne, ein Kissenbezug als Handtuchersatz.

„Ich weiß nicht, was Sie wollen", sagte Herr Direktor Heubner, Dezernent für das Gesundheitswesen für die Stadt Mühlhausen, nachdem er den Bau besichtigt hatte, „es ist doch alles in Ordnung!!"

Die Toten liegen zwischen den Lebenden, weil im Keller Wasser steht, aber „es ist alles in Ordnung", sagt der Herr Direktor. Dies war Bau 10, einer von den drei Bauten, welche die Stadt Mühlhausen von der Provinzial-Heilanstalt gemietet hat. Die zwei anderen Bauten sind in ähnlichem, wenn auch nicht ganz so schlechtem Zustand.

Jetzt wollen wir uns die Bauten, welche die Provinzial-Verwaltung besitzt und zur Unterbringung von Geisteskranken dienen, ansehen. Saubere, trockene Räume, nicht gerade warm, aber erträglich geheizt, korrekt ausgerichtete Betten, eine vorbildliche Großküche, welche für 7000 Menschen auf einmal ein Eintopfgericht kochen kann. Es fehlt an nichts, alle elektrischen Großküchengeräte sind vertreten, die uns die Köchin voller Stolz zeigt.

Der Magazinverwalter der Anstalt führt uns dann ins Magazin. Tische und Stühle in großer Zahl, auch einige Schränke stehen dort ungenutzt.

In einem anderen Raume große Stapel neuer Teller, Tassen, Töpfe und Kannen. Fabrikneue Löffel und Gabeln, wohlsortiert in Kästen. Was uns aber besonders erbittert, ist, daß hier über 15 neue Arztmäntel hängen, während im Bau 10 der Arzt seinen Kittel nicht wechseln kann und dadurch eine Lebensgefahr für seine Patienten bedeutet.

Es sind noch viele andere Dinge auf Lager, mit welchen die Not in den städtisch verwalteten Gebäuden mit einem Schlage behoben werden könnten. Doch „Ich weiß nicht, was Sie wollen, es ist doch alles in Ordnung", sagte der Dezernent für das Gesundheitswesen.

Auch die 67 Koffer und Schließkörbe und Kisten, welche alle mit den vier Buchstaben „MdRI" gezeichnet sind, sind alle in Ordnung, Herr Direktor! Die beiden Polizeibeamten finden die Namen von hohen Nazibeamten, welche seit langem entweder verhaftet oder flüchtig sind, Mitglieder des Reichsministeriums des Innern, Ministerialräte usw. waren die Besitzer.

Eine Kiste mit Akten verspricht interessante Einblicke bei der Durchsicht.

Mit dem Inhalt der Koffer und Schließkörbe wird manchem armen Umsiedler geholfen werden können, Herr Direktor, und auch dann ist noch lange nicht „alles in Ordnung". Sie hatten Kenntnis von diesem herrenlosen Gut und haben es trotz Aufruf in der Zeitung und Strafandrohung nicht gemeldet.

Wir werden uns nun dieser Dinge annehmen und auch die bürokratischen Trennungen in der Verwaltung, die den Tod vieler Kranker verursacht haben, beseitigen.

Von der Polizei verlangen wir im Namen der Mühlhäuser Bevölkerung schärfste Untersuchung und sofortige Verhaftung der Schuldigen.

C. M.

hiesige Tuberkulosestation; 1948 wurde sie eigenständig.

Angesichts der herrschenden Mangelwirtschaft war der Eintritt unhaltbarer hygienischer Zustände geradezu vorprogrammiert. Die Kranken konnten sich schon glücklich schätzen, wenn sie während der kalten Jahreszeit nicht permanent frieren mussten. Im Winter 1946/47 drohte Pfafferode eine Katastrophe; wegen Mangels an Brennstoff konnte während mehrerer Wochen die Heizungsanlage nicht betrieben werden. Um den Patienten und ihren Betreuern wenigstens eine Gelegenheit zu geben, sich aufzuwärmen, wurden die in den Dienstwohnungen des Personals stehenden eisernen Öfen in die Krankengebäude gebracht, mit den wenigen vorhandenen Kohlen bestückt und die Rauchabzüge durch die Fenster geleitet. Bereits im Winter zuvor waren der Anstalt die Kohlen ausgegangen, woraufhin Direktor Haeuptner die sowjetische Kommandantur um Hilfe gebeten hatte.[275] Appelle wie dieser fanden bei der sowjetischen Militäradministration, die seit Juli 1945 die für ganz Mitteldeutschland zuständige Besatzungsmacht war, meist ein offenes Ohr.

Andere Einstellungen der sowjetischen Kommandantur wirkten weniger positiv. So war es offenbar ihren Vorgaben geschuldet, dass das Land Thüringen, zu dem Mühlhausen seit Juli 1945 gehörte, die Stelle des Pfafferöder Anstaltspfarrers mit Wirkung vom 1. Oktober 1946 strich.[276] Doch wem war mit der Amtsenthebung des Pastors Neunobel, den bereits die Nazis aus dem Amt getrieben hatten, gedient? Die atheistisch eingestellte Besatzungsmacht hatte ihren Willen – und die Pfafferöder Kirchgemeinde musste den Eindruck gewinnen, erneut unter eine Zwangsherrschaft geraten zu sein.

Fernwärme-Kanalbau um 1954 ABB. 42

Schwimmbad 1958   ABB. 43

8.2 Gründungszeit der DDR

Am 7. Oktober 1949 wurde die DDR gegründet. Damit blieben aber weiter die Besatzer aus dem Osten tonangebend. Welchen Nutzen brachte die 1953 angeordnete Umwandlung des bis dahin dem Landeskrankenhaus gehörenden Pfafferöder Gutes in »Volkseigentum«? Den gesellschaftspolitischen Vorstellungen des DDR-Staatsapparates war entsprochen worden, den Nachteil davon hatten die Pfafferöder Patienten. Mochte Direktor Lisches Amtsnachfolger Dr. Hans-Peter Schulz (geb. 1920) auch darauf hinweisen, dass die auf Gut Pfafferode erzeugten Lebensmittel nach dessen Angliederung an die »Vereinigung volkseigener Güter« seinen Pfleglingen nicht mehr zugutekommen würden – das Landwirtschaftsministerium hielt unbeirrt an seinem ideologiegeleiteten Beschluss fest.[277]

Zweifelsohne wurden während der Zeit des Stalinismus auch bemerkenswerte Aufbauleistungen in Pfafferode erbracht. 1950 wurde die Erneuerung der verschlissenen Heizungsanlage in Angriff genommen; hierfür hatte der Staat Mittel in Höhe von 707 000 DM (Ost) bereitgestellt. Sämtliche gesetzt.²⁸⁶ Bis in die 1950er Jahre waren Fiebertherapien, Insulinschocks, Dauerbäder etc. vorherrschend und der Einsatz der Psychopharmaka unprofessionell; nur drei Ärzte mussten ca. 1500 Planbetten versorgen.

Für die in der DDR produzierten Medien, die ein möglichst ungetrübtes Bild vom werdenden Sozialismus zu zeichnen hatten, waren die Schattenseiten der in Pfafferode praktizierten »Irren«-Pflege selbstverständlich kein Thema. So berichtete die Presse noch im November 1957 von der Verleihung des Titels »Bestes Krankenhaus des Bezirkes Erfurt«,²⁸⁸ obwohl bereits ein Ermittlungsverfahren gegen zwei dort tätige Ärzte und einige Pfleger eingeleitet worden war.

8.3 Ein Skandal und der Umbruch

Im Oktober 1957 bat die Generalstaatsanwaltschaft der DDR das Gesundheitsministerium um Amtshilfe. Der Staatsanwaltschaft Mühlhausen lägen Indizien vor, wonach in Pfafferode untergebrachte Patienten von ihren Betreuern misshandelt würden. Das Ministerium möge eine Ärztekommission berufen, die die in jener Einrichtung herrschenden Zustände überprüfen solle.²⁸⁹

Die Inspektoren Dr. Riepenhausen, Leiter der Psychiatrischen Klinik Leipzig-Dösen, und Dr. Walther, Leiter der Psychiatrischen Klinik Rodewisch im Vogtland, stellten der Pfafferöder Psychiatrie ein schlechtes Zeugnis aus. Zwar gäbe die technische Ausrüstung der »Krankenanstalten« keinen Anlass zur Klage, und auch die Krankengebäude wiesen von außen betrachtet ein tadelloses Erscheinungsbild auf. Hingegen könne nicht nur von einer dem gegenwärtigen Entwicklungsstand der Wissenschaft entsprechenden Therapie der Geisteskranken keine Rede sein, vielfach würden sogar die Gebote der Humanität missachtet. Einige Pfleger hätten unbotmäßige Kranke mit Gurten an Händen und Füßen gefesselt, am Bett angebunden und ihnen nach eigenem Ermessen Betäubungsmittel verabreicht.²⁹⁰ Bei den geringsten Anzeichen von Widersetzlichkeit wären Patienten geschlagen oder in Isolierzellen gesperrt worden.²⁹¹ Dass es zu solchen Vergehen seitens des Pflegepersonals kommen konnte, hätten die Ärzte zu verantworten. Sie hätten *die modernen psychiatrischen Behandlungsmethoden, vom Insulinschock bis zu den Neurolepticis, entweder gar nicht oder in einer Form angewandt [...], die nichts nützt,*²⁹² seien mithin außerstande gewesen, die Erregungszustände mancher Kranker zu beherrschen und hätten daher den Pflegern freie Hand beim Einsatz von Zwangsmitteln gelassen.²⁹³

Die schwerste Anschuldigung traf den Oberarzt Dr. Wolfgang Seele; ihm wurde der Tod zweier Personen zur Last gelegt. Er hatte einem lärmenden und angriffslustigen Schizophrenen hohe Dosen von Barbitursäurepräparaten verabfolgen lassen und

Schwimmbad 1958   ABB. 43

8.2 Gründungszeit der DDR

Am 7. Oktober 1949 wurde die DDR gegründet. Damit blieben aber weiter die Besatzer aus dem Osten tonangebend. Welchen Nutzen brachte die 1953 angeordnete Umwandlung des bis dahin dem Landeskrankenhaus gehörenden Pfafferöder Gutes in »Volkseigentum«? Den gesellschaftspolitischen Vorstellungen des DDR-Staatsapparates war entsprochen worden, den Nachteil davon hatten die Pfafferöder Patienten. Mochte Direktor Lisches Amtsnachfolger Dr. Hans-Peter Schulz (geb. 1920) auch darauf hinweisen, dass die auf Gut Pfafferode erzeugten Lebensmittel nach dessen Angliederung an die »Vereinigung volkseigener Güter« seinen Pfleglingen nicht mehr zugutekommen würden – das Landwirtschaftsministerium hielt unbeirrt an seinem ideologiegeleiteten Beschluss fest.[277]

Zweifelsohne wurden während der Zeit des Stalinismus auch bemerkenswerte Aufbauleistungen in Pfafferode erbracht. 1950 wurde die Erneuerung der verschlissenen Heizungsanlage in Angriff genommen; hierfür hatte der Staat Mittel in Höhe von 707 000 DM (Ost) bereitgestellt. Sämtliche

Familienpflege ABB. 44

Rohrleitungen wurden ersetzt, wobei sich an den zu diesem Zweck erforderlichen Ausschachtungsarbeiten Krankenhausangestellte jeder Profession beteiligten.[278] Inwieweit deren Mitwirkung am Bau tatsächlich freiwillig war, wie die Pfafferöder Parteiorganisation der SED in ihrem »Presseorgan« behauptete, sei dahingestellt. Immerhin gelang es, durch die unentgeltliche Heranziehung des Personals 115 000 DM (Ost) einzusparen.[279] Als am 2. Dezember 1952 der 40. Gründungstag der Anstalt begangen wurde, konnte die sanierte Heizungsanlage in Betrieb gehen. Weitere Modernisierungs- und Instandhaltungsmaßnahmen fanden in den Folgejahren statt. Bei allen diesen Arbeiten wurden Angehörige der Belegschaft eingesetzt; nur die Facharbeiten musste man durch *Fremdhandwerker* ausführen lassen.[280] Eine Wasserenthärtungsanlage sowie neue Pumpen und Messgeräte wurden im Kesselhaus installiert und die Dächer aller Krankengebäude neu gedeckt. Die Apotheke erhielt eine Ampullen-Abfüllstation und die Gärtnerei eine Berieselungsanlage.

Den Schlussstein dieser Modernisierungsoffensive bildete der Bau eines Schwimmbades,[281] das als Gemeinschaftsleistung aller immer noch einen nicht unwesentlichen Bestandteil der »corporated identity« der Belegschaft ausmacht und gern genutzt wird.

Ende 1956 hielt der nach Schulz' Weggang in die Bundesrepublik seit 1. August 1954 als Leiter der Pfafferöder Einrichtung amtierende Dr. Hans Albrecht (geb. 1908)[282] es für geboten, die Öffentlichkeit über die Klinik zu unterrichten. Sie sei in jeder Hinsicht auf dem neuesten Stand, behauptete er in einem Presseinterview. Die hier angewandten Therapieverfahren hätten *die Heilungsaussichten für sehr viele Geisteskranke hoffnungsvoll geändert.*[283]

Ob ein mit den Verhältnissen Vertrauter der nunmehrigen »Krankenanstalten Pfafferode«[284] in dieses Loblied eingestimmt hätte, darf allerdings bezweifelt werden, weil die Persönlichkeitsrechte von Geisteskranken wenig beachtet wurden. Noch die größte Freiheit genossen die, die bei Pflegefamilien untergebracht waren; Anfang der 1950er Jahre war es glücklicherweise gelungen, die Praxis, Patienten in Privathaushalte zu integrieren, wiederzubeleben. *Manche Familien, die schon jahrelang Familienpfleglinge*

Kulturhaus, Patientenbetreuung um 1957 ABB. 45

betreu[t]en, hatten beachtliche Fähigkeiten entwickelt, mit psychisch Kranken umzugehen.[285] Hingegen mussten sich die in den Krankengebäuden lebenden Psychiatriepatienten einem an Strafvollzug erinnernden Reglement unterwerfen. Den Neuankömmlingen wurden alle persönlichen Sachen abgenommen, und nachdem sie das obligatorische Baderitual absolviert hatten, wurden sie in eine blau-, rot- oder gelbkarierte Einheitskleidung gesteckt. Nur besonders ruhige und fügsame Geisteskranke durften ihr Essen, das ihnen in Blechschüsseln oder -tellern gereicht wurde, in den so genannten Tagesräumen zu sich nehmen; alle anderen wurden in ihren Betten verköstigt. Aggressives Verhalten hatte in der Regel die Fixierung im Bett zur Folge. Dabei bediente man sich eines Hanfnetzwerks, das an den Bettgiebeln befestigt wurde, nachdem der Patient darin eingeschnürt worden war. Wer weder so noch mithilfe von feuchten Ganzkörperpackungen zur Ruhe gebracht werden konnte, wurde in einem Einzelzimmer festgesetzt.²⁸⁶ Bis in die 1950er Jahre waren Fiebertherapien, Insulinschocks, Dauerbäder etc. vorherrschend und der Einsatz der Psychopharmaka unprofessionell; nur drei Ärzte mussten ca. 1500 Planbetten versorgen.

Für die in der DDR produzierten Medien, die ein möglichst ungetrübtes Bild vom werdenden Sozialismus zu zeichnen hatten, waren die Schattenseiten der in Pfafferode praktizierten »Irren«-Pflege selbstverständlich kein Thema. So berichtete die Presse noch im November 1957 von der Verleihung des Titels »Bestes Krankenhaus des Bezirkes Erfurt«,²⁸⁸ obwohl bereits ein Ermittlungsverfahren gegen zwei dort tätige Ärzte und einige Pfleger eingeleitet worden war.

8.3 Ein Skandal und der Umbruch

Im Oktober 1957 bat die Generalstaatsanwaltschaft der DDR das Gesundheitsministerium um Amtshilfe. Der Staatsanwaltschaft Mühlhausen lägen Indizien vor, wonach in Pfafferode untergebrachte Patienten von ihren Betreuern misshandelt würden. Das Ministerium möge eine Ärztekommission berufen, die die in jener Einrichtung herrschenden Zustände überprüfen solle.²⁸⁹

Die Inspektoren Dr. Riepenhausen, Leiter der Psychiatrischen Klinik Leipzig-Dösen, und Dr. Walther, Leiter der Psychiatrischen Klinik Rodewisch im Vogtland, stellten der Pfafferöder Psychiatrie ein schlechtes Zeugnis aus. Zwar gäbe die technische Ausrüstung der »Krankenanstalten« keinen Anlass zur Klage, und auch die Krankengebäude wiesen von außen betrachtet ein tadelloses Erscheinungsbild auf. Hingegen könne nicht nur von einer dem gegenwärtigen Entwicklungsstand der Wissenschaft entsprechenden Therapie der Geisteskranken keine Rede sein, vielfach würden sogar die Gebote der Humanität missachtet. Einige Pfleger hätten unbotmäßige Kranke mit Gurten an Händen und Füßen gefesselt, am Bett angebunden und ihnen nach eigenem Ermessen Betäubungsmittel verabreicht.²⁹⁰ Bei den geringsten Anzeichen von Widersetzlichkeit wären Patienten geschlagen oder in Isolierzellen gesperrt worden.²⁹¹ Dass es zu solchen Vergehen seitens des Pflegepersonals kommen konnte, hätten die Ärzte zu verantworten. Sie hätten *die modernen psychiatrischen Behandlungsmethoden, vom Insulinschock bis zu den Neurolepticis, entweder gar nicht oder in einer Form angewandt [...], die nichts nützt*,²⁹² seien mithin außerstande gewesen, die Erregungszustände mancher Kranker zu beherrschen und hätten daher den Pflegern freie Hand beim Einsatz von Zwangsmitteln gelassen.²⁹³

Die schwerste Anschuldigung traf den Oberarzt Dr. Wolfgang Seele; ihm wurde der Tod zweier Personen zur Last gelegt. Er hatte einem lärmenden und angriffslustigen Schizophrenen hohe Dosen von Barbitursäurepräparaten verabfolgen lassen und diese Behandlung auch dann noch fortgesetzt, als sich bei dem Kranken die für eine Barbitursäurevergiftung typischen Symptome eingestellt hatten. Einen anderen schizophrenen Patienten hatte er auf die nämliche Weise ruhiggestellt und sich dann um ihn nicht weiter gekümmert. Beide Kranke waren schließlich an Lungenentzündung gestorben. Seeles gleichrangiger Kollege Menz wurde beschuldigt, zugelassen zu haben, dass eine an Wochenbettpsychose leidende, hochgradig erregte junge Frau sich zu Tode erschöpfte. Er hatte die in solchen Fällen anderenorts übliche Elektroschocktherapie zunächst nicht und später nur zögerlich angewendet.[294]

Im Juni 1958 standen die beiden Oberärzte zusammen mit fünf Pflegern vor dem Bezirksgericht Erfurt. Im Falle des Angeklagten Seele beantragte der Staatsanwalt eine viereinhalbjährige Haftstrafe wegen »Totschlags mit bedingtem Vorsatz«, Menz sollte wegen fahrlässiger Tötung für anderthalb Jahre ins Gefängnis; die Gewalttaten des Pflegepersonals wollte die Staatsanwaltschaft mit Haftstrafen von bis zu drei Jahren geahndet wissen.[295] Allem Anschein nach ist das Gericht diesen Anträgen gefolgt; ein eindeutiges Zeugnis dafür fehlt jedoch.[296]

Dem damaligen Leiter der Pfafferöder »Krankenanstalten« blieb ein Prozess erspart. Albrecht hatte die Arbeit seiner Oberärzte nicht beaufsichtigt und die Delikte überhaupt erst ermöglicht, eine strafbare Handlung konnte ihm nicht nachgewiesen werden. Er gab seine Stellung auf und kam wohl so einer Amtsenthebung zuvor.[297]

Für das Gesundheitsministerium war mit der Verurteilung der straffällig gewordenen Ärzte und Pfleger die Akte Pfafferode noch nicht geschlossen. Auf einer von ihm für den 26. Februar 1959 anberaumten Konferenz, an der die Direktoren aller psychiatrischen Kliniken der DDR teilzunehmen hatten,[298] kam der Fall ausgiebig zur Sprache. Hauptreferent Riepenhausen ließ keinen Zweifel daran, dass die eigentliche Ursache der in Pfafferode begangenen Straftaten die ablehnende Haltung der bis vor kurzem dort maßgebenden Psychiater gegenüber den mittlerweile international anerkannten Behandlungsmethoden war. Höchst kritikwürdig sei zudem die chronische Überbelegung der psychiatrischen Stationen, die die Zweckentfremdung großer Teile der ursprünglich nur geistig Kranken und Behinderten gewidmeten Einrichtung naturgemäß mit sich bringe.[299]

Als unmittelbares Resultat dieser Konferenz ist die noch 1959 erfolgte Ausgliederung der fachfremden Abteilungen aus dem Gesamtverband der »Krankenanstalten« anzusehen. *Die vordem gemischt belegten Krankenanstalten Pfafferode wurden zum Bezirkskrankenhaus für Psychiatrie und Neurologie erklärt.*[300]

Ab 1. April 1958 wurde Dozent Dr. Ehrig Lange (1921–2009) zum amtierenden Direktor ernannt. Schon im Dezember konnte er eine erste positive Bilanz ziehen: Die Zahl der unter seiner Führung tätigen Ärzte wurde von anfänglich sechs auf zwölf erhöht, ein Psychologe und zwei Arzthelferinnen wurden angestellt.[301] Mit seinen ärztlichen Mitarbeitern, vorangestellt seine aus Jena ebenfalls abberufene Stellvertreterin, Chefärztin Dr. U. Bergmann, und den Ausbildungsassistenten und späteren langjährigen Chefärzten Dr. sc. med. P. Fehlow, Herrn Dr. K. Seelisch, Frau Dr. R. Gans und Frau Dr. med. Chr. Fritzsche sowie der hier bereits seit 1949 tätigen Psychiaterin Frau Dr. E. Perskowitz führte er im BFK das »open-door«-System« *(vgl. unten)* ein und schuf damit die Grundlagen für ein gutes milieutherapeutisches Klima.

Anhang

a) Tabellarische Übersichten
Belegungszahlen 1912–1924

Jahr	Belegung	Entlassung (Stand: Ende d. jeweil. Jahres)	Verstorben (Stand: Ende d. jeweil. Jahres)
1912	48 (Dez.)	0	0
1913	210 (Apr.)	97	30
1914	466 (Mär)	185	78
1915	550 (Apr.) 673 (Dez.)	170	88
1916	Keine Angaben	234	182
1917	577 (Apr.)	162	175
1918	491 (Mär.)	197	187
1919	378 (Apr.)	118	71
1920	406 (Apr.)	145	40
1921	486 (Apr.)	150	58
1922	531 (Apr.)	173	88
1923	555 (Apr.)	129	70
1924	577 (Apr.)	183	57

Belegungszahlen 1924–1933

Jahr	Betten	Zugänge	Abgänge	Verstorben
1924	831	406	240	57
1925	831	347	259	74
1926	1100	552	283	116
1927	1200	332	337	124
1928	1200	390	339	129
1929	1180	346	261	98
1930	1180	312	286	91
1931	1200	305	355	91
1932	1200	297	266	72
1933	1200	345	251	91

Ausgaben und Einnahmen 1925/26–1933

Jahr	Ausgaben	Einnahmen	Notwendiger Zuschuss von Provinz
1925/26	907 500 RM	516 400 RM	391 100 RM
1927/28	1 348 600 RM	908 800 RM	439 800 RM
1929	1 642 600 RM	1 089 700 RM	552 900 RM
1930	1 483 666 RM	1 044 927 RM	438 937 RM
1931	1 261 797 RM	982 852 RM	278 945 RM
1932	1 087 976 RM	881 350 RM	209 209 RM
1933	1 110 880 RM	1 063 661 RM	74 415 RM

Diagnosen 1913–1924

Diagnosen	1913	1914	1915	1917	1918	1919	1920	1921	1922	1923	1924
Einfache Seelenstörung	128	265	378	290	211	234	280	295	304	306	378
Epilepsie mit und ohne Seelenstörung	53	111	144	93	59	64	72	77	91	100	132
Schwachsinn	10	50	87	81	78	79	96	117	119	129	179
Paralytische Seelenstörung	8	33	49	20	12	19	25	25	27	35	37
Hysterie		3	7	1	4	3	4	8	6	6	8
Neurasthenie	1	2	2	2	2	2	2	2	2	2	
Chorea	1	2	2	3	2	2	2	2	2	2	2
andere Krankheiten des Nervensystems			2	1	3	2	4	3	3	2	4
zur Beobachtung anwesend			2		1	1	1	2	1	1	1
Alkoholismus											1
Tabes (Neurosyphilis)					1						

Quellen: Erster – Zehnter Verwaltungsbericht für die Jahre 1912/13–1924, erstattet von Direktor Sanitätsrat Dr. Schmidt Bl. 3–328; Landeshauptarchiv Sachsen-Anhalt Magdeburg, Zugangs- und Abgangsbücher Landesheilanstalt Pfafferode 1924–1933

b) Deportationen

Auflistung der während der Euthanasie-Aktion 1940/41 von Pfafferode in eine Zwischenanstalt verlegten und von dort später in eine Tötungsanstalt verbrachten Patienten, soweit Akten vorhanden (aus Datenbank BArch R 179 im Bundesarchiv Berlin)

Letzter Eintrag Pfafferode 1.10.1935, Ausmusterungsschein 17.8.1940: *Willi Steiger, geb. 6.7.1900*

Letzter Eintrag Pfafferode 24.6.1940, Transport nach Altscherbitz: *Wilhelm Friedrich Krätzer, geb. 10.9.1898, Erich Schwabe, geb. 14.7.1911*

Letzter Eintrag Pfafferode 25.6.1940, Transport nach Altscherbitz: *August Born, geb. 10.11.1883, Herbert Bösenberg geb. 23.3.1911, Magdalena Gabriel, geb. 26.6.1900, Walter Hartmann, geb. 6.6.1902, Arthur Jolles, geb. 20.1.1890, Friedrich Lohse, geb. 25.5.1880, Ernst Müller, geb. 3.6.1878, Lurie von Ostrowski, geb. 28.12.1890, Georg Pfingsten, geb. 25.2.1871, Oskar Adolf Schleicher, geb. 10.9.1908, Herbert Max Schmidt, geb. 20.4.1918, Jakob Ständer, geb. 24.12.1893, Agnes Stürmer, geb. 15.1.1883, Amalie Wagner, geb. 1904, Hilgar Wannow, geb. 20.6.1871, Selmar Ernst Weißhaupt, geb. 5.4.1897, Artur Weissleder, geb. 30.7.1940*

Letzter Eintrag Pfafferode 7.8.1940, Transport nach unbekannt: *Wilhelm König, geb. 29.7.1914, Hans Roettig, geb. 12.5.1906*

Letzter Eintrag Pfafferode 20.8.1940, Transport nach Altscherbitz: *Paul Becke, geb. 9.8.1898, Albin Blödner, geb. 5.2.1880, Irma Böhnert, geb. 20.6.1903, Emilie Margarethe Böttcher, geb. 15.12.1886, Ernst Grohs, geb. 17.9.1893, Balduin Moritz Nebe, geb. 3.10.1882, Hans Rath, geb. 24.6.1905, Franz Richter, geb. 14.7.1901, Heinrich Rödger, geb. 25.1.1895, Heinz Rommel, geb. 7.9.1921, Werner Rossberger, geb. 28.9.1911, Walter Schauer, geb. 30.8.1905, Walter Schelsky, geb. 15.3.1911, Paul Schneider, geb. 23.7.1929, Karl Wilhelm Schoof, geb. 10.7.1911, Georg Schröder, geb. 11.11.1904, Erich Siegling, geb. 27.9.1908, Walther Otto Standhardt, geb. 9.8.1902, Ludwig Steiner, geb. 26.3.1903, Ferdinand Strecker, geb. 7.6.1904, Max Streng, geb. 28.3.1903*

Letzter Eintrag Pfafferode 26.8.1940, Transport nach Altscherbitz: *Wilhelm Ballin, geb. 2.9.1913, Albert Berghoff, geb. 14.11.1909, Karl Bergmann, geb. 2.8.1919, Fritz Bohnert geb. 13.1.1912, Arno Döpping, geb. 19.4.1907, Paul Emmerich, geb. 1.10.1919, Erich Fischer, geb. 3.8.1903, Alexander Franke, geb. 30.9.1910, Erwin Freitag, geb. 4.1.1910, Hans Georg Gewe, geb. 14.10.1928, Walter Kieler, geb. 15.5.1913, Bernhard Günter Klinkisch, geb. 26.8.1940,*

Hermann Knabe, geb. 17.3.1904, Gerhard König, geb. 29.1.1925, Ernst Krumbein, geb. 22.8.1900, Gerhard Lippold, geb. 13.12.1918, Paula Markert, geb. 17.12.1897, Ida Marold, geb. 25.7.1905, Franz Mathia, geb. 29.9.1904, Elise Meyer, geb. 15.10.1882, Hans Joachim Meyer, geb. 1.7.1925, Emmi Molle, geb. 12.1.1898, Marta Möller, geb. 13.4.1885, Rosalie Montag, geb. 25.7.1872, Walte More, geb 6.6.1902, Anna Müller, geb. 6.6.1888, Emma Müller, geb. 16.3.1874, Elfriede Nodewald, geb. 18.8.1922, Horst Ohrt, geb. 8.1.1922, Else Otto, geb. 3.2.1894, Martin Platzer, geb. 24.5.1914, Albert Pochert, geb. 1.3.1910, 76. Else Quinque, geb. 9.3.1910, Maria Reim, geb. 21.5.1875, Martha Rost, geb. 16.1.1903, Berta Schilling, geb. 24.9.1917, Amanda Schlothauer, geb. 8.11.1872, Luise Schollmeier, geb. 22.6.1899, Elsa Schulze, geb. 3.9.1896, Johanna Schulze, geb. 15.7.1865, Frieda Schunk, geb. 18.7.1906, Minna Seyferth, geb. 25.9.1895, Dorothea Sieder, geb. 26.5.1890, Ilse Sonnenschmidt, geb. 23.11.1908, Luise Stickelt, geb. 10.6.1885, Alma Stier, geb. 12.10.1886, Hulda Straubel, geb. 20.7.1888, Agnes Streicher, geb. 21.11.1903, Anna Struve, geb. 25.1.1888, Helene Töfflinger, geb. 19.10.1889, Irma Triebel, geb. 17.4.1895, Emilie Ulbrich, geb. 26.12.1884, Friedrich Weber, geb. 2.7.1908, Rudolf Wegener, geb. 28.10.1905, Auguste Weißflog, geb. 12.5.1884, Else Wenzel, geb. 13.10.1908, Paula Werner, geb. 16.3.1900, Therese Westhaus, geb. 16.11.1898, Paul Wetterling, geb. 5.5.1922, Artur Wittenbecher, Emmy Zerbst, geb. 22.4.1890

Letzter Eintrag Pfafferode 28.8.1940, Transport nach Altscherbitz: Adolf Glaschick, geb. 12.10.1877

Letzter Eintrag Pfafferode 16.9.1940, Transport nach Uchtspringe: Valentin Bartel, geb. 2.9.1904, Paul Baumgarten, Geburtsdatum unbekannt, Alfons Brennig, geb. 10.4.1910, Fritz Cammann, geb. 10.12.1900, Willy Daniel, geb. 12.4.1903, Franz Deckert, geb. 20.5.1894, Erich Dehne, geb. 29.8.1900, Christoph Demme, geb. 8.9.1893, Reinhold Deutschmann, geb. 24.7.1901, Johannes Dose, geb. 4.6.1897, Hans Dressel, geb. 10.5.1940, Rudolf Otto Eckart, geb. 19.3.1914, Heinrich Karl Föllmer, geb. 13.2.1892, Ernst Fürste, geb. 5.2.1894, Johannes Hardtke, geb. 6.3.1896, Otto Heinecke, geb. 7.8.1897, Kurt Gustav Heinze, geb. 18.6.1910, Emil Helmvoigt, geb. 28.9.1906, Paul Herpe, geb. 16.9.1913, Karl Herzberg, geb. 18.10.1894, Oskar Eduard Herzberg, geb. 21.11.1901, Horst Heyne, geb. 1908, Fritz Hoffmann, geb. 19.4.1898, Walter Hoffmann, geb. 29.3.1901, Ernst Hoppe, geb. 14.6.1912, Ewald Hüther, geb. 2.2.1898, Otto Knauth, geb. 2.4.1894, Albert Hans Joachim König, geb. 21.12.1914, Otto Krahl, geb. 16.9.1940, Rudolf Krönert, geb. 12.12.1898, Friedrich Wilhelm Krug, geb. 24.3.1898, Karl Kühn, geb. 18.10.1897, Hermann Lange, geb. 11.4.1909, Paul Lowsky, geb. 14.12.1897, Auguste Mann, geb. 6.9.1867, Klara Markert, geb. 19.7.1891, Josef Marx, geb. 31.3.1892, Marie Renate Mattig, geb. 15.11.1896, Hanna Olga Mikolajczak, geb. 8.11.1921, Anna Mosemann, geb. 9.12.1894,

Franz Mühlhaus, geb. 28.4.1897, Arno Müller, geb. 21.6.1901, Emmy Müller, geb. 26.1.1886, Rudi Müller, geb. 29.5.1899, Maria Nicolai, geb. 13.12.1892, Richard Notrodt, geb. 23.3.1890, Hildegard Oehring, geb 9.12.1899, Arthur Poltermann, geb. 27.2.1914, Dorothea Rhode, geb. 27.10.1897, Elvira Röhrig, geb. 27.7.1917, Christina Ruhland, geb. 14.8.1894, Emma Rummel, geb. 18.4.1899, Elisabeth Schmerbauch, geb. 7.5.1910, (Datum des Abtransports unbekannt), Gertrud Schneider, geb. 11.5.1901, Agnes Sedel, geb. 25.12.1916, Frieda Siebenhüner, geb. 14.10.1910, Maria Stolze, geb. 13.11.1897, Klara Tannhäuser, geb. 8.1.1897, Anna Taubert, geb. 26.2.1906, Berta Teitzel, geb. 21.5.1895, Margarete Tesch, geb. 27.12.1908, Marie Wilhelmine Trauschold, geb. 17.1.1894, Charlotte Tschirner, Geburtsdatum unbekannt, George Voigt, geb. 16.9.1940, Martha Voigt, geb. 29.2.1892, (Datum des Abtransports unbekannt, 1941), Tea Voigt, geb. 18.4.1911, Martha Völlger, geb. 11.4.1905, Charlotte Wacker, geb. 2.12.1898, Johanna Wagner, geb. 26.10.1908, Klara Wawrzynek, geb. 31.8.1898, Willy Wege, geb. 4.2.1912, Frieda Weigmann, Geburtsdatum unbekannt, Hedwig Welsch, geb. 21.12.1900, Otto Weniger, geb. 6.7.1891, Erna Werner, geb. 9.1.1897, Fanny Werner, geb. 30.3.1900, Heinrich Werner, geb. 7.6.1904, Anna Wesarg, geb. 12.3.1899, Anna Wiegand, geb. 22.8.1897, Else Wiegler, geb. 15.3.1900, Juliana Winter, geb. 23.11.1897, Paul Wöhner, geb. 8.9.1893, Walter Wormbs, geb. 23.7.1907, Helene Wrütz, geb. 1.4.1904 (Datum des Abtransports unbekannt)

Letzter Eintrag Pfafferode 9.10.1940, Transport nach Uchtspringe: *Werner Mitscherlich, geb. 19.4.1894*

Letzter Eintrag Pfafferode 15.10.1940, Transport nach Zeitz: *Karl Klaar, geb. 10.7.1889*

Letzter Eintrag Pfafferode 15.10.1940, Transport nach Uchtspringe: *Ernst Reinfeld, geb. 15.6.1885*

Letzter Eintrag Pfafferode 12.11.1940, Transport nach unbekannt: *Minna Westfeld, geb. 16.9.1900*

Letzter Eintrag Pfafferode 15.11.1940, Transport nach Altscherbitz: *Gustav Bachmann, geb. 5.2.1886, Willy Bärwolf, geb. 8.4.1886, Emil Buchgarth, geb. 14.11.1880, Karl Debertshäuser, geb. 20.7.1879, Richard Gaumer, geb. 8.2.1883, Friedrich Ferdinand Grützmann, geb. 13.6.1875, Werner Günther, geb. 5.4.1888 (Datum des Abtransports aus Altscherbitz unbekannt), Martin Hagemann, geb. 6.7.1881, Heinrich Henning geb. 11.12.1889 (Datum des Abtransports aus Altscherbitz unbekannt), Karl Kleemann, geb. 9.2.1882, Emma Knabe, geb. 22.4.1896, Antonie Kober, geb. 25.9.1881, Gustav Koch, geb. 9.9.1871, Ida Pauline Koeppe, geb. 5.3.1909, Albin Mieth, geb. 12.1.1887, Julius Noll, geb. 4.11.1872, Walther Ortholph, geb. 9.4.1883, Helmut Philipp, geb. 7.3.1899, Angela Quelle, geb. 25.4.1882, Friedrich Rupprecht, geb. 29.5.1859, Martha Wolf, geb. 20.10.1910, Klara Wölke, geb. 28.11.1890*

Letzter Eintrag Pfafferode 4.12.1940, Transport nach unbekannt: *Richard Helmvoigt, geb. 15.12.1901*

Letzter Eintrag Pfafferode 16.12.1940 (Fehler?, wahrscheinlich 16. 9.1940), Transport nach Uchtspringe: *Willy Brodtuck, geb. 23.4.1893*

Letzter Eintrag Pfafferode 23.1.1941, Transport nach unbekannt: *Ernst Nößler, geb. 6.3.1883*

Letzter Eintrag Pfafferode 10.2.1941, Transport nach Altscherbitz: *Käte Pretzer, geb. 20.8.1886, Emma Rasch, geb. 8.7.1888, Frieda Salzmann, geb. 25.10.1889, Anna Wolff, geb. 6.12.1880*

Letzter Eintrag Pfafferode 9.6.1941, Transport nach unbekannt: *Martha Krauch, geb. 29.8.1909*

Letzter Eintrag Pfafferode 17.7.1941, Transport nach unbekannt: *Ernst Hinze, geb. 20.3.1890*

Auflistung der aus Pfafferode stammenden, aus Zwischenanstalten in die Tötungsanstalten transportierten Patienten (die Datumsangaben beziehen sich auf den letzten Eintrag in der Krankenakte)

Abtransport aus Altscherbitz 30.7.1940: *August Born, Herbert Bösenberg, Magdalena Gabriel, Walter Hartmann, Wilhelm Friedrich Krätzer (nach Hartheim, dort 8.4.1941 »verstorben«), Friedrich Lohse, Ernst Müller, Lurie von Ostrowski, Georg Pfingsten, Oskar Adolf Schleicher, Herbert Max Schmidt, Erich Schwabe, Jakob Ständer, Agnes Stürmer, Hilgar Wannow, Selmar Ernst Weißhaupt, Artur Weissleder*

Abtransport aus Uchtspringe 12.10.1940: *Auguste Weißflog*

Abtransport aus Altscherbitz nach Zeitz 15.10.1940 (zweite Zwischenanstalt): *Paul Emmerich, Erwin Freitag, Arthur Jolles, Hermann Knabe, Gerhard König, Ernst Krumbein, Elise Meyer, Rosalia Montag, Frieda Schunk*

Abtransport aus Altscherbitz 23.10.1940: *Wilhelm Ballin, Paul Becke, Karl Bergmann, Fritz Bohnert, Arno Döpping, Erich Fischer, Alexander Franke, Hans Georg Gewe, Walter Kieler, Bernhard Günter Klinkisch, Gerhard Lippold, Franz Mathia, Balduin Moritz Nebe, Martin Platzer, Albert Pochert, Hans Rath, Heinrich Rödger, Heinz Rommel, Werner Rossberger, Paul Schneider, Karl Wilhelm Schoof, Erich Siegling, Walter Otto Standhardt, Ludwig Steiner, Ferdinand Strecker, Max Streng, Friedrich Weber, Rudolf Wegener, Paul Wetterling, Artur Wittenbecher*

Abtransport aus Uchtspringe 22.11.1940: Franz Deckert, Christoph Demme, Hans Dressel, Rudolf Eckart, Heinrich Karl Föllmer, Ernst Fürste, Kurt Gustav Heinze, Oskar Eduard Herzberg, Rudolf Krönert, Werner Mitscherlich, Arthur Poltermann, Heinrich Werner
Abtransport aus Zeitz 23.11.1940: Elise Meyer, Frieda Schunk
Abtransport aus Altscherbitz 25.11.1940: Oskar Herzberg, Paula Markert, Ida Marold, Emmi Molle, Marta Möller, Anna Müller, Emma Müller, Elfriede Nodewald, Else Otto, Else Quinque, Maria Reim, Martha Rost, Amanda Schlothauer, Johanna Schulze, Minna Seyferth, Ilse Sonnenschmidt, Luise Stickelt, Irma Triebel, Emilie Ulbrich, Therese Westhaus
Abtransport aus Zeitz 27.11.1940: Paul Emmerich, Erwin Freitag
Abtransport aus Zeitz 28.11.1940: Arthur Jolles, Karl Klaar, Ernst Krumbein, Rosalie Montag
Abtransport aus Altscherbitz 28.11.1940: Georg Schröder
Abtransport aus Uchtspringe 4.12.1940: Valentin Bartel, Alfons Brennig, Reinhold Deutschmann, Johannes Dose, Johannes Hardtke, Walter Hoffmann, Otto Knauth, Albert Hans Joachim König, Friedrich Wilhelm Krug, Hermann Lange, Paul Lowsky, Richard Notrodt
Abtransport aus Altscherbitz 6.12.1940: Berta Schilling, Luise Schollmeier, Dorothea Sieder, Agnes Streicher
Abtransport aus Altscherbitz 13.1.1941: Ida Pauline Koeppe
Abtransport aus Uchtspringe 13.1.1941: Maria Stolze
Abtransport aus Uchtspringe 15.1.1941: Auguste Mann, Dorothea Rhode, Christina Ruhland, Emma Rummel, Agnes Sedel, Frieda Siebenhüner, Anna Taubert, Berta Teitzel, Margarete Tesch, Tea Voigt, Martha Völlger, Klara Wawrzynek, Hedwig Welsch, Erna Werner, Anna Wesarg
Abtransport aus Uchtspringe 17.1.1941: Rudi Müller
Abtransport aus Uchtspringe 21.1.1941: Otto Heinecke, Ewald Hüther, Karl Kühn, George Voigt
Abtransport aus Altscherbitz 23.1.1941: Gustav Bachmann, Willy Bärwolf, Karl Debertshäuser, Richard Gaumer, Martin Hagemann, Karl Kleemann, Gustav Koch, Albin Mieth, Julius Noll, Walther Ortholph, Helmut Philipp
Abtransport aus Altscherbitz 24.1.1941: Hans Joachim Meyer
Abtransport aus Uchtspringe 31.1.1941: Anna Mosemann, Charlotte Wacker, Else Wiegler
Abtransport aus Altscherbitz Februar 1941: Albert Berghoff
Abtransport aus Altscherbitz nach Zeitz 3.2.1941: Walte More
Abtransport aus Altscherbitz 3.2.1941: Angela Quelle, Elsa Schulze, Klara Wölke
Abtransport aus Altscherbitz 4.2.1941: Paula Werner

Abtransport aus Altscherbitz 10.2.1941: *Ernst Grohs, Franz Richter, Walter Schauer, Walter Schelsky, Hulda Straubel, Amalie Wagner*

Abtransport aus Altscherbitz 24.2.1941: *Irma Böhnert, Emilie Margarethe Böttcher, Alma Stier, Helene Töfflinger, Else Wenzel, Emmy Zerbst*

Abtransport aus Zeitz 28.2.1941: *Ernst Reinfeld*

Abtransport aus Altscherbitz 17.3.1941: *Emma Knabe, Antonie Kober,*

Abtransport aus Uchtspringe 2.4.1941: *Klara Markert, Marie Renate Mattig, Hanna Olga Mikolajczak, Maria Nicolai, Hildegard Oehring, Gertrud Schneider, Charlotte Tschirner, Anna Wiegand, Juliana Winter*

Abtransport aus Uchtspringe 4.4.1941: *Klara Tannhäuser, Marie Wilhelmine Trauschold*

Abtransport aus Zeitz 18.4.1941: *Hermann Knabe, Gerhard König, Walte More*

Abtransport aus Altscherbitz 21.4.1941: *Käte Pretzer, Emma Rasch, Frieda Salzmann, Anna Wolff*

Abtransport aus Altscherbitz 23.5.1941: *Emil Buchgarth,*

Abtransport aus Altscherbitz 4.6.1941: *Friedrich Ferdinand Grützmann, Friedrich Rupprecht*

Abtransport aus Altscherbitz 5.6.1941: *Anna Struve*

Abtransport aus Altscherbitz 9.6.1941: *Albin Blödner, Adolf Glaschick, Martha Wolf*

Abtransport aus Uchtspringe 17.7.1941: *Paul Baumgarten, Willy Brodtuck, Fritz Cammann, Willy Daniel, Erich Dehne, Emil Helmvoigt, Paul Herpe, Karl Herzberg, Horst Heyne, Fritz Hoffmann, Ernst Hoppe, Otto Krahl, Josef Marx, Franz Mühlhaus, Arno Müller, Willy Wege, Otto Weniger, Paul Wöhner, Walter Wormbs*

Abtransport aus Uchtspringe 23.7.1941: *Emmy Müller, Elvira Röhrig, Johanna Wagner, Frieda Weigmann, Fanny Werner*

Abtransport aus Uchtspringe 1941 ohne Datumsabgabe: *Martha Voigt*

Auflistung der während der Euthanasie-Aktion 1940/41 von Pfafferode in eine Zwischenanstalt verlegten und von dort später in eine Tötungsanstalt verbrachten Patienten, soweit Akten vorhanden (aus Datenbank BArch R 179 im Bundesarchiv Berlin), in alphabetischer Reihenfolge (das Zeichen + markiert das Datum der Verbringung des Patienten in eine Tötungsanstalt)

1. Gustav Bachmann, geb. 5.2.1886, + 23.1.1941, 2. Wilhelm Ballin, geb. 2.9.1913, + 23.10.1940, 3. Valentin Bartel, geb. 2.9.1904, + 4.12.1940, 4. Willy Bärwolf, geb. 8.4.1886, + 23.1.1941, 5. Paul Baumgarten, Geburtsdatum unbekannt, + 17.7.1941, 6. Paul Becke, geb. 9.8.1898, + 23.10.1940, 7. Albert Berghoff, geb. 14.11.1909, + Februar 1941, 8. Karl Bergmann, geb. 2.8.1919, + 23.10.1940, 9. Albin Blödner, geb. 5.2.1880, + 9.6.1941, 10. Fritz Bohnert, geb. 13.1.1912, + 23.10.1940, 11. Irma Böhnert, geb. 20.6.1903, + 24.2.1941, 12. August Born, geb. 10.11.1883, + 30.7.1940, 13. Herbert Bösenberg geb. 23.3.1911, + 30.7.1940, 14. Emilie Margarethe Böttcher, geb. 15.12.1886, + 24.2.1941, 15. Alfons Brennig, geb. 10.4.1910, + 4.12.1940, 16. Willy Brodtuck, geb. 23.4.1893, + 17.7.1941, 17. Emil Buchgarth, geb. 14.11.1880, + 23.5.1941, 18. Fritz Cammann, geb. 10.12.1900, + 17.1.1941, 19. Willy Daniel, geb. 12.4.1903, + 17.7.1941, 20. Karl Debertshäuser, geb. 20.7.1879, + 23.1.1941, 21. Franz Deckert, geb. 20.5.1894, + 22.11.1940, 22. Erich Dehne, geb. 29.8.1900, + 17.7.1941, 23. Christoph Demme, geb. 8.9.1893, + 22.11.1940, 24. Reinhold Deutschmann, geb. 24.7.1901, + 4.12.1940, 25. Arno Döpping, geb. 19.4.1907, + 23. 10.1940, 26. Johannes Dose, geb. 4.6.1897, + 4.12.1940, 27. Hans Dressel, geb. 10.5.1940, + 22.11.1940, 28. Rudolf Otto Eckart, geb. 19.3.1914, + 22.11.1940, 29. Paul Emmerich, geb. 1.10.1919, + 27.11.1940, 30. Erich Fischer, geb. 3.8.1903, + 23.10.1940, 31. Heinrich Karl Föllmer, geb. 13.2.1892, + 22.11.1940, 32. Alexander Franke, geb. 30.9.1910, + 23.10.1940, 33. Erwin Freitag, geb. 4.1.1910, + 27.11.1940, 34. Ernst Fürste, geb. 5.2.1894, + 22.11.1940, 35. Magdalena Gabriel, geb. 26.6.1900, + 30.7.1940, 36. Richard Gaumer, geb. 8.2.1883, + 23.1.1941, 37. Hans Georg Gewe, geb. 14.10.1928, + 23.10.1940, 38. Adolf Glaschick, geb. 12.10.1877, + 9.6.1941, 39. Ernst Grohs, geb. 17.9.1893, + 10.2.1941, 40. Friedrich Ferdinand Grützmann, geb. 13.6.1875, + 4.6.1941, 41. Werner Günther, geb. 5.4.1888, Todestag unbekannt, 42. Martin Hagemann, geb. 6.7.1881, + 23.1.1941, 43. Johannes Hardtke, geb. 6.3.1896, + 4.12.1940, 44. Walter Hartmann, geb. 6.6.1902, + 30.7.1940, 45. Otto Heinecke, geb. 7.8.1897, + 21.1.1941, 46. Kurt Gustav Heinze, geb. 18.6.1910, + 22.11.1940, 47. Emil Helmvoigt, geb. 28.9.1906, + 17.7.1941, 48. Richard Helmvoigt, geb. 15.12.1901, + 4.12.1940, 49. Heinrich Henning, geb. 11.12.1889, Todestag unbekannt, 50. Paul

Herpe, geb. 16.9.1913, + 17.7.1941, 51. Karl Herzberg, geb. 18.10.1894, + 17.7.1941, 52. Oskar Eduard Herzberg, geb. 21.11.1901, + 25.11.1940, 53. Horst Heyne, geb. 1908, + 17.7.1941, 54. Ernst Hinze, geb. 20.3.1890, + 17.7.1941, 55. Fritz Hoffmann, geb. 19.4.1898, + 17.7.1941, 56. Walter Hoffmann, geb. 29.3.1901, + 4.12.1940, 57. Ernst Hoppe, geb. 14.6.1912, + 17.7.1941, 58. Ewald Hüther, geb. 2.2.1898, + 21.1.1941, 59. Arthur Jolles, geb. 20.1.1890, + 28.11.1940, 60. Walter Kieler, geb. 15.5.1913, + 23.10.1940, 61. Karl Klaar, geb. 10.7.1889, + 28.11.1940, 62. Karl Kleemann, geb. 9.2.1882, + 23.1.1941, 63. Bernhard Günter Klinkisch, geb. 26.8.1940, + 23.10.1940, 64. Emma Knabe, geb. 22.4.1896, + 17.3.1941, 65. Hermann Knabe, geb. 17.3.1904, + 18.4.1941, 66. Otto Knauth, geb. 2.4.1894, + 4.12.1940, 67. Antonie Kober, geb. 25.9.1881, + 17.3.1941, 68. Gustav Koch, geb. 9.9.1871, + 23.1.1941, 69. Ida Pauline Koeppe, geb. 5.3.1909, + 13.1.1941, 70. Albert Hans Joachim König, geb. 21.12.1914, + 4.12.1940, 71. Gerhard König, geb. 29.1.1925, + 18.4.1941, 72. Wilhelm König, geb. 29.7.1914, + 7.8.1940, 73. Otto Krahl, Geburtsdatum unbekannt, + 17.7.1941, 74. Wilhelm Friedrich Krätzer, geb. 10.9.1898, + 30.7.1940, 75. Martha Krauch, geb. 29.8.1909, + 9.6.1941, 76. Rudolf Krönert, geb. 12.12.1898, + 22.11.1940, 77. Friedrich Wilhelm Krug, geb. 24.3.1898, + 4.12.1940, 78. Ernst Krumbein, geb. 22.8.1900, + 28.11.1940, 79. Karl Kühn, geb. 18.10.1897, + 21.1.1941, 80. Hermann Lange, geb. 11.4.1909, + 4.12.1940, 81. Gerhard Lippold, geb. 13.12.1918, + 23.10.1940, 82. Friedrich Lohse, geb. 25.5.1880, + 30.7.1940, 83. Paul Lowsky, geb. 14.12.1897, + 4.12.1940, 84. Auguste Mann, geb. 6.9.1867, + 15.1.1941, 85. Klara Markert, geb. 19.7.1891, + 2.4.1941, 86. Paula Markert, geb. 17.12.1897, + 25.11.1940, 87. Ida Marold, geb. 25.7.1905, + 25.11.1940, 88. Josef Marx, geb. 31.3.1892, + 17.7.1941, 89. Franz Mathia, geb. 29.9.1904, + 23.10.1940, 90. Marie Renate Mattig, geb. 15.11.1896, + 2.4.1941, 91. Elise Meyer, geb. 15.10.1882, + 15.10.1940, 92. Hans Joachim Meyer, geb. 15.10.1882, + 15.10.1940, 93. Albin Mieth, geb. 12.1.1887, + 23.1.1941, 94. Hanna Olga Mikolajczak, geb. 8.11.1921, + 2.4.1941, 95. Werner Mitscherlich, geb. 19.4.1894, + 22.11.1940, 96. Emmi Molle, geb. 12.1.1898, + 25.11.1940, 97. Marta Möller, geb. 13.4.1885, + 25.11.1940, 98. Rosalie Montag, geb. 25.7.1872, + 15.10.1940, 99. Walte More, geb. 6.6.1902, + 15.10.1940, 100. Anna Mosemann, geb. 9.12.1894, + 31.1.1941, 101. Franz Mühlhaus, geb. 28.4.1897, + 17.7.1941, 102. Anna Müller, geb. 6.6.1888, + 25.11.1940, 103. Arno Müller, geb. 21.6.1901, + 17.7.1941, 104. Emma Müller, geb. 13.6.1874, + 25.11.1940, 105. Emmy Müller, geb. 26.1.1886, + 23.7.1941, 106. Ernst Müller, geb. 3.6.1878, + 30.7.1940, 107. Rudi Müller, geb. 29.5.1899, + 17.1.1941, 108. Balduin Moritz Nebe, geb. 3.10.1882, + 23.10.1940, 109. Maria Nicolai, geb. 13.12.1892, + 2.4.1941, 110. Elfriede Nodewald, geb. 18.8.1922, + 25.11.1940, 111. Julius Noll, geb. 4.11.1872, + 23.1.1941, 112. Ernst Nößler, geb. 6.3.1941, + 23.1.1941, 113. Richard Notrodt, geb. 23.3.1890, + 4.12.1940, 114. Hildegard Oehring, geb

9.12.1899, + 2.4.1941, 115. Horst Ohrt, geb. 8.1.1922, Todestag unbekannt, 116. Walter Ortholph, geb. 9.4.1883, + 23.1.1941, 117. Lurie von Ostrowski, geb. 28.12.1890, + 30.7.1940, 118. Else Otto, geb. 3.2.1894, + 25.11.1940, 119. Georg Pfingsten, geb. 25.2.1871, + 30. 7.1940, 120. Helmut Philipp, geb. 7.3.1899, + 23.1.1941, 121. Martin Platzer, geb. 24.5.1914, + 23.10.1940, 122. Albert Pochert, geb. 1.3.1910, + 23.10.1940, 123. Arthur Poltermann, geb. 27.2.1914, + 22.11.1940, 124. Käte Pretzer, geb. 20.8.1886, + 21.4.1941, 125. Angela Quelle, geb. 25.4.1882, + 3.2.1941, 126. Else Quinque, geb. 9.3.1910, + 25.11.1940, 127. Emma Rasch, geb. 8.7.1888, + 21.4.1941, 128. Hans Rath, geb. 24.6.1905, + 23.10.1940, 129. Maria Reim, geb. 21.5.1875, + 25.11.1940, 130. Ernst Reinfeld, geb. 15.6.1885, + 28.2.1941, 131. Dorothea Rhode, geb. 27.10.1897, + 15.1.1941, 132. Franz Richter, geb. 14.7.1901, + 10.2.1941, 133. Heinrich Rödger, geb. 25.1.1895, + 23.10.1940, 134. Hans Roettig, geb. 12.5.1906, +7.8.1940, 134. Elvira Röhrig, geb. 27.7.1917, + 23.7.1941, 135. Heinz Rommel, geb. 7.9.1921, + 23.10. 1940, 136. Werner Rossberger, geb. 28.9.1911, + 23.10.1940, 137. Martha Rost, geb.16.1.1903, + 25.11.1940, 138. Christina Ruhland, geb. 14.8.1894, + 15.1.1941, 139. Emma Rummel, geb. 18.4.1899, + 15.1.1941, 140. Friedrich Rupprecht, geb. 29.5.1859, + 4.6.1941, 141. Frieda Salzmann, geb. 25.10.1889, + 21.4.1941, 142. Walter Schauer, geb. 30.8.1905, + 10.2.1941, 143. Walter Schelsky, geb. 15.3.1911, + 10.2.1941, 144. Berta Schilling, geb. 24.9.1917, + 6.12.1940, 145. Oskar Adolf Schleicher, geb. 10.9.1908, + 30.7.1940, 146. Amanda Schlothauer, geb. 8.11.1872, + 25.11.1940, 147. Elisabeth Schmerbauch, geb. 7.5.1910, Todesdatum unbekannt, 148. Herbert Max Schmidt, geb. 20.4.1918, + 30.7.1940, 149. Gertrud Schneider, geb. 11.5.1901, + 2.4.1941, 150. Paul Schneider, geb. 23.7.1929, + 23.10.1940, 151. Luise Schollmeier, geb. 22.6.1899, + 6.12.1940, 152. Karl Wilhelm Schoof, geb. 10.7.1911, + 23.10.1940, 153. Georg Schröder, geb. 11.11.1904, + 28.11.1940, 154. Elsa Schulze, geb. 3.9.1896, + 3.2.1941, 155. Johanna Schulze, geb. 15.7.1865, + 25.11.1940, 156. Frieda Schunk, geb. 18.7.1906, + 15.10.1940, 157. Erich Schwabe, geb.x14.7.1911, + 30.7.1940, 158. Agnes Sedel, geb. 25.12.1916, + 15.1.1941, 159. Minna Seyferth, geb. 25.9.1895, + 25.11.1940, 160. Frieda Siebenhüner, geb. 14.10.1910, + 15.1.1941, 161. Dorothea Sieder, geb. 14.10.1910, + 15.1.1941, 162. Erich Siegling, geb. 27.9.1908, + 23.10.1940, 163. Ilse Sonnenschmidt, geb. 23.11.1908, + 25.11.1940, 164. Jakob Ständer, geb. 24.12.1893, + 30.7.1940, 165. Walther Otto Standhardt, geb. 9.8.1902, + 23.10.1940, 166. Willi Steiger, geb. 6.7.1900, (Todes-datum unbekannt), 167. Ludwig Steiner, geb. 26.3.1903, + 23.10.1940, 168. Luise Stickelt, geb. 10.6.1885, + 25.11.1940, 169. Alma Stier, geb. 12.10.1886, + 24.3.1941, 170. Maria Stolze, geb. 13.11.1897, +13.1.1941, 171. Hulda Straubel, geb. 20.7.1888, + 10.2.1941, 172. Ferdinand Strecker, geb. 7.6.1904, + 23.10.1940, 173. Agnes Streicher, geb. 21.11.1903, + 6.12.1940, 174. Max Streng, geb. 28.3.1903, + 23.10.1940, 175. Anna Struve, geb. 25.1.1888,

+ 5.6.1941, 176. Agnes Stürmer, geb. 15.1.1883, + 30.7.1940, 177. Klara Tannhäuser, geb. 8.1.1897, + 4.4.1941, 178. Anna Taubert, geb. 26.2.1906, + 15.1.1941, 179. Berta Teitzel, geb. 21.5.1895, + 15.1.1941, 180. Margarete Tesch, geb. 27.12.1908, + 15.1.1941, 181. Helene Töfflinger, geb. 19.10.1889, + 24.2.1941, 182. Marie Wilhelmine Trauschold, geb. 17.1.1894, + 4.4.1941, 183. Irma Triebel, geb. 17.4.1895, + 25.11.1940, 184. Charlotte Tschirner, Geburtsdatum unbekannt, +2.4.1941, 185. Emilie Ulbrich, geb. 26.12.1884, + 25.11.1940, 186. George Voigt, geb. 16.9.1940, 21.1.1941, 187. Martha Voigt, geb. 29.2.1892, Todesdatum unbekannt, 1941, 188. Tea Voigt, geb. 18.4.1911, + 15.1.1941, 189. Martha Völlger, geb. 11.4.1905, + 15.1.1941, 190. Charlotte Wacker, geb. 2.12.1898, + 31.1.1941, 191. Amalie Wagner, geb. 1904, + 10.2.1941, 192. Johanna Wagner, geb. 26.10.1908, + 23.7.1941, 193. Hilgar Wannow, geb. 20.6.1871, + 30.7.1940, 194. Klara Wawrzynek, geb. 31.8.1898, + 15.1.1941, 195. Friedrich Weber, geb. 2.7.1908, + 23.10.1940, 196. Willy Wege, geb. 4.2.1912, + 17.7.1941, 197. Rudolf Wegener, geb. 28.10.1905, + 23.10.1940, 198. Frieda Weigmann, Geburtsdatum unbekannt, + 23.7.1941, 199. Auguste Weißflog, geb. 12.5.1884, + 12.10.1940, 200. Selmar Ernst Weißhaupt, geb. 5.4.1897, + 30.7.1940, 201. Artur Weissleder, geb. 30.7.1940, + 30.7.1940, 202. Hedwig Welsch, geb. 21.12.1900, + 15.1.1941, 203. Otto Weniger, geb. 6.7.1891, + 17.7.1941, 204. Else Wenzel, geb. 13.10.1908, + 24.2.1941, 205. Erna Werner, geb. 9.1.1897, + 15.1.1941, 206. Fanny Werner, geb. 30.3.1900, + 23.7.1941, 207. Heinrich Werner, geb. 7.6.1904, +22.11.1940, 208. Paula Werner, geb. 16.3.1900, + 4.2.1941, 209. Anna Wesarg, geb. 12.3.1899, + 15.1.1941, 210. Minna Westfeld, geb. 16.9.1900, + nach 12.11.1940, 211. Therese Westhaus, geb. 16.11.1898, + 25.11.1940, 212. Paul Wetterling, geb. 5.5.1922, + 23.10.1940, 213. Anna Wiegand, geb. 22.8.1897, +2.4.1941, 214. Else Wiegler, geb. 15.3.1900, + 31.1.1941, 215. Juliana Winter, geb. 23.11.1897, + 2.4.1941, 216. Artur Wittenbecher, geb. 8.10.1904, +≈23.10.1940, 217. Paul Wöhner, geb. 8.9.1893, + 17.7.1941, 218. Martha Wolf, geb. 20.10.1910, + 9.6.1941, 219. Anna Wolff, geb. 6.12.1880, + 21.4.1941, 220. Klara Wölke, geb. 28.11.1890, + 3.2.1941, 221. Walter Wormbs, geb. 23.7.1907, + 17.7.1941, 222. Helene Wrütz, geb. 1.4.1904 (Todesdatum unbekannt), 223. Emmy Zerbst, geb. 22.4.1890, + 24.2.1941

II. Pfafferode 1958–1963 Ein revolutionärer Neuanfang

1.0 Der Neuanfang 1958

Wenn es in der Folgezeit gelang, die in den 1950er Jahren in Pfafferode herrschenden Missstände zu überwinden, so war dies nicht zuletzt Prof. Ehrig Langes Verdienst. Er führte eine angemessene Psychopharmakotherapie ein und setzte unnachgiebig einen liberal-emanzipatorischen Umgang mit den Patienten durch. Noch heute wissen ehemalige Mitarbeiter zu berichten, dass Dr. Lange nächtens durch die Klinik ging, um zu überprüfen, ob tatsächlich, wie angeordnet, alle Türen der Häuser offen waren.

Freilich war zur Verbesserung der Verhältnisse auch der Wille des Staates notwendig, die ärztliche Präsenz deutlich zu verbessern und moderne Medikamente zu finanzieren, die einen grundlegend neuen Umgang mit den Patienten erst möglich machten. Nunmehr konnten die zur Verfügung stehenden neuen Psychopharmaka nutzbringend eingesetzt werden. Das Bezirksfachkrankenhaus Mühlhausen galt später als ein Vorreiter bei der Durchsetzung der Rodewischer Thesen *(siehe unten)*.

2.0 Die Revolution der Psychopharmakotherapie

Von den biologischen Verfahren aus der ersten Hälfte des Jahrhunderts zur Behandlung der sogenannten endogenen Psychosen hat heute einzig die Elektrokrampftherapie, die Ugo Cerletti (1877–1963) und Lucio Bini (1908–1964) erstmals 1937 einsetzten, noch eine gewisse Indikation; alle anderen »Erschütterungs-«, Fieber- oder ähnliche Therapien sind als unwirksam oder zu nebenwirkungsbelastet verworfen worden.

1949 entdeckte der australische Psychiater John Cade (1912–1980) die antimanische Wirkung von Lithium. 1956 wurde dessen phasenprophylaktische Wirkung bei bipolar erkrankten Patienten durch die Arbeitsgruppe von Mogens Schou (1918–2005) gesichert und publiziert. 1950 wurde von der Firma Rhone-Poulence das für den künstlichen Schlaf eingesetzte Promethazin durch Chlorierung auf Vorschlag von Henri Laborit (1914–1995) verändert und als Chlorpromazin zum ersten Medikament, mit dem schizophrene Psychosen wirksam behandelt werden konnten. 1956 wurde erstmals das von Paul Janssen (1926–2003) entwickelte Haloperidol bei einer schizophrenen Patientin eingesetzt, das lange Jahre zur Referenzsubstanz der Antipsychotika wurde. 1952 wurden die MAO-Hemmer als »happy-pills« und bald darauf ihre antidepressive Wirkung entdeckt. 1956 beschrieb Roland Kuhn (1912–2005) die antidepressive Wirkung des Imipramin, einer weiteren chemischen Umwandlung des Chlorpromazin.

Damit waren in nur wenigen Jahren die endogenen Psychosen akut und prophylaktisch medikamentös behandelbar geworden.

Später wurden weitere, nebenwirkungsärmere Medikamente entwickelt, ohne dass grundlegend neue Therapieansätze gefunden werden konnten.

In der Ära von Prof. Lange standen diese Medikamente zur Verfügung. Sie machten nahezu alle Sicherungsmaßnahmen überflüssig, erlaubten, viel schneller die Rehabilitation der Erkrankten einzuleiten und machten letztlich den Patienten zu einem gleichberechtigten Partner des Arztes und bei Vielen Psychotherapie erst möglich. Diese nun entstehenden Möglichkeiten galt es umzusetzen; weg von der nur beschützenden, bewahrenden und bestenfalls rehabilitativen Anstalt hin zu einem therapeutisch ausgerichteten Krankenhaus. Diese Entwicklung hier eingeleitet und entschlossen vorangetrieben zu haben, war und ist das Verdienst von Prof. Lange.

In den sogenannten Rodewischer Thesen hatten er und andere führende Psychiater der DDR auch den Staat in die Verantwortung nehmen wollen, die materiellen Voraussetzungen für eine moderne Psychiatrie zur Verfügung zu stellen; im Westen wie im Osten brauchte es lange, bis dies gelang. Zusammen mit der Psychotherapie war die Psychiatrie immerhin nun auf einem guten Weg.

3.0 Der Weg zu den Rodewischer Thesen

Ehrig Lange

Auszug aus der Festrede zum 90. Jubiläum der Klinik am 2. Dezember 2002

Etwas bewegt mit beklommenem Herzen bin ich schon, wenn ich wieder – auf den Tag genau nach 40 Jahren – hier stehe und aus persönlicher Erinnerung zu Ihnen sprechen soll zu dem, was vor 50 Jahren hier geschehen ist. Diese fünf Jahre – 1958 bis 1963 – waren nicht nur bedeutsam für die Entwicklung der

Ehrig Lange (1921–2009), Festrede am 2. Dezember 2002 zum 90. Jubiläum des LFK Mühlhausen ABB. 46

Psychiatrie in Pfafferode/Mühlhausen, sondern modellhaft für die Psychiatrie in der DDR, ein Signal für die Psychiatrie in Deutschland, ehrenvoll anerkannt als »besondere Verdienste um die deutsche Psychiatrie«. Was hier erreicht wurde, war wesentliche Grundlage einer grundsätzlichen Psychiatriereform, wie sie 1963 mit den »Rodewischer Thesen« zum Ausdruck kam bzw. anvisiert wurde. Was damals hier geschehen ist, kann in seinen Besonderheiten nur anerkannt und gewürdigt werden, wenn man sich im Rückblick orientiert an der allgemeinen Lage der Psychiatrie nach Kriegsende 1945 und die folgenden Jahre und an der speziellen Situation in Pfafferode Mitte der fünfziger Jahre.

Versucht man zu erklären, warum es nicht gelungen war und in der folgenden Zeit nicht befriedigend gelingen wollte, die vielseitigen Hemmnisse in der Entwicklung der Psychiatrie zu beseitigen, so hat dies Gründe, denen offen zu Leibe gegangen werden musste. Diese Gründe lagen wohl in gewissen Fehleinschätzungen des Problems psychisch Kranker allgemein in Medizin und Gesellschaft, ebenso aber in der Psychiatrie selbst, die Voraussetzungen schaffen musste für einen systematischen Aufbau unter neuen medizinischen und gesellschaftlichen Bedingungen.

Die Psychiatrie selbst hat zu lange Zeit gebraucht, sich in den Grundkonzeptionen eine neue Basis für Wissenschafts- und Arbeitsentwicklung zu gestalten. Die Hochschulpsychiatrie war in einer Stagnation mit deskriptiver Selbstbeschränkung und Sterilität durch Überbetonung der Endogenität, der vermeintlich unbeeinflussbaren Eigengesetzlichkeit vieler psychischer Krankheiten befangen. Sie verharrte in dieser Erstarrung mit der Fehlalternative »endogen« oder »exogen«, »Anlage« oder »Milieu« und machte sich nicht früh genug einen dialektisch-mehrdimensionalen Zugang zu den psychischen Erkrankungen und Schwächezuständen zu eigen. ...

In diese Entwicklung eingebettet lag die friedliche Oase Pfafferode in reizvoll idyllischer Lage am Rande von Mühlhausen. Aber sie war verkrustet in der alten, bewahrenden Anstaltsordnung. Bewahrung schuf Verwahrung, die Anstalt wurde zu einem Staat im Staate, mit einer eigenen Ordnung des Zusammenlebens, mit der Unterscheidung der »guten« Patienten von den »schlechten«, unter dem Aspekt von Willigkeit und sozialer Brauchbarkeit graduiert und eingesetzt von einer Pflegerhierarchie.

Die Anstalt bediente sich der »Guten«, noch mehr die Anstaltsträger, die »Schlechten« wurden abgeschlossen und verstumpften in einer sozialen Leere oder produzierten Verrücktheit. Das innere Gefüge war bestimmt von der Macht der Institution und der Ohnmacht der Kranken. Die Gefährlichkeit des Kranken wurde gebraucht, um diese Ordnung mit ihren Ordnungsmitteln aufrecht zu halten. Nach außen war das Domizil streng abgeschlossen bis gesichert, ähnlich einem Gefängnis.

Das war in Generationen geworden, selbstverständlich, sakrosankt und Erwägungen, da etwas Entscheidendes zu ändern, waren Ketzerei. Es bestand eine erhebliche Selbstzufriedenheit des Personals und Scheinzufriedenheit der Patienten, solange der Alltag störungsfrei ablief. Zwischenmenschliche Spannungen aber deckten auf, dass etwas nicht stimmt, noch mehr wie solche Spannungen mit einseitiger gedanklicher oder brachialer Gewalt gelöst wurden. Darüber hinaus kam es in Pfafferode zu schweren Übergriffen und Missgriffen, Körperverletzungen und Todesfällen, die zu strafrechtlicher Verfolgung und Freiheitsstrafen für zwei Oberärzte und mehrere Pfleger führte. Es wurde eingeschätzt, dass die Krankenanstalt einen Entwicklungsrückstand von 20 Jahren aufwies. Die Belegschaft war beleidigt und erniedrigt, ängstlich und unsicher. Der Wille war geschwächt, vorsichtige Zurückhaltung bestimmte die Menschen, traurige Betroffenheit und auch Zorn über manche Bewertungen, die sie nicht als gerecht erlebten.

Im Sommer 1958 war folgende Lage kennzeichnend: Die Krankenanstalten Pfafferode waren ein Jahr lang ohne Ärztlichen Direktor, die beiden Oberärzte waren in Strafhaft – ebenso mehrere Pfleger. Aus Angst und Hilflosigkeit wurde weiter vergittert und verschlossen. Gruppen von Kranken unter der Führung von fehlbegutachteten Dissozialen lärmten. Täglich wurden größere Mengen an Fensterscheiben zerschlagen. In zwei Bereichen war keine geordnete Visite mehr möglich. Ärzte und Mitarbeiter wurden bedroht und angegriffen.

Blick auf Haus 18 um 1960   ABB. 47

Für die ärztlichen Aufgaben zur Versorgung von 1500 Patienten standen zur Verfügung:
- *4 Ärztinnen, davon 2 durch chronische Erkrankungen behindert, eine als Genossin der SED mit Parteiauftrag für 6 Monate delegiert*
- *2 über 80-jährige frühere Anstaltsärzte mit halben Planstellen*
- *1 Facharzt verließ Pfafferode bei Ankunft des neuen Ärztlichen Direktors.*

Zur gleichen Zeit war meine Lage an der Universität Jena bedrückend problematisch: habilitiert und keine Dozentur – nicht einmal eine Oberarztstelle – bei Beschluss der Universitätsparteileitung, dass mein Arbeitsvertrag nicht verlängert werde sollte.

Da erschien die Erfurter Bezirksärztin Dr. Völlkopf, eine sympathische und kluge Frau, nahm mit mir Kontakt auf, ließ sich von dem, was meine Lage in Jena war, wenig beeindrucken und trug mir nach einigen Perspektivgesprächen die Stelle des Ärztlichen Direktors der Krankenanstalten Pfafferode an. Sie handelte über die Jenaer Parteiköpfe hinweg auf der Regierungsebene so, dass ich zu einem Vorstellungsgespräch geladen wurde. Nach kurzer Zeit war schon alles entschieden, selbst die in Jena strikt abgelehnte Universitätsdozentur wurde zugesichert bei sofortigem Arbeitsantritt in Pfafferode, was am 1. Juli 1958 geschah.

...

Aber von dem, was die Anstaltsordnung kennzeichnete und von manchen Besonderheiten der psychiatrischen Arbeit außerhalb der universitären Bedingungen, hatten wir wenig Ahnung. Wenn ich zurückdenke, dann muss ich sagen, dass viele Gespräche mit Schwestern und Pflegern, insbesondere mit der leitenden Fürsorgerin Frau Arndt und der langjährig in der psychiatrischen Fürsorge tätig gewesenen Frau Dr. Perskowitz, schnell die Ausbildungslücken beseitigten. Die ersten Schritte hatten zum Ziel, rasch klinische Ordnung hinsichtlich Diagnostik, Therapie und systematischer Fürsorge zu schaffen. Das erwies sich als sehr aufreibende Arbeit. Es wurde gemeinsam analysiert, differenziert und unter therapeutisch-prognostischen Aspekten umstrukturiert. Zeitweilig wechselten am Tag mehrere Patienten mit ihrem kargen Lebensbedarf die Krankenstation ohne Murren, wahrscheinlich im Erleben, dass etwas für sie geschieht. Der Medikamentenbedarf erhöhte sich erheblich. Aus sozialen Gründen stationär behaltene Patienten wurden auf Heimfähigkeit überprüft und im Bedarfsfall den Stadt- oder Landkreisen im Austausch für einen dringlichen Aufnahmefall angeboten. Diese Einschätzungen erfolgten gemeinsam mit der psychiatrischen Fürsorge des zuständigen Kreises. Die psychiatrische Fürsorge des

Außenstelle Grabe in den 1960er Jahren ABB. 48

1958

1963

Aufnahmebereiches wurde in Analogie zum Erlanger bzw. zum Gelsenkirchener System ausgebaut. Einmal im Monat war Tag der psychiatrischen Fürsorge mit Direktgesprächen auf der Krankenstation und mit speziellen Weiterbildungsveranstaltungen. Die psychiatrischen FürsorgerInnen wurden zu Außenposten der Krankenanstalten. Wesentliche Erfahrungen von Pfafferode gingen in These 1 und 5 der Rodewischer Thesen ein:

Rodewischer These 1

»Unabhängig von allen hypothetischen Vorstellungen über das Wesen und die Nosologie der Psychosen, ihrer chronischen Verlaufsformen, insbesondere auch der sogen. Defektbildung ist in jedem Falle eine aktive therapeutische Einstellung zu fordern ... Die umfassende Rehabilitationsbehandlung (»komplexe Therapie«) reicht in undogmatisch kombinierter Anwendung von den neuroleptischen Psychopharmaca über vielfältigste Methoden der Arbeitstherapie bis zu den gruppenpsychotherapeutischen Verfahren; ...«

Rodewischer These 5

»Bei erreichter Stabilität der ärztlichen Versorgung im Bereich der Psychiatrie wird im Sinne des Dispensairesystems die nachgehende Fürsorge als kontinuierliche Arbeit eines Kollektivs aus Psychiatern, Psychologen und Fürsorgerinnen zu entwickeln sein. Dieses Kollektiv soll engste Verbindung zu den Produktionsbetrieben unterhalten und Arbeitsplatzstudien ermöglicht bekommen. Damit ist ein umfassendes System der psychiatrischen Außenfürsorge mit besonderer Betonung der nachgehenden Fürsorge auf- und auszubauen ...«

Nach einem Jahr intensiver, mühevoller Arbeit musste erkannt werden, dass Grenzen den Weg von der geschlossenen Heil- und Pflegeanstalt zum vorwiegend offenen psychiatrischen Krankenhaus blockierten. Feststellungen dazu gingen in die 2. der Rodewischer Thesen mit der Aussage ein:

»Optimale Therapie kommt nur unter optimalen Bedingungen zur optimalen Wirkung. Die psychiatrischen Krankenhäuser und Kliniken müssen die Bedingungen, unter denen sie therapieren, kritisch überprüfen. Die besonderen, aus der Anstaltstradition übernommenen Maßnahmen sind Zug um Zug zu beseitigen.«

Ich erinnere mich an Mitteilungen von WEIL zum Mapperley Hospital in Nottingham unter dem Thema »Freiheit im Psychiatrischen Krankenhaus«, erschienen 1956. Dort war zu lesen:

»... Kein einziges Tor, keine einzige Tür ist von frühmorgens bis spätabends geschlossen. Man kann ungehindert durch die weitläufigen Bauten des Krankenhauses mit seinen rund

Patientenchor um 1970 ABB. 49

1958

1963

»1050 Betten gehen … Unser Krankenhaus kennt keine mechanische Bewegungsbehinderung mehr. Es gibt weder Bettnetze noch Zwangsjacken noch Polsterzellen, ja nicht einmal kurzfristig geschlossene Einzelräume. Weder die ein- noch die ausgehende Brief- und Paketpost unterliegt der Krankenhauszensur. Die Mehrzahl der Kranken trägt eigene Kleidung. … Männliche und weibliche Kranke, soweit sie nicht der Bettbehandlung bedürfen, bewegen sich frei innerhalb der weitläufigen Krankenhaus- und Gartenanlagen. Sie besuchen die Bücherei, den angeschlossenen sehr modernen Lesesaal, den Verkaufsladen und den Frisiersalon. …«

Fragte ich damals ältere erfahrene Kollegen, so waren die Antworten stereotyp: »Das kann nicht sein«, »das ist Schönfärberei« oder »die haben andere Patienten als wir«. Zur gleichen Zeit sprach Joshua Bierer aus London in einem Abendvortrag in Leipzig, den ich von Mühlhausen aus besuchte, über »eine Revolution in der Psychiatrie Großbritanniens«. Er sandte mir eine persönliche Einladung, und ich erreichte die Genehmigung zu einem mehrwöchigen Studienaufenthalt in England und Schottland mit dem Ziel, mir ein eigenes Bild zu schaffen über Einzelheiten der Reformbewegung, über die erkennbare konkrete Lage. ... Ich war überwältigt von dem freien, lockeren Geist, in dem Psychiatrie betrieben wurde und konnte mich davon, dass die zitierten Mitteilungen der Wahrheit entsprachen, überzeugen. Nach meiner Rückkehr sprach und schrieb ich davon. Man hörte mir aufmerksam, staunend oder kopfschüttelnd zu.

Nun war zu prüfen, in welchen Positionen sich ein psychiatrisches Fachkrankenhaus der DDR vom Mapperley Hospital in Nottingham unterschied. Gerichtliche Einweisungen erfolgten in Spezialeinrichtungen, das Krankenhaus führte keinen Maßregelvollzug, Schwachsinnige gehörten der geistigen Behinderung wegen nicht in die Betreuungskompetenz der Psychiatrie.

Nach meinen Berechnungen entsprach der aufnahmeverpflichtete Versorgungsanteil eines psychiatrischen Fachkrankenhauses der DDR zu 80–90 % demjenigen des Mapperley Hospitals Nottingham, d. h. 80–90 % unserer Patienten müssten unter offenen Bedingungen zu führen sein. Mit den Erfahrungen der Psychiatrie in Großbritannien wurde ein Konzept einer Schritt-für-Schritt-Öffnung einer bis dahin grundsätzlich geschlossenen und gesicherten Krankenanstalt erarbeitet. Das Motto lautete »von der geschlossenen Krankenanstalt zum offenen Fachkrankenhaus«. Die Verkündung klang einfach, die Begründung schien schlüssig, aber die Realisierung war schwierig. Vieles an alltäglichen Besonderheiten, die an der alten Anstaltsordnung hafteten, war zu überwinden und musste in die neue Krankenhausordnung überführt werden. Angst war abzubauen und Begeisterung

Konsum um 1959 ABB. 50

zu entfachen. ... Das Ergebnis führt zur zweiten der Rodewischer Thesen:

RODEWISCHER THESE 2

»Die besonderen, aus der Anstaltstradition übernommenen Maßnahmen, die den psychisch Kranken ›anders‹ behandeln als einen anderweitig Erkrankten, sind Zug um Zug zu beseitigen. Akut und chronisch psychisch Kranke sind zum überwiegenden Anteil auf völlig offenen Krankenstationen zu führen. Entscheidend für die Öffnung ist ein durchdachtes rehabilitatives Heilsystem, der fürsorgliche Geist des Personals, die damit geschaffene Heilatmosphäre und die aktive Einstellung zur komplexen Therapie. Aus vorwiegend geschlossenen Heil- und Pflegeanstalten müssen sich vorwiegend offene psychiatrische Krankenhäuser entwickeln. Das umfassende Sicherungsprinzip muss einem umfassenden Fürsorgeprinzip weichen.«

Es waren fünf Jahre Arbeit und Mühe. Es war eine köstliche Zeit, auf die ich – durchaus mit Stolz – zurückdenke und die für alle Mitarbeiter ein Erlebnis war. Der Abschied (Berufung zum Ordinarius für Psychiatrie nach Dresden) wurde leichter, weil ich wusste, dass die zurückbleibende Garde unter Führung von Frau Dr. Bergmann den Geist dieser gemeinsamen fünf Jahre weitertragen wird und weil mit Herrn Doz. Dr. Niedermeyer ein Nachfolger gefunden war, von dem angenommen werden konnte, dass er das Geschaffene würdigen und mit eigenen Erwägungen und Zielstellungen weiterführen wird. Aus dem rückständigen und schwer angeschlagenen Pfafferode von 1958 war mit modellhafter Reform das Mühlhausen von 1963 geworden. Ich bin glücklich, dass ich 40 Jahre danach noch einmal darüber sprechen konnte und wünsche dem Krankenhaus die Begeisterung und den Arbeitsschwung von damals und das Glück des Erfolgs.

1958

1963

III. Das Bezirkskrankenhaus für Psychiatrie und Neurologie Mühlhausen von 1963–1985

1.0 Die evolutionäre Weiterentwicklung

Von seinem Nachfolger und dem mit einer Amtszeit von 22 Jahren in der Klinik bislang am längsten wirkenden Ärztlichen Direktor, Herrn Doz. Dr. med. habil. Kurt Niedermeyer, wurde die Klinik evolutionär zu einem modernen Fachkrankenhaus für Psychiatrie und Neurologie weiterentwickelt. Hierzu bedurfte es einer inneren Umstrukturierung wie z. B. der Aufhebung der unzeitgemäßen Geschlechtertrennung, der Errichtung von eigenständigen modernen psychiatrischen Fachabteilungen und einer effizienten Neurologischen Klinik. Es wurden eigenständige Fachabteilungen für Gerontopsychiatrie, Sucht und Psychotherapie geschaffen. Differenzierte und mehrdimensionale Behandlungsangebote wurden unter Einbeziehung einer effizienten Beschäftigungs- und Arbeitstherapie entwickelt. Die chronisch psychisch Kranken wurden über Rehabilitationsstationen für ihre individuelle Enthospitalisierung vorbereitet, die unter der Leitung von Frau Chefärztin Dr. Ursula Bergmann standen. Die unter der Leitung der Chefärztin Frau Dr. Elisabeth Perskowitz stehenden sozialtherapeutischen Außenstellen im Gut Sambach, in Grabe und Hollenbach dienten der Integration chronisch psychisch Kranker und geistig Behinderter in Dorfgemeinschaften und landwirtschaftlichen Betrieben. Die weiterentwickelte

Kurt Niedermeyer (1920–2008) ABB. 51

externe Betreuung von Patienten in Familienpflege bildete einen weiteren Fortschritt zur Integration psychiatrischer Patienten in die Gesellschaft.

Die Neurologie war lange sehr eng mit der Psychiatrie verbunden und bis in die Mitte des letzten Jahrhunderts in der Regel unter einem Dach organisiert. Lange hatte sich im Westen eine Auseinanderentwicklung der Fächer ergeben. 1963 wurde in Göttingen erstmals der Lehrstuhl getrennt und die »Neurologie« mit Prof. Bauer und die »Psychiatrie und Psychotherapie« mit Prof. Meyer besetzt; später wurden die neurologischen Abteilungen an den Fachkrankenhäusern ganz eingestellt oder so wenig gefördert, dass sie die modernen diagnostischen Entwicklungen nicht mehr mitmachen konnten. Bevorzugt wurden eigenständige neurologische Abteilungen an Allgemeinhäusern. Dieser Entwicklung wurde hier nicht gefolgt; eigenständige neurologische Abteilungen gab es in der damaligen DDR in den Universitätskliniken, Medizinischen Akademien und in den Bezirksfachkrankenhäusern (BFKs).

Im BFK Mühlhausen wurden bereits in der Mitte der fünfziger Jahre in den Häusern 6 und 21 bis zu 70 Betten vorgehalten. Anfänglich ging es vor allem um pflegerisch aufwendige Kranke mit chronischen neurologischen Erkrankungen. Langsam stellte sich die Neurologie des BFK immer mehr den akuten Behandlungsfällen und wurde zu einem diagnostisch orientiertem Fach für alle akut- und intensivneurologischen Krankheitsbilder, z. B. entzündliche ZNS-Erkrankungen, raumfordernde intrakranielle Prozesse, intrakranielle Blutungen, Schlaganfälle, Epilepsie, spinale Erkrankungen, Bandscheibenschäden, Polyneuropathien u. a.

Die Neurologische Klinik konnte sich unter dem Direktorat von Doz. Dr. Kurt Niedermeyer durch ihre Chefärzte Dr. Heinz

Haus 6 in den 1960er Jahren ABB. 52

Günzel (1965–89) und Dr. Falk Walther (ab 1989–2008) dieser diagnostischen und therapeutischen Herausforderung stellen und erlebte einen enormen Aufschwung. Basis dafür war die Errichtung der Abteilung für Neuroelektrodiagnostik mit Elektroenzephalo- und Elektromyographie (OA Dr. Detlef Meißner), der Carotis-Angiographie (Dr. Heinz Günzel), eines hochwertigen Liquorlabors (Dr. rer. nat. Günter Winkler) und die Erweiterung der Neuroradiologie mit Panangiographie, Myelographie und Sonographie (Dr. Falk Walther).

Die 1978 eröffnete neurologische Intensivüberwachungsstation (stellv. CA Dr. Peter Möller) war die erste dieser Art im damaligen Bezirk Erfurt und eine der ersten in Deutschland insgesamt. Hier wurden neben neurologischen Notfällen z. B. Alkoholdelire, schwere Intoxikationen und lebensbedrohliche körperliche Komplikationen bei psychiatrischen Patienten behandelt.

Zur Verbesserung der Diagnostik trug auch bei, dass 1960 ein Pathologisches Institut gegründet wurde, das sich unter der Leitung von Priv. Doz. Dr. Adelbert Tennstedt insbesondere mit neuropathologischen Untersuchungen profilierte und in Zusammenarbeit mit der Universität Leipzig auch wissenschaftlich erfolgreich in der Demenzforschung arbeitete.

Herr Doz. Dr. Kurt Niedermeyer bildete annähernd 100 Assistenzärztinnen und -ärzte zum Facharzt für Neurologie und Psychiatrie aus und sicherte so eine flächendeckende nervenfachärztliche Versorgung der Polikliniken des Bezirkes Erfurt und darüber hinaus. Als Bezirkspsychiater hatte er einen entscheidenden Anteil an der gut funktionierenden Vernetzung des ambulanten und stationären Bereiches. Dazu gehört nicht zuletzt die Etablierung eines dichten Netzes qualifizierter Fürsorgerinnen, die noch jetzt dem Haus verbunden sind. Die pflegerische Qualität konnte durch die Einrichtung einer Krankenpflegeschule mit Ausbildung von psychiatrischen Fachschwestern und -pflegern weiter verbessert werden.

Diese Maßnahmen zeigten auch äußere, einfach messbare Erfolge. Die 1450 Planbetten des Jahres 1958 konnten bis 1989 auf 1075 vermindert, die Liegezeit im gleichen Zeitraum von 465 Tagen auf 206 Tage/Fall reduziert und die Akutaufnahmen in diesem Zeitraum von 857 auf 2694/Jahr erhöht werden. Es konnte bis zur Wende mehr als die Hälfte der ursprünglich ca. 1100 Langzeitpatienten (Schätzung Dr. Niedermeyer) enthospitalisiert werden. Die unproblematische Beschäftigung psychisch Kranker in den umliegenden Betrieben mit guter Bezahlung dürfte erheblich zu der erfreulichen Entwicklung beigetragen haben.

Es darf nicht unerwähnt bleiben, dass es der Klinikleitung gelang, das Krankenhaus aus politisch motivierten Bespitzelungen etc. weitestgehend herauszuhalten. Ein wie auch immer gearteter Missbrauch der Psychiatrie während der DDR-Zeit wurde hier auch nach der »Wende« in keinem Fall bekannt.

2.0 Persönliche Erinnerungen

KURT NIEDERMEYER
Auszug aus der Festrede zum 90. Jubiläum der Klinik am 2. Dezember 2002

Als ich 1963 die Stafette des Leiters für die psychiatrische Versorgung des Bezirkes Erfurt mit 1,2 Millionen Einwohnern übernahm, war die Situation dadurch gekennzeichnet, dass im Bezirkskrankenhaus Mühlhausen vier Fachärzte und vier Ärzte in Ausbildung

1500 psychisch Kranke versorgen mussten. Im Bezirk waren lediglich die vier großen Städte Erfurt, Weimar, Gotha und Eisenach mit je einem Facharzt besetzt, die gleichzeitig neurologisch wie psychiatrisch tätig waren. Bei der Einführung gab die Bezirksärztin Dr. Völlkopf ihrer Erwartung Ausdruck, dass die Öffnung der Einrichtung, die durch meinen Vorgänger bereits erfolgt war, entschlossen weitergeführt würde. Die örtlichen Behörden, der Bürgermeister wie der Vorsitzende des Rats des Kreises, insbesondere aber auch der Kommandeur der Grenztruppen erhofften sich jedoch, dass die Öffnung der Einrichtung wieder rückgängig gemacht werden würde.

Da das Krankenhaus am Rande der Sperrzone zur Grenze gelegen war, kam es häufig zu Verletzungen des Sperrgebietes, wodurch die Grenztruppen ausrücken mussten und was zu ständigen Klagen führte. Die Situation spitzte sich zu, als ich eine Postkarte von einem illegal über die Grenzen gegangenen Kranken aus Tirol »Mit freundlichen Grüßen« und gleichzeitig mit einem »Danke für Alles« erhielt. Dies führte zu einem Besuch des Vorsitzenden für Inneres, Sicherheit und Ordnung des Bezirkes Erfurt. Vom Besuch des Krankenhauses war er jedoch so beeindruckt, dass wir die Öffnung der Einrichtung weiterführen konnten, aber unter schärferen Kontrollen von Ausgängen. Damit waren endgültig die Vorbehalte gegen die Öffnung der Einrichtung gebrochen. Es wurde zu einer Selbstverständlichkeit, dass

Kurt Niedermeyer (1920–2008) ABB. 53

psychisch Kranke im Rahmen der auswärtsverlagerten Arbeitstherapie in die Betriebe der Stadt zur Arbeit gingen und umgekehrt, dass Kulturschaffende der Stadt zur Darbietung von Konzerten in die Klinik kamen und z. B. Schüler im Rahmen ihrer FDJ-Arbeit insbesondere auf die Altersstationen zur Verrichtung kleiner Dienste kamen. Als das Kulturhaus renoviert war, wurden öffentliche Konzerte des Symphonieorchesters Gotha und der Musikhochschule Weimar veranstaltet.

Die erste Aufgabe war jedoch die Verbesserung der Personalschlüssel mit Ärzten und Pflegepersonal. Etwa ein Drittel des Pflegepersonals war als Hilfskräfte beschäftigt. Ich hatte damals das Glück, dass mir fünf Ärzte aus Magdeburg in die Einrichtung folgten und nach Beendigung ihres Studiums ihre Fachausbildung hier aufnahmen. Im Weiteren hat die Bezirksärztin Dr. Völlkopf ihre Zusage für Zuweisungen von Ärzten in Ausbildung eingehalten und jährlich vier bis sechs junge Kader zur Ausbildung im Fachgebiet Psychiatrie und Neurologie der Einrichtung vermittelt. Die Gewinnung von Ärzten wurde dadurch begünstigt, dass ich sowohl von der Stadt Mühlhausen wie auch vom Kreis die Zuweisung von Wohnraum für die Ärzte und ihre Familien erhielt, später konnten wir mit Hilfe der Bezirksärztin mehrere Wohnhäuser im Gelände des Bezirkskrankenhauses errichten. Ebenso wurden wir von der Akademie für Fortbildung in Berlin als Weiterbildungsklinik für den Bezirk Erfurt bestätigt. Die Facharztprüfungen für dieses Fachgebiet fanden meist hier statt. Die Lenkung des Interesses auf unser Fachgebiet wurde auch dadurch möglich, dass hier ein Einführungslehrgang für Studenten bei der Aufnahme ihres Studiums stattfand. Durch eine Absprache mit dem Ordinarius für Psychiatrie und Neurologie in Erfurt gelang es auch, dass die Studenten während ihres Studiums hier hospitierten und Krankenvorstellungen ermöglicht wurden. Auf diese Weise konnten jedes Jahr bis zu fünf Ärzte gewonnen werden, so dass schließlich 32 Ärzte in der Einrichtung tätig waren.

Die theoretische Ausbildung zum Facharzt in der Einrichtung war jedoch mühsam, da i. W. die mündliche Weiterbildung Grundlage war. Es waren in der DDR nur zwei Lehrbücher vorhanden, die z. T. nicht greifbar waren, westliche Literatur war ein »heißes Eisen« und konnte aus Devisenmangel selbst für die Einrichtung nur unter schwierigen Umständen beschafft werden. Ich hatte z. B. in Erfahrung gebracht, dass alle Bücher, die zur Messe in Leipzig ausgestellt werden, in der DDR verblieben. Man musste rechtzeitig den Titel der Bücher, die dort ausgestellt waren, an eine bestimmte Stelle zum Erwerb anmelden. Auf diese Weise haben wir manch wichtiges Fachbuch von der Leipziger Messe bekommen können.

…

Verwaltungsgebäude um 1960 ABB. 54

Neubau von Wohnhäusern in den 1960er Jahren ABB. 55

Da auch die ambulante Versorgung im Bezirk Erfurt äußerst mangelhaft war, wurde jeder Arzt in Ausbildung verpflichtet, in einem Kreis des Bezirkes Erfurt eine örtliche Versorgung wahrzunehmen. Zunächst geschah dies einmal monatlich, dass der junge Arzt für einen Tag in einen Kreis des Bezirkes fuhr, um die psychiatrischen Patienten zu versorgen und mit den Fürsorgerinnen schwierige Fälle zu klären. Ich konnte damals mit Hilfe der Bezirksärztin durchsetzen, dass die Kreisärzte einen Fahrer mit einem Kraftfahrzeug abstellten, um den Arzt von unserer Einrichtung abzuholen, weil die Verkehrsverbindungen zu ungünstig waren. Andererseits wurde ihnen diese Tätigkeit als ambulante Ableistungszeit angerechnet. ... Später waren alle Kreise des Bezirkes Erfurt mit Fachärzten für Neurologie und Psychiatrie versorgt. Am Ende meiner Tätigkeit hatte ich es geschafft, die Vorgaben, auf 40.000 Einwohner einen Arzt für Psychiatrie und Neurologie zu haben, im Bezirk Erfurt zu verwirklichen.

Ebenso großen Wert haben wir auf die Weiterbildung des Pflegepersonals gelegt. Dabei kam uns zugute, dass eine medizinische Schule an der Einrichtung existierte ... Später war unser Bezirksfachkrankenhaus die einzige Ausbildungsstelle für Fachschwestern und Fachpfleger. Während vorher circa ein Drittel der Schwestern Hilfspersonal war, hatten wir zum Schluss die Hälfte der Schwestern als Fachschwestern qualifiziert und kaum mehr Hilfskräfte in der Einrichtung beschäftigt.

Bei der Umgestaltung der Einrichtung hatten wir die Grundströmungen der damaligen Psychiatrie zu berücksichtigen. Sie waren durch die Spezialisierung innerhalb der Psychiatrie, durch die gemeindenahe Psychiatrie und von der Rehabilitationspsychiatrie geprägt.

...

Als erste spezifische Abteilung wurde die alterspsychiatrische Abteilung herausgebildet und es konnte eine der hier ausgebildeten Ärztin als Chefärztin für diese Abteilung gewonnen werden. Auch erfolgte hier eine weitere Differenzierung insofern, als zwei Häuser für die akute Behandlung alterspsychiatrischer Patienten zuständig waren mit dem Ziel der Entlassung entweder nach Hause oder in ein Pflegeheim. Ein weiteres Haus war Schwerpunkt für die Pflege solcher Patienten, die für ein Heim nicht tragbar waren.

Für die Kinderpsychiatrie, die bereits in zwei Häusern bestand, wurde in Absprache mit der psychiatrischen Klinik in Nordhausen vereinbart, dass der historisch bedingte Schwerpunkt weiter in Nordhausen liegen sollte. ... Unsere Abteilung war dafür bestimmt, vorwiegend Jugendliche aufzunehmen, die dann später ggf. in die psychiatrischen Abteilungen übernommen werden konnten. Es wurden sodann komplex geschädigte geistig Behinderte behandelt, die sehr pflegeaufwendig waren. Eine hier ausgebildete Ärztin wurde veranlasst, im Krankenhaus Blankenhain eine eigene kinderpsychiatrische Abteilung dort einzurichten. Zu dieser und auch später einem in Eisenach errichtetem kinderpsychiatrischen Heim hatten wir ständigen fachlichen Kontakt.

Aufenthaltsraum Haus 16 in den 1960er Jahren ABB. 56

1963

1985

Die Behandlung von Alkoholkranken erfolgte anfangs nur auf einer Station mit zehn Betten, die sich in der neurologischen Abteilung befand. Es bestand zunächst auch kein großer Bedarf. Im Rückblick ist es verwunderlich, dass es etwa bis 1970 eine Rarität war, ein Alkoholdelir den jungen Ärzten vorstellen zu können. Erst danach nahmen die Alkoholkranken und deren Behandlungsnotwendigkeiten erheblich zu, so dass wir später das Haus 11 als Entwöhnungsabteilung einrichten mussten. Hier entwickelte sich dann eine Station mit über 30 Betten, die dann später voll belegt wurde und kaum noch dem Bedarf genügte. Die Behandlung mit Delirien erfolgte dann in der akuten psychiatrischen Abteilung im Haus 18. ... Am Schluss haben wir die Überlegung angestellt, ob wir für die Pflegebehandlung für Alkoholdemenzen eine eigene Station einrichten sollten; dies konnte aus Platzmangel nicht mehr verwirklicht werden.

Eine ähnliche Entwicklung zeichnete sich in der forensischen Betreuung ab. Ursprünglich befanden sich lediglich auf einer allgemeinpsychiatrischen Abteilung einige Betten für die forensische Begutachtung und für forensische Kranke, die nicht entlassen werden konnten. Es gab in der DDR keinen Maßregelvollzug; diese Personen galten als Patienten und waren dem Gesundheitswesen unterstellt. Durch die rasante Zunahme der forensischen Patienten mussten wir ein ganzes Haus neu strukturieren. Dazu diente das Haus 15, wo dann 80 Betten für die Kranken bereit stan-

Haus 15 in den 1960er Jahren
ABB. 57

den. Auch hier erfolgte eine weitere Differenzierung im Haus; das untere Stockwerk stand für Untersuchungsfälle und schwierige Fälle zur Verfügung, während das obere Stockwerk i.W. der Rehabilitation dieser Kranken galt. Während sich anfangs die Arbeitstherapie im Keller des Hauses befand, konnten wir später eine leer stehende Liegehalle als Arbeitstherapiebaracke umbauen und so bessere Möglichkeiten zur Verfügung stellen. Ebenso konnten im oberen Stockwerk aus einer ehemaligen Wohnung eigenständige Zimmer für Kranke eingerichtet werden, die ein Arbeitsverhältnis in der Stadt in der weiteren Rehabilitation hatten. Die Abteilung war nur mit einem einfachen, halbhohen Zaun eingezäunt. Wir haben trotz der Grenznähe nur wenige Komplikationen mit diesen Kranken gehabt.

Die Psychotherapie sollte ursprünglich der Akademie Erfurt ... vorbehalten sein. Weil jedoch die Notwendigkeit zur psychotherapeutischen Behandlung hier immer mehr wuchs, haben wir uns entschlossen, eine eigene Abteilung für Psychotherapie im Bezirkskrankenhaus einzurichten. Zunächst musste dafür ein Arzt eine entsprechende Ausbildung erhalten. Anfangs haben wir in der neurologischen Abteilung zehn Betten für die psychotherapeutische Behandlung bereitgestellt; später musste auch hier eine Erweiterung auf ein ganzes Haus erfolgen. Auch hier erfolgte ein weiterer Ausbau insofern, als die Musiktherapie eingeführt wurde; eingesetzt wurden hauptsächlich Verhaltenstherapie und Gruppentherapie. Es gelang sogar, dafür eine Fernsehkamera mit Monitor zu organisieren. Eine fachspezifische Verstärkung des psychotherapeutischen Teams erfolgte durch zusätzliche Psychologen.

Für die chronisch Kranken verblieben 3 Häuser, nämlich Haus 14, 24 und das Haus 8. Auch hier wurde eine weitere Differenzierung vorgenommen. Im Haus 24 wurden oligophrene Kranke gesammelt, die für ein Pflegeheim aufgrund ihrer Verhaltensweisen oder ihrer erheblichen Defekte nicht mehr in Betracht kamen, während in Haus 14 i.W. organische Psychosyndrome behandelt wurden, die besonders pflegebedürftig waren und erhebliche Verhaltensschwierigkeiten boten. Im Haus 8 wurden Kranke aufgenommen, die i. W. Arbeitsverhältnisse in der Stadt hatten und lediglich betreut wurden, weil keine Wohnungszuteilung für psychisch Kranke erfolgte. Praktisch war dieses Haus ein Wohnheim.

Die ursprüngliche Struktur der Einrichtung bestand in einer strikten symmetrischen Trennung von Frauen- und Männerhäusern und von Akut- und chronischen Abteilungen. Eine gemischtgeschlechtliche Belegung verbot sich wegen ungünstiger Sanitärbedingungen in den einzelnen Häusern. In der Beschäftigungs- und Arbeitstherapie wurden aber Männer und Frauen zusammengeführt, das Gleiche galt für die kulturelle Betreuung.

GEMEINDENAHE PSYCHIATRIE

1963

Mein Vorgänger hatte damit begonnen, eine Fürsorgeabteilung in der Einrichtung einzurichten. Wir haben die Zahl der Fürsorgerinnen ständig vermehrt, so dass am Ende meiner Dienstzeit jede einzelne Abteilung unserer Klinik eine Fürsorgerin hatte. In den Kreisen des Bezirkes Erfurt gab es anfangs nur vereinzelte Fürsorgerinnen, die anfangs weitgehend das Recht der Einweisung hatten, da ja in den Kreisen keine Fachärzte vorhanden waren.

1985

Ich konnte dann mit Hilfe der Bezirksärztin Dr. Völlkopf bald erreichen, dass die Fürsorgerinnen von den Kreisen ein Auto gestellt bekamen, um an monatlichen Zusammenkünften im Bezirkskrankenhaus teilnehmen zu können. ... Wie gesagt, waren auch unsere

Arbeitstherapie auf dem Gutsgelände in den 1960er Jahren ABB. 58

ÄrzteInnen in den Kreisen tätig. Auf diese Weise kam es bald zu einer reibungslosen Kommunikation. Wir richteten monatliche Fürsorgetagungen ein, bei denen zunächst ein Vortrag über die Entwicklung der Psychiatrie stattfand, gefolgt von einer Besprechung über schwierige Betreuungsfälle. Der Tag schloss mit dem Besuch von Kranken aus ihrem Kreis auf den Stationen ab ... Diese Fürsorgetagungen konnten trotz des zunehmenden Benzinmangels aufrechterhalten werden.

Nach der Errichtung der Alterspsychiatrie kam es sehr bald zu einer Verbindung mit den Altersheimen der Kreise. Es bestand ein großes Bedürfnis hinsichtlich der Betreuung psychiatrischer Alterskrankheiten. Wir haben daher bald ein Angebot an die Pflegeheime gemacht, einzelne Pflegerinnen des Pflegeheimes auszubilden und mit der Betreuung alterspsychiatrischer Krankheiten bekannt zu machen.

Dabei wurde ein Austausch von Schwestern und Pflegekräften angeregt, diese wurden etwa vier Wochen in unserer Klinik in der Alterspsychiatrie ausgebildet. Dem Sozialwesen des Bezirkes wurde jedoch der Einfluss und die Belegung durch die Psychiatrie in den Heimen lästig und es kam zu einer Auseinandersetzung. Dies führte schließlich zu der Einigung, dass bestimmte Heime als psychiatrische Alterspflegeheime herausgestellt wurden und wir die Verbindung mit diesen Heimen insgesamt aufrechterhielten.

Eine ähnliche Kooperation wurde auch bei Oligophrenen erreicht, die in Krisensituationen gerieten. Wir haben hier mit den chronischen Abteilungen einen entsprechenden Austausch vorgenommen. Später übernahmen dann die Ärzte, die in den Kreisen tätig waren, die Betreuung der Pflegeheime. ...

Rehabilitation

Bei dem Beginn meiner Tätigkeit im Bezirkskrankenhaus war die Rehabilitation der psychisch Kranken weitestgehend auf die Simon'sche Arbeitstherapie ausgerichtet. Andererseits war die Einrichtung genötigt, auf die Arbeit der Kranken zurückzugreifen. So waren viele Kranke in der Küche beschäftigt, wurden in der Wäscherei und in der Tischlerei und in der Polsterwerkstatt gebraucht. Es bestand ebenfalls eine Schusterwerkstatt, eine Buchbinderei und eine Korbflechterei. Dazu wurden eigens in der Umgebung Weiden angepflanzt. Ebenso wurden viele Kranke in der Gärtnerei und in dem früheren Gut des Krankenhauses beschäftigt. Es gab eine eigene Instandsetzungskolonne für die Außenarbeiten, die die Wege pflegten. Wichtig war auch die sogenannte Essenskolonne, die das Essen in der ersten Zeit noch mit Handwagen zu den Stationen brachte. Daneben gab es eine Beschäftigungstherapie auf den Stationen.

Die erste Umgestaltung erfolgte nach der Einführung der Rehabilitationsgesetze, sodass viele Kranke in ein Beschäftigungsverhältnis mit der Einrichtung überführt werden konnten und hier ihre Arbeit gegen Entlohnung verrichteten. Es entwickelte sich dann zunehmend eine Zusammenarbeit mit Betrieben der Umgebung, wo insbesondere kleinere Zusatzarbeiten, z. B. im Elektrohandwerk oder bei Kabelarbeiten, in die Einrichtung verlegt wurden. Wir haben dafür in zwei Baracken und in den Kellern der einzelnen Häuser einzelne Arbeitstherapieabteilungen eingerichtet. Zwei Pfleger wurden eigens damit beauftragt, Verbindungen mit den Betrieben zu halten und Arbeit in die Einrichtung zu bringen. Das Geld für diese Arbeiten musste leider an den Bezirk abgegeben werden.

Aufgrund der guten Erfahrung mit den Teilarbeitsverhältnissen in der Einrichtung haben wir dann Patienten an das allgemeine Krankenhaus, Betriebe der Stadt Mühlhausen sowie an Heime und Kinderkrippen bzw. -gärten vermittelt, die dort als Hilfskräfte beschäftigt wurden. Zu unserem Leidwesen konnten wir die Patienten nicht entlassen, weil keine Wohnungen für sie bereitgestellt wurden, sodass wir viele Patienten in der Klinik behalten mussten, wo sie kostenlos lebten. Einzelne Kranke haben auf diese Weise ein beträchtliches Vermögen angesammelt.

...

Wir haben diesen Kranken auch Urlaub in Austausch mit einer Partnerklinik bei Dresden ermöglicht: 20 Kranke dieser Einrichtung wurden in unserem Krankenhaus einquartiert, verpflegt und umgekehrt. Gelegentlich haben wir Urlaube in FDGB-Heimen mit einer Ärztin und einer Gruppe von 20 Kranken ermöglichen können, wenn die Heime belegungsfreie Zeiten überbrücken wollten. ... Das Schwimmbad der Einrichtung für die Kranken zur Verfügung zu stellen, war eine große Mühe, da doch eine gewisse Distanz der Badegäste zu den Kranken vorhanden war, die ihre Anwesenheit im Schwimmbad nicht für geeignet hielten.

Milieugestaltung

Das Krankenhaus war mit 1500 Kranken vollständig überbelegt, zumal einzelne Häuser von der Inneren Abteilung und dem Hygieneinstitut in Anspruch genommen wurden. Die Folge war, dass die Kranken relativ eingeengt untergebracht wurden und kaum Möglichkeiten vorhanden waren, um irgendwie eine Wohnlichkeit zu schaffen. Die Waschräume und Toiletten waren vollständig veraltet und teilweise nicht mehr nutzbar. So ergab sich die zwingende Notwendigkeit einer Veränderung. ... Die dichte Bettenreihung wurde teilweise dadurch aufgelockert, dass Doppelbetten auf den Stationen aufgestellt wurden. Dadurch bestand die Möglichkeit, Spinde und Nachttische an die Betten zu stellen, um den Kranken zu ermöglichen, die dringendsten Privatsachen unterzubringen. Ebenfalls wurden in jedem Haus Aufenthaltsräume eingerichtet, wo die Kranken sich tagsüber aufhalten und auch die Beschäftigungstherapie vorgenommen werden konnte. Die großen Räume mit Badewannen, in denen die Kranken früher zur Beruhigung langdauernde Wasserbäder erhielten, wurden als Wasch- und Duschräume umgestaltet. ...

Patientenzimmer Haus 16 ABB. 59

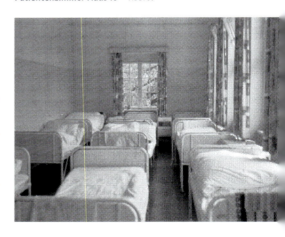

Badausstattung um 1972 ABB. 60

Eine weitere Schwierigkeit ergab sich durch ständige Wassereinbrüche in die Kellerräume, sodass diese im Laufe der Zeit von außen abgedichtet werden mussten. Immerhin ist es gelungen, im Laufe der Jahre jedes Haus einmal zu renovieren und insbesondere auch mit modernem Möbelmaterial auszustatten. Eine weitere Schwierigkeit war die Versorgung der Kranken mit den Mahlzeiten innerhalb der Einrichtung. Die Häuser waren für die Mahlzeiten verantwortlich und mussten Kranke in Handwagen zur Essensabholung zur Küche bereitstellen. Dabei waren die Wegeverhältnisse anfangs auch sehr schlecht, wir haben einmal den gesamten Fond für die Straßenrenovierungsfinanzierung des Kreises aufgebraucht. Später gab es einen motorisierten Hol- und Bringedienst.

Eine weitere Schwierigkeit war die Beheizung der Einrichtung und die Versorgung mit warmem Wasser. Es darf hier vielleicht eine persönliche Erinnerung angeführt werden:

Bei der ersten Leitungssitzung nach meiner Einführung als Ärztlicher Direktor wurde ich damit konfrontiert, dass die Heizung der Einrichtung im Winter nicht mehr möglich war. Vier Heizungskessel waren schon seit längerer Zeit ausgefallen und die letzten beiden Heizungskessel waren durch die Feuerschutzpolizei gesperrt worden. Mit der tatkräftigen Unterstützung des technischen Leiters gelang es jedoch zunächst wenigstens, Firmen aufzutreiben, die Heizungskessel liefern konnten. Aber die finanziellen Möglichkeiten standen noch aus. Ich habe damals den Entschluss gefasst, sämtliche Kessel abzureißen und bin dann zum Bezirk gefahren und habe einen Plan zum Einbau neuer Kessel vorgelegt. Da ich vorher erfahren hatte, dass in der Umgebung von Mühlhausen Gas gefunden worden war und eine Gasquelle sogar gebrannt hatte, kam in mir der Gedanke auf, die Heizung auf Gas umzustellen … Ich bekam jedoch sogleich nach der Einführung eine Abmahnung, weil ich die vorgesetzten Dienststellen nicht von diesem umfangreichen Projekt unterrichtet hatte, das immerhin 800 000 Mark kostete. Es wurde jedoch berücksichtigt, dass ich als Ärztlicher Direktor völlig unerfahren war und bei dem technischen Problem handeln musste.

In den 70er Jahren wurde eine Gasleitung für russisches Gas in der Umgebung vorbeigeführt. Die Umstellung auf Gas gelang mithilfe von tschechischen Kesselimporten; so wurden

Kesseleinbau 1971 ABB. 61

wir in den 70er Jahren als erste medizinische Einrichtung des Bezirkes mit Gasheizung versorgt. Dies erwies sich als Glücksfall, nachdem später die Steinkohleversorgung ausblieb und auf Braunkohle umgestellt werden musste, die riesige Unsauberkeit mit sich brachte. Bis dahin hatte ich manche sorgenvolle Stunde verbracht, weil wir zeitweise keine Kohlen hatten und nicht wussten, wie wir die Küche morgens mit Feuer versorgen sollten, um das Frühstück überhaupt vorzubereiten.

Gleichzeitig mit dem Bau der Heizungsanlage wurde um die Einrichtung ein Ringkanal angelegt. Der Plan einer Warmwasserversorgung der einzelnen Häuser wurde ebenfalls akut. Die Schwestern mussten, teilweise auf Behelfsöfen, Wasser zubereiten, um den hygienischen Mindestanforderungen gerecht zu werden. Wir haben dann die gesamte Einrichtung sowohl mit Heizung wie mit warmem Wasser beliefern können. Hier ergab sich jedoch eine weitere Schwierigkeit. Das Material zur Wasserentsalzung kam häufig auch erst im letzten Moment und nach vielen Telefonaten. Zudem sind immer wieder Rohre undicht geworden und mussten ersetzt werden. Dies hat der technischen Leitung zeitweise erhebliche Schwierigkeiten bereitet.

Als ein weiteres Problem erwies sich das Reinigen der Bettwäsche und der Hygienekleidung des Pflegepersonals. Die technische Einrichtung der Wäscherei stammte noch aus dem Anfang des 20. Jahrhunderts und war völlig veraltet. So kamen wir zu dem Projekt, eine neue Wäscherei zu bauen, was aber dann mit Rücksicht auf die Landesverteidigung eingestellt werden musste. Es gelang wenigstens, neue Maschinen zu beschaffen und eine neue Technik für das Waschen, insbesondere auch für die Desinfektion, einzuführen. Wir waren sogar in der Lage, auswärtige Krankenhäuser etc. mit Wäsche zu versorgen.

Schwierigkeiten bestanden auch seitens der Zentralküche, hier mussten die Kochkessel sämtlich erneuert werden. Es konnte sogar eine Diätküche neu installiert werden. Dies war durch die Zunahme der Diabetiker von besonderer Bedeutung.

Neurologie

1963

Die neurologische Abteilung war von meinem Vorgänger eingerichtet worden, hatte aber den Nachteil, dass sie in zwei getrennten, weit auseinanderliegenden Häusern untergebracht war, was sich nicht ändern ließ. Die Röntgendiagnostik wurde mit alten Geräten vorgenommen, die vorwiegend aus der Zeit stammten, als noch TBC-Patienten da waren. Es war möglich, die Röntgengeräte mit der Zeit auszutauschen und moderne Geräte anzuschaffen, die auch für die Pneumenzephalographie und Myelographie geeignet waren. Als Erweiterung hat sich die Einrichtung der zerebralen Angiographie ermöglichen lassen mit einem Siemens-Röntgengerät. Dies war dadurch möglich, dass zunächst auch Ärzte

1985

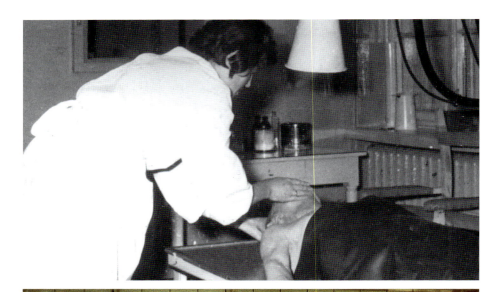

1963

1985

mit entsprechender Röntgenausbildung für die Einrichtung gewonnen werden konnten. Später wurde sogar die transfemorale Katheterangiographie mit einem hochleistungsfähigen Serienangiographen eingeführt. Schwierigkeiten bereitete früher die Filmentwicklung, wir haben auch hier die Modernisierung der Filmentwicklungsanlage schaffen können. Ein weiteres Problem war die Filmbeschaffung, die teilweise begrenzt war.

Es war ein EEG-Gerät vorhanden, es wurde aber kaum genutzt. Wir haben die EEG-Untersuchungen vorangetrieben; es standen uns schließlich drei Geräte zur Verfügung, die auch für die Ambulanz und für große Teile des Bezirkes genutzt wurden. Es kam zu Schwierigkeiten wegen der Papierbeschaffung, sodass wir lange das EEG-Papier doppelseitig beschriften mussten. EMG-Untersuchungen waren den Hochschulen vorbehalten und es war nicht möglich, ein anvisiertes dänisches Gerät zu beschaffen. Wir haben schließlich ein ungarisches EMG-Gerät bekommen. Für die EEG-/EMG-Abteilung konnte ein Flachbau zur Verfügung gestellt werden, in welchem ein eigens ausgebildeter Arzt für die neuroelektrodiagnostischen Aufgaben tätig werden konnte.

Für die weitere Diagnostik haben wir auch ein Echoenzephalographiegerät anschaffen können, das wir im Rahmen einer zerebralen Screeninguntersuchung bei raumfordernden Prozessen und zur Hydrocephalusdiagnostik einsetzten. Später gelang es, die Dopplersonographie der hirnversorgenden Arterien einzuführen. Es war ein Eigenbaugerät mit Unterstützung des »Manfred von Ardenne«-Instituts Dresden, welches uns mit Schallköpfen versorgte.

Es gelang uns, einen akademisch ausgebildeten Chemiker für das klinische Laboratorium zu gewinnen, später haben wir das Laboratorium im Verwaltungskeller des Verwaltungsgebäudes erheblich erweitern können. Zunächst wurde hier die Elektrophorese eingeführt, insbesondere für die Liquoruntersuchungen. Die Erweiterung auf Liquorzellenuntersuchungen ist uns allerdings nicht vollständig geglückt. Später war die Erweiterung des Labors von Vorteil, weil wir Lithiumuntersuchungen vornehmen konnten, die damals nur in wenigen Laboratorien möglich waren. Wir haben damals eine Li-Ambulanz für den gesamten Bezirk Erfurt eingerichtet. Später erfolgten Serumspiegelbestimmungen von Antiepileptika und von Psychopharmaka.

Wir haben die einzige neurologische Intensivstation im Bezirk Erfurt mit fünf Betten einrichten können. Der Plan, eine neurologische Klinik zu errichten, hat sich nie verwirklichen lassen. ...

1963

1985

Röntgen um 1958
ABB. 62 · OBEN

Klinisches Labor 1971
ABB. 63 · UNTEN

Anhang

TABELLARISCHE ÜBERSICHT

Die Entwicklung des Bezirksfachkrankenhauses Mühlhausen von 1963–1984 (nach Kurt Niedermeyer)

1962	Abbruch der Zäune Haus 4, 16 und 17, Telefonanlage Erstmals Verfügbarkeit und Bereitstellung eigener Garderobe
1962/63	Einbau von Speiseaufzügen per Hand

1963	Beginn der Arbeitstherapie in Haus 15, Haus 17 und Haus 14
	Einrichtung der EEG-Diagnostik im größeren Stil
	Kinderpsychiatrische Abteilungen (Haus 9 und 20)
	Tages- und Nachtklinik erstmals
	Anschaffung von Schränken für die Kleidung
	Schaffung I. Psychiatrische Klinik, Haus 1, 2, 17, 18
	      II. Psychiatrische Klinik, Haus 4, 15, 3, 16, 24,
	      später 4, 15, 22, 5

1964	Einführung der Elektrophorese Geregelte antikonvulsive Therapie Errichtung Zentralwäscherei mit Versorgung des Kreises Worbis
1965	Abwasser-Anlage im Pflegerdorf Einführung der Angiographie Einrichtung der Geriatrie, Häuser 3, 16, 10, Warmwasserversorgung für Häuser 3, 5, 8, 10, 15, 18, 19, 20 und 24
1966	Einrichtung der Fürsorgetagungen mit Ärzten
1967	Einbau einer halbautomatischen Röntgenfilmentwicklungsanlage Wohnheim für psychisch Kranke im Haus 19, später Haus 2 Schaffung der Abt. f. Psychotherapie, Einstellung des ersten dauerhaften Psychologen. Ab 1977 Haus 6, seit 1981 im Haus 13 Einführung Musiktherapie

100 JAHRE PFAFFERODE 1912–2012   WEITERENTWICKLUNG

1968	Einführung der Liquorzytologie Rekonstruktion und Erweiterung der Pathologie Hol- und Bringedienst für Kaltverpflegung Beleuchtung der Einrichtung
1969	Verbesserung in Agaelektrophorese
1970	Einführung der Elektromyographie Rekonstruktion des Schwimmbades
1972	Umgestaltung und Rekonstruktion der Heizungsanlage auf Gas Einführung der Lithiumtherapie
1973	Bau einer selbstständigen EEG-Abteilung in der Baracke bei Haus 4 Erweiterung der Arbeitstherapie im Haus 3 und Haus 24
1974	Folienelektrophorese Einführung der Echoelektroenzephalographie
1975	AT-Umbau der früheren Tuberkulosebaracke bei Haus 15 Verbesserung der Myelographie mit Dimer X Einführung der Androcur-Therapie bei Triebtätern
1976	Zahnärztliche Abteilung
1975–1977	Elektrifizierung der Speiseaufzüge
1977	Forensische Abteilung Fernbeobachtung Regionale Einzugsbereiche Pflegerlose Außenstation in Hollenbach 1
1978	Neurologische Intensivstation
1982	Vollautomatische Röntgenfilmentwicklungsanlage Einführung der Stroboskopie und Gaschromatographie Anschluss durch die Heiztrasse Ost bis zur Pathologie Anbau und Überdachung des Kinderferienlagers
1984	AT-Umbau der früheren Tuberkulosebaracke bei Haus 20 Hol- und Bringedienst für alle Bereiche

1963

1985

IV. Die letzten Jahre der DDR bis zur Wende

1.0 Das Bezirkskrankenhaus bis 1989

FALK WALTHER

Mit dem Erreichen seines 65. Lebensjahres wurde Herr Direktor Doz. Dr. Niedermeyer nach seiner 22-jährigen Amtszeit feierlich in den Ruhestand verabschiedet. Herr Doz. Dr. Niedermeyer interessierte sich auch in vielen weiteren Jahren für die Weiterentwicklung des Fachkrankenhauses, hielt und pflegte den Kontakt zur Leitung und dem gesamten Klinikpersonal und stand jederzeit als ein kompetenter »väterlicher« Berater zur Verfügung. Als Nachfolger wurde Herr Dr. sc. med. Helmut Heinroth Ende April 1985 von der Bezirksärztin, Frau Dr. med. Knappe, in das Amt berufen. Er hatte zuvor als Ärztlicher Leiter das Bezirkskrankenhaus Rodewisch geleitet.

In diese Zeit fiel das 75-jährige Jubiläum der Klinik im Jahre 1987, das – gut vorbereitet – mit einer Festwoche gebührend gefeiert wurde. In guter Erinnerung ist noch heute das Festkonzert des Collegium musicum der Medizinischen Akademie Erfurt, die Fachtagung der Thüringer Gesellschaft für Psychiatrie, Neurologie und Kinder- und Jugendpsychiatrie mit prominenten Referenten und der damalige Gesellschaftsabend, auf dem das neu formierte Kabarett der Klinikärzte (»Die Klapsmüller«) brillierte. In fachlich-medizinischer Hinsicht gab es einige von

Falk Walther ABB. 64

ärztlichen Mitarbeitern initiierte Aktivitäten, so die Einführung der Psychotherapie bei schizophrenen Erkrankungen *(OA Dr. N. Fröhlich, Dipl.-Psych. K. Uthe)* und die neuropathologische, klinisch-gerontopsychiatrische und psychologische Forschungsarbeit im Projekt »Morbus Alzheimer« des Paul-Flechsig-Institutes der Universitätsklinik Leipzig *(CA Dr. habil. A. Tennstedt, OA Dr. F. Walther, Dipl.-Psych. J. Hess).*

1986 – dies ist aktenkundig – wurde die letzte Pneumenzephalographie als vorher jahrzehntelang in Psychiatrie und Neurologie angewendete invasive Röntgenkontrastmitteluntersuchung durchgeführt. Diese Methode wurde durch die weitaus aussagefähigere und nicht belastende Computertomographie abgelöst. Allerdings mussten die Patienten zu dieser Diagnostik in universitäre Einrichtungen gefahren werden, zuletzt in die Medizinische Akademie Erfurt. Die Amtszeit von Direktor Dr. Heinroth endete mit seiner Flucht in die Bundesrepublik unmittelbar vor dem Mauerfall.

2.0 Die Wende

FALK WALTHER
BRIGITTE FRÖHLICH
MARLENE MÖLLER

Am 29. September 1989 wurde in der Mittagskonferenz der Ärzte und Psychologen der Beschluss gefasst, im Ärztekasino der Klinik eine offene Diskussion zu den brennenden Themen der politischen Geschehnisse in der DDR durchzuführen und damit ein Signal zu setzen. Oppositionelle Aktivitäten hatte es vorher schon im Rah-

»Das Volk« vom 17. Oktober 1989   ABB. 65

men der IPPNW-Gruppe (Ärzte gegen den Atomkrieg) gegeben. Es war zu diesem Zeitpunkt mutig, an die Spitzenfunktionäre des Kreises Mühlhausen folgende Einladung zu schicken:

»Die aktuelle politische Situation erfüllt uns mit Betroffenheit, Besorgnis und Angst. Die hier Unterzeichneten gerieten darüber in eine spontane Diskussion und werden diese auch weiterführen. Hierzu laden wir die verantwortlichen Vertreter der Parteien und Massenorganisationen ein.«

Am 2. Oktober 1989 waren zu dem von einigen Ärzten und Psychologen gut vorbereiteten Diskussionsabend 56 Interessenten aus dem BFK und den Gesundheitseinrichtungen der Stadt erschienen. Diese als konterrevolutionär eingeordneten Aktivitäten hatten Folgen; diesen ersten offiziellen oppositionellen Aktivitäten in Mühlhausen folgten noch schwerwiegende Drohungen und Repressalien. *»Doch ehe sich die Gedanken und die Ziele dieser Gruppe auf die Stadt ausweiten konnten, erhielt man Versammlungsverbot. Der Stein war jedoch ins Rollen gekommen, ein Zurück gab es nicht mehr.«* (I. Weigel, Die Martinkirche als Zentrum der Friedensgebete. S. 49 In: »Mühlhausen 1989/1990 – Die Wende in einer thüringischen Kreisstadt«, Hrsg.: L Aldenhövel et al. Münster. 1993).

Am 20. Oktober 1989 fanden in der überfüllten Martini-Kirche die ersten Friedensgebete statt, die im ökumenischen Sinne kontinuierlich wechselseitig dort und in der St.-Josef-Kirche fortgeführt wurden. Sicher mutig und sehr bezeichnend der Liedtext »Herr, lass Deine Wahrheit«, der regelmäßiger Bestandteil der Friedensgebete war (A. Schwarz, S. 78 ebenda):

*Herr, lass Deine Wahrheit
uns vor Augen stehen,
lass in Deiner Klarheit
Lug und Trug vergehen.*

Die weitere Entwicklung mündete dann in den allgemein bekannten Zusammenbruch der DDR.

Literatur

Aldenhövel, Josef Lütke; Mestrup, Heinz; Remy, Dietmar (Hrsg.): Mühlhausen 1989/1990. Die Wende in einer thüringischen Kreisstadt, 2. Aufl., Münster, 1993

Hoffmeister, Hans; Hempel, M. (Hrsg.): Die Wende in Thüringen: e. Rückblick; Sonderdruck der Serie in der Thüringer Landeszeitung, Arnstadt, 2000

Remy, Dietmar: Die Formierung der Opposition in Mühlhausen/Thür. im Herbst 1989 (Der Landesbeauftragte des Freistaates Thüringen für die Unterlagen des Staatssicherheitsdienstes der ehemaligen DDR, Reihe C: Monographien), Erfurt, 1995

Rödel, Ruthild: Mühlhausen 1989 – 15 Jahre danach: »Damit nicht vergessen wird«, 14teilige Artikelserie aus Thüringer Allgemeine, Lokalteil Mühlhausen vom 30. Mai bis 7. Juli 1992, Mühlhausen, 2004

V. Vom Thüringischen Landesfachkrankenhaus zum Ökumenischen Hainich Klinikum

1.0 Die Zeit nach der »Wende« und die Entwicklung bis 1994

FALK WALTHER
BRIGITTE FRÖHLICH

Mit der deutschen Wiedervereinigung am 3.Okober 1990 übernahm das Land Thüringen die Trägerschaft für die Klinik. Nach der Flucht von Dr. Helmut Heinroth wurde der Chefarzt der 2. psychiatrischen Abteilung, Dr. Klaus Seelisch, als kommissarischer Ärztlicher Direktor eingesetzt. Nach seinem Amtsverzicht wurde der in der Klinik psychiatrisch tätige Oberarzt Dr. Norbert Fröhlich im Juni 1990 zum Ärztlichen Direktor gewählt. Dr. Fröhlich konnten die für die Direktorenstelle notwendigen fachlichen, persönlichen und kollegialen Voraussetzungen bescheinigt werden, was sich in seiner leider viel zu kurzen Amtszeit klinikintern und bei seinen externen Aktivitäten stets niederschlug. An seine Seite wurde Chefarzt Dr. Falk Walther als Stellvertreter gestellt, der nach dem Tod von Dr. Fröhlich im Juli 1993 vom Krankenhausträger zum Ärztlichen Direktor bestellt wurde.

Diese Zeit war geprägt von einer enormen Aufbruchsstimmung. Den Erfordernissen einer kompletten Neuorientierung in versorgungspolitischer, organisatorischer, finanztechnischer, rechtlicher und sozialer Hinsicht stellte sich die Klinikleitung sofort. Es wurde in vielen Bereichen Neuland

Norbert Fröhlich (1940–1993)   ABB. 67

beschritten, was Leitung und Mitarbeiter herausforderte. Besonders steinig war der Weg im Hinblick auf die Krankenhausfinanzierung, wobei bei den Budgetverhandlungen mit den Krankenkassen auch handwerkliche Fehler auftraten, weil das nötige »Know-how« naturgemäß fehlte.

Die erlangte deutsche Einheit war für uns gleichwohl ein Glücksfall. Für die Behandlung und Versorgung psychisch Kranker eröffneten sich neue Wege. Die Leitlinien der Psychiatrie-Enquete (BT-Drucksache 7/4200) waren auch nach wissenschaftlicher

Luftaufnahme NPZ   ABB. 66 · LINKS

Aktualisierung (Empfehlungen der Expertenkommission 1988) und der politischen Bewertung (BT-Drucksache 11/8494) in den neuen Bundesländern umzusetzen. Daneben waren die Vorgaben der »Aktion psychisch Kranke« der Bundesrepublik wesentliche strategische Grundlage.

Die vom Bundestag eingesetzte Expertenkommission »Zur Lage der Psychiatrie in den neuen Bundesländern«, in welcher sich Direktor Dr. Fröhlich aktiv und maßgeblich einbrachte, zeigte die Zielrichtung in der psychiatrischen Versorgung nach folgenden Prinzipien:

- bedarfsgerechte und umfassende Versorgung aller psychisch Kranken und Behinderten
- Gleichstellung psychisch und körperlich Kranker
- gemeindenahe Versorgung und Schaffung komplementärer Strukturen
- bedarfsgerechte Koordination aller Versorgungssysteme.

Vorher galt es Bilanz zu ziehen. Trotz der Erfolge der DDR-Psychiatrie mussten im Vergleich zu den westlichen Verhältnissen deutliche Defizite konstatiert werden. Das betraf die stationäre psychiatrische Behandlung überwiegend in den großen bezirksgeleiteten Fachkrankenhäusern (im vormaligen Bezirk Erfurt gab es gemeindenahe psychiatrische Abteilungen nur am Sophienkrankenhaus Weimar und im Katholischen Krankenhaus Erfurt). Dabei gab es in den Bezirksfachkrankenhäusern – so auch hier – immer noch eine viel zu hohe Belegung mit chronisch psychisch Kranken und geistig Behinderten und eine unzureichende Trennung von Akut- und Langzeitbereich. Der Entwicklungsstand der apparativen Diagnostik lief dem der Bundesrepublik deutlich hinterher. Moderne Psychopharmaka standen nur begrenzt zur Verfügung. Problematisch waren auch der bauliche Zustand der Häuser und die Krankenhaustechnik mit Bettensälen, Gruppentoiletten etc.

Die Bestandsaufnahme erfolgte auch durch Konsultation von Vertretern von Fachgremien, von ärztlichen Kollegen psychiatrischer und neurologischer Kliniken aus Hessen und Niedersachsen und durch einen Arbeitsbesuch der damaligen Bundesgesundheitsministerin, Frau Gerda Hasselfeld. Große fachliche und moralische Unterstützung erfuhren wir insbesondere durch Herrn Prof. H. Kunze (PKH Merxhausen, 1991 Abschluss eines Partnerschaftsvertrags), Herrn Dr. M. Hagen (PKH am Hohen Meißner) und Herrn Prof. M. Bauer (SPZ Offenbach), nicht zuletzt aber auch durch die Kollegen des PK Franziskushof in Raalte/Niederlande. Durch den Hauptinitiator, Herrn Herman Albers, wurden mehrfache Hospitationen unserer Mitarbeiter aus dem ärztlichen, psychologischen, pflegerischen Bereich und des Sozialdienstes in Holland möglich. Sie waren insbesondere auf sozial-

Besuch der Bundesgesundheitsministerin Gerda Hasselfeld 1991   ABB. 68

psychiatrischem Gebiet von hohem Nutzen. Bereits 1990 wurde der Verein »Lebensbrücke – Partner für psychisch Kranke« in Mühlhausen gegründet unter maßgeblicher Mitwirkung von Frau Dr. B. Fröhlich, Herrn Dr. N. Fröhlich, Frau Dr. M. Möller, Frau Dipl.-Psych. K. Uthe und der Sozialarbeiterin Frau B. Ackermann. 1991 wurde im Rahmen eines Modellprojektes der Bundesregierung der »Gemeindepsychiatrische Modellverbund Mühlhausen« ins Leben gerufen. Die komplementären psychiatrischen Einrichtungen wurden erweitert.

Die Krankenhausüberbelegung (zu diesem Zeitpunkt 1000 Krankenhausbetten) wurde sukzessive aufgelockert. Für die ca. 500 psychisch Kranken und geistig behinderten Langzeitpatienten wurden Strategien für die Enthospitalisierung entwickelt. Diese Klienten befanden sich verstreut auf

Haus 14 (1990) ABB. 69

fast allen Stationen, außer den Aufnahmehäusern für Akutkranke (Häuser 1, 4, 18, 22) und der Psychotherapie- und Suchtabteilung. Circa 400 Kranke wurden relativ zügig entlassen. Der von den Kostenträgern aufgebaute Zeitdruck führte leider nicht immer dazu, dass nach dem Prinzip »Enthospitalisierung statt Umhospitalisierung« gehandelt wurde.

Um langjährig in der Klinik hospitalisierte Patienten auf eine möglichst reibungslose Enthospitalisierung vorzubereiten, wurde 1992 unter der Leitung von Frau Oberärztin Dr. B. Fröhlich eine spezielle sozialtherapeutische Trainingsstation im Haus 8 errichtet.

Auf Landesebene haben sich relativ schnell Fachgremien gegründet, die sich als Kooperationspartner und Beratungsinstanz für das Ministerium für Gesundheit und Soziales Thüringen und die Landesärztekammer Thüringen verstanden, in denen sich Dr. N. Fröhlich und Dr. F. Walther aktiv einbringen konnten. Auch bundesweit war eine aktive Mitarbeit gefragt, so war

Dr. N. Fröhlich stellvertretender Vorsitzender der Bundesdirektorenkonferenz und im Vorstand der »Aktion psychisch Kranke« tätig.

In dieser Phase wurde eine Fülle von externen und internen Fortbildungsveranstaltungen organisiert, die von Ärzten, Psychologen, Sozialarbeitern und dem Pflegepersonal voller Elan wahrgenommen wurden. So konnten innovative Verfahren Einzug in die Klinik nehmen und die Teamarbeit optimiert werden. Die psychiatrisch tätigen Fachärzte zögerten nicht, über einen langen und aufwendigen Weiterbildungsmodus die Zusatzanerkennung im Fachgebiet Psychotherapie zu erlangen.

Für die Neurologie galt es, die zu diesem Zeitpunkt etablierten modernen fachspezifischen Diagnoseverfahren in der täglichen Praxis anzuwenden. Dies betraf die modernen bildgebenden Systeme wie die Computertomographie (zunächst von der radiologischen Gemeinschaftspraxis im Kreiskrankenhaus Mühlhausen vorgehalten) und die Magnetresonanztomographie, die im Städtischen Klinikum Kassel durchgeführt wurde. Für die Neurophysiologie konnten innovative Geräte für die Elektroenzephalographie, Elektromyographie und die Untersuchung der evozierten Potentiale angeschafft werden, die ebenso einen Qualitätssprung bedeuteten wie die Einführung neuer immunologischer Verfahren in der Liquordiagnostik. Die nach wie vor zu beklagenden baulich-strukturellen Unzulänglichkeiten nicht nur in der neurologischen Klinik verlangten nach einer tragfähigen und langfristigen Lösung, was ab 1992 zur Planung eines diagnostisch-therapeutischen Zentrums führte. Hieraus wurde die nahezu »unendliche Geschichte« des Neurologisch-Psychiatrischen Zentrums, die im folgenden Abschnitt genauer beschrieben werden soll. Im Zeitraum bis einschließlich 1995 wurde 1994 als erstes das Haus 14 grundhaft saniert und umstrukturiert, dicht gefolgt von den Häusern 5, 2 und 4 im Jahr 1995. In der Abteilung für geistig Behinderte entstand unter der Federführung von Oberärztin Frau Dipl.-Med. U. Vockrodt im Haus 23 eine Kriseninterventionsstation.

In der Zeit des amtierenden Ärztlichen Direktors Dr. F. Walther, der immer seine Primärambitionen in der klinisch-neurologischen Tätigkeit sah, reifte in Abstimmung mit den Chefarztkollegen der Entschluss, die Stelle des Ärztlichen Direktor neu zu besetzen. Die Wahl fiel auf Dr. L. Adler, geschäftsführender Oberarzt der Psychiatrischen Klinik der Universitätsklinik Göttingen. Ausschlaggebend hierfür war neben seiner hohen fachlichen psychiatrisch-psychotherapeutischen Kompetenz seine ganzheitliche Einstellung für die Zusammengehörigkeit der Bereiche Psychiatrie und Neurologie in einem Fachkrankenhaus, die sich in der überregionalen Versorgung bewährt hatte und als modellhaft anzusehen war.

Dr. Adler trat im Januar 1995 die Stelle des Ärztlichen Direktors an, zu seinem Stellvertreter wurde Chefarzt Dr. Walther ernannt.

2.0 Management einer nervenärztlichen Fachklinik in den »Neuen Bundesländern« durch einen Arzt

LOTHAR ADLER
Auszug aus der Facharbeit zum Erwerb »Health care Manager«. Business School der Universität Salzburg

Lothar Adler   ABB. 70

Das Landesfachkrankhaus für Neurologie, Psychiatrie und Psychotherapie in Mühlhausen (= LFK MHL) suchte 1993 nach dem tragischen und plötzlichen Tod des Ärztlichen Direktors Dr. Fröhlich langfristig einen Nachfolger. Dr. F. Walther, der das Amt im Interim innehatte, wollte als neurologischer Chefarzt das Haus nicht dauerhaft führen. Am 1. Januar 1995 trat ich diese Stelle an, nachdem ich zuvor fast 25 Jahre an der Universitätsklinik für Psychiatrie und Psychotherapie, Göttingen, zuletzt in geschäftsführender Funktion als Oberarzt tätig war.

2.1 ENTWICKLUNG VON FÜHRUNGSKOMPETENZ

Die Leitungstätigkeiten eines geschäftsführenden Oberarztes einer Universitätsklinik und eines Ärztlichen Direktors an einem Fachkrankenhaus sind höchst unterschiedlich. So z. B. hat der geschäftsführende Oberarzt der Universitätsklinik – wie auch der Direktor selbst – keinerlei direkten Einfluss auf Pflegesatzverhandlungen, Stellenbesetzungen, Budgets und Entwicklungsstrategien. Selbst bei Neu- und Umbaumaßnahmen bestand nur ein untergeordnetes Nutzerrecht; die eigentliche Nutzervertretung wurde von einer Bauabteilung des Uni-Klinikums wahrgenommen. Die neue Tätigkeit verlangte also den Erwerb völlig neuer Managementkompetenzen.

Managementsysteme setzen auf einer Stufe an, die klare innerbetriebliche Verantwortlichkeiten voraussetzen. Für die Tätigkeit eines Ärztlichen Direktors gab es in der Klinikleitung zwar eine traditionelle Vorstellung eines primus inter pares, aber keinerlei schriftlich fixierte Kompetenz. Das Krankenhaus war ein Regiebetrieb in Verantwortung des Freistaates Thüringen mit Ansprechpartnern im Sozialministerium und Landesverwaltungsamt. Ein wie auch immer gearteter administrativer Stab oder definierte Leitungsverantwortung bestanden auch dort nicht; gleichzeitig bestand seitens des Freistaates wenig Bereitschaft, faktisch wenig wahrgenommene Verantwortung offiziell nach »unten« zu delegieren. Zudem variierten die Entwicklungsziele des Freistaates für das Krankenhaus: Partielle Auflösung bis zur Abteilungsgröße (1995–1996), Anstalt öffentlichen Rechtes (1997–1998), zentrale Maßregelvollzugsklinik für Thüringen mit 300 MRV-Betten (1997–1998) und schließlich Privatisierung mit kommerziellem Verkauf (1999–2001), der dann 2002 realisiert wurde.

Im fast regelungsfreien Raum bis zur Gründung des ÖHK mussten Grenzen und Möglichkeiten ausgelotet werden. Dies galt für den Ärztlichen Direktor sowohl gegenüber dem Träger als auch innerhalb des Leitungsteams der Klinik. Prozesshaft ergab sich im Weiteren, dass immer mehr Verantwortung faktisch an die Führungsebene delegiert wurde – oft aus Anlass unangenehmer Aufgaben, die sich aus Problemen der Postwendezeit ergaben – und sich innerhalb der Klinikleitung – Ärztlicher Direktor, Verwaltungsdirektor (Dipl.-Ing. oec. Mähler), Pflegedienstleitung (Frau Schulz) – die faktische Gesamtführung sehr auf den Ärztlichen Direktor konzentrierte, was bis zur Ernennung als (Mit-)Geschäftsführer 2002 der neuen Gesellschaft aber nie eine formale Grundlage hatte.

Für einen aus den alten Bundesländern Stammenden waren die hohe Solidarität mit dem Ärztlichen Direktor, die geringen inneren Widerstände und ungewöhnlich geringe Neigung zu Auseinandersetzung einerseits, aber auch Vermeidungsstrategien von Konflikten andererseits auffällig anders.

2.2 Operatives vor strategisches Management

Bei diesem Stand war ein gezieltes, auf Fakten und Kompetenz beruhendes strategisches Management anfangs zunächst unmöglich: Erst tun, dann planen. Letztlich bewegten sich die Spielräume aus äußeren Gründen auf der Ebene des operativen Managements und dies zunächst einmal im Takt der Pflegesatzverhandlungen (Budget), gesetzgeberischen Initiativen *(Übersicht 1)* und der Landtagswahlen (Trägerschaft). Was strategisch wann, in welchem Umfang und wie oder überhaupt möglich sein würde, war immer eine unsichere Sache. Daneben gab es noch in anderen Bereichen gesetzliche Veränderungen, wie Arzneimittelbudget-Ablösungsgesetz, Arzneimittelbegrenzungsgesetz und anderes mehr. Immerhin galt die Personalverordnung Psychiatrie (PsychPV) durchgehend während des Berichtsraumes als Sondertatbestand in der Deckelung – außer beim StabG 1996.

Übersicht 1
Gesetze zur Beitragsstabilisierung 1992–2003

	1992	Gesundheitsstrukturgesetz
	1994	Pflegeversicherungsgesetz
	1995	Bundespflegesatzverordnung
	1996	Beitragsentlastungsgesetz
	1997	Stabilisierungsgesetz (StabG.) 2. GKV-Neuordnungsgesetz
	1998	Vorschaltgesetz
	1999–2000	Gesundheitsreform
	2001	Fallpauschalengesetz
	2002	Vorschaltgesetz
	2003	Gesundheitsmodernisierungsgesetz

2.3 Beginn der strategischen Planung

2.3.1 Ist-Analyse der Belegung

Nach der Entwicklung erster Führungskompetenz und -freiräume durch erstes erfolgreiches operatives Management bestand die eigentliche Aufgabe zunächst in einer Ist-Analyse.

Ein kleines Beispiel:

Das Krankenhaus sollte 480 Akut- und insgesamt 711 Betten haben, sollte vollbelegt sein – nur wunderte ich mich über die wenigen Patienten im Gelände. Der Klärungsprozess war merkwürdig schwierig und endete schließlich damit, dass ich die Pflegedienstleitung bat, alle tatsächlich aufgestellten Betten des Akutbereichs Psychiatrie des Krankenhauses persönlich und konkret physisch zu zählen: 220 real, formal 400. Alle Abteilungen der im Pavillonstil errichteten Klinik hatten nach eigenen Entscheidungen Betten aufgestellt, die ihrer Vorstellung nach angemessener Belegung entsprachen. Villen, die zuvor mit 70 und mehr Patienten belegt waren, waren nun mit 18 Betten ausgestattet, was zum Teil einer Flächenzuordnung von mehr als 80 m²/Bett entsprach. Die Zahl »18« orientiert sich an Vorgaben der PsychPV, die diese als Idealgröße psychiatrischer Abteilungen vorgibt. Die subjektiv richtige Angabe »volle Belegung« bezog sich auf jeweils diese

18 Patienten, aber nicht auf eine vereinbarte Belegungskapazität.

Bei diesen hier exemplarisch dargestellten Wirrungen und Irrungen ließ sich nur Klarheit herstellen, indem, wie in der Wissenschaft üblich, quasi auf der Ebene der Einzelnachweise alle aggregierten Fakten überprüft und neu geordnet wurden. Wissenschaftliche Erfahrung mit größeren Datenmengen, Plausibilitätskontrollen und ähnliches waren wichtige Vorkenntnisse und Controlling notwendig. Letztlich waren alle nötigen Fakten da, nur waren sie eher selten sinnvoll zusammengestellt und verdichtet worden. Statistiken hatten in der DDR weniger zur Erfassung der Wirklichkeit, sondern zur Bestätigung der idealen Vorstellungen gedient – das hing deutlich nach.

Für die Belegung bzw. Inanspruchnahme hieß dies, *die Behandlungsmöglichkeiten* wiederherzustellen, die dem Versorgungsauftrag der Klinik und den mit den Krankenkassen vereinbarten Leistungen entsprachen.

Diese banale Maßnahme führte zu einer sofortigen Verbesserung der Inanspruchnahme und machte ein weiteres Problem überdeutlich.

Luftaufnahme um 2000 ABB. 71

2.3.2 Ist-Analyse der Wirtschaftlichkeit

Wenige Monate nach meiner Dienstaufnahme wurde erstmals eine Pflegesatzverhandlung durchgeführt. Diese Verhandlung fand im Beisein der Vertreter des Ministeriums, des Landesverwaltungsamtes, der Klinikleitung und den Vertretern der Krankenkassen statt. Die klinikseitig Verhandelnden waren in einer extrem ungünstigen Situation, weil die Kassen dies tagtäglich machten und damit eine drückend überlegene Kompetenz hatten. Wichtigstes Thema war, dass die Klinik im Vorjahr die vereinbarten Berechnungstage (=Bt) um ca. 10 % unterschritt. Es war auch dem bei dieser Verhandlung völligen Neuling klar, dass dies fatale Auswirkungen haben würde; die Kostenträger wollten naturgemäß auf der Basis der Tendenz dieser Ist-Daten Bt.-Mengen »vereinbaren«, was einem Diktat entsprach, bei dem nicht einmal die Schiedsstelle angerufen werden konnte. Auf der Basis der besseren Ist-Daten des beginnenden Jahres 1995 gelang es dann, Schlimmstes zu verhindern (»nur« minus 1000/Bt. gegen Ist 2004 für 2005). Hilfreich war dabei die Unterstützung von Dr. Grundig, Medizinischer Dienst der Krankenkassen, mit dem zuvor das Gespräch gesucht worden war.

Natürlich erwies sich das auf dieser Basis ermittelte Budget als nicht kostendeckend und verursachte im Jahre 1995 ein tatsächliches Defizit von ca. 2 Millionen DM *(Grafik 1)*, weil die Inanspruchnahme der Klinik weit stärker stieg, als die Kassen zugestanden hatten *(Tabelle 1)*. 1996 folgte dann das Stabilisierungsgesetz (StabG), das das Budget des Vorjahres festschrieb und ein zunächst vereinbartes Budget im KHG-Bereich

Tabelle 1
Vereinbarte und tatsächlich erreichte Berechnungstage im KHG-Bereich 1993–1998

Berechnungs-tage	1993	1994	1995	1996	1997	1998
Vereinbart	106.272	107.688	97.328	97.748	115.768	118.188
Erreicht	103.571	98.551	109.512	116.309	116.515	120.263
Abweichung	− 2.701	− 9.137	+ 12.184	+ 18.561	+ 747	+ 2.075

Grafik 1
Gewinn- und Verlustrechnung 1993–2001, *bereinigt um Ausgleich in 1.000 DM (=TDM)*

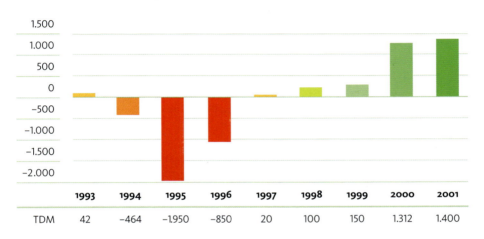

	1993	1994	1995	1996	1997	1998	1999	2000	2001
TDM	42	-464	-1.950	-850	20	100	150	1.312	1.400

um 14 % (ca. 4,5 Millionen DM mit einem zu erwartenden Defizit von fast 6 Millionen DM) minderte, ohne dass die vereinbarten Fallzahlen dadurch gemindert worden wären: Die ungünstige Entwicklung vor allem von 1994 wirkte so nach und belastete das Ergebnis über Jahre.

Darüber hinaus stellte sich mit Hilfe des einfachen Benchmarking durch Kontaktieren benachbarter vergleichbarer Fachkrankenhäuser und Abteilungen des Freistaates heraus, dass irgendetwas in den Pflegesatzverhandlungen früher schief gelaufen sein musste. Die Klinik hatte einen Basispflegesatz (»Hotelsatz«), der bei knapp 60 % der vergleichbaren Einrichtungen und nur bei 35 % von Abteilungen lag.

In einem wiederum mühseligen Klärungsprozess stellte sich schließlich Folgendes heraus: Bei der ersten Pflegesatzverhandlung 1992 hatte die Klinik noch eine Bezirkswäscherei und Bezirkshygiene (Bezirk Erfurt der DDR) betrieben, deren Einkünfte dem Krankenhaus von seinem Budget abgezogen wurden. Die Kostenträger setzten die Auffassung durch, dass die dem entgegenstehenden Aufwendungen nicht zu berücksichtigen wären, weil diese Aufgaben nicht zum Versorgungsauftrag des Krankenhauses gehören. Auf diese Weise hatte sich in das Basis-Budget 1992 ein Defizit von ca. 2,8 Millionen DM ergeben, das durch die Deckelung bis heute mitgezogen wird und zu den bundesweit (fast) niedrigsten Basispflegesätzen (Jahresvergleiche der Bundesarbeitsgemeinschaft der Träger psychiatrischer Fachkrankenhäuser) führte und führt.

Perspektivisch geriet dieser Nachteil dem Krankenhaus letztlich zu einem gewissen Vorteil: Preisgünstiger konnten psychiatrische stationäre Behandlungen bundesweit kaum eingekauft werden. Verhandlungen über nicht schiedsstellenfähige Bt.-Mengen waren hier nie sonderlich problematisch, ebenso wie die im Wesentlichen auf die PsychPV bezogene 100 %ige Personalausstattung und deren Kosten unstrittig blieben.

2.4 »Überlebens«-Management der Finanzierungskrise

1995 steuerte das Krankenhaus durch die fatale Pflegesatzverhandlung 1992 mit unzureichendem Basispflegesatz und bis 1994 rückläufiger, ab 1995 aber wieder steil angestiegener Belegung im KHG-Bereich auf ein massives Defizit zu, dem durch die unzureichende Führung als Regimebetrieb kaum entgegengewirkt werden konnte. Perspektivisch ließen intensive Verhandlungen mit den Kostenträgern erwarten, dass nach Ablauf des StabG Korrekturen im Budget vorgenommen werden können, was tatsächlich auch gelang. Die Kostenträger waren sogar bereit, den Versorgungsvertrag ganz neu abzuschließen und so einen Neuanfang zu machen; was aber politisch nicht gewollt war: So musste durchgehalten werden. Glücklicherweise war die Liquidität des Krankenhauses hinreichend, um die Krise finanziell zu überstehen.

2.5 Schwächen-Stärken Analyse 1995

Grundsätzlich war die Position der Klinik – einmal abgesehen von der finanziellen Krise und unsicherer politisch gewollter Perspektive – als quasi Monopolist für die Versorgung von ca. 1 Millionen Menschen damals sehr günstig. Die Abteilungen an Allgemeinkrankenhäusern waren noch nicht in Betrieb, in zu kleinen Gebäuden untergebracht und konnten ihre Planbetten nicht aufstellen, weil z. T. zunächst die somatischen Abteilungen vorrangig saniert wurden. Weiterhin war die Inanspruchnahme der Psychiatrie und Psychotherapie in Thüringen noch geringer als in den anderen östlichen Bundesländern und die Planbettenzahl die geringste bundesweit: Ein großer Markt also, wenn man so will, aus dem bis dato wenig gemacht wurde. Auch Lebenszyklusanalysen waren günstig; der Anstieg älterer, behandlungsbedürftiger Patienten war neben den allgemeinen demografischen Trends im Osten der BRD noch günstiger als sonst. Andererseits waren die langfristigen Perspektiven deutlich ungünstiger.

Von den anderen, weit entfernten Fachkrankenhäusern war keine Konkurrenz zu erwarten. Die angrenzenden Abteilungen aber würden schließlich nach und nach erweitert und hochmodern saniert werden, während bei uns 1995 erst ein einziges Haus saniert worden war und extremer Investitionsbedarf ohne zeitlich zugesicherte Förderung bestand.

Abteilungen haben zudem den Vorteil kurzer Wege, weil sie für kleine Versorgungsregionen ausgelegt sind. Suchtpatienten sind über die Somatik der Allgemeinkrankenhäuser praktisch schon im Hause, ähnlich Patienten mit somatoformen Störungen. Und schließlich: Das Stigma der Fachkliniken ist deutlich höher, als das von Uni-Kliniken und Abteilungen.

Was die medizinische Berechtigung der für viele Patienten relativ fern gelegenen zentralen Fachklinik – die Psychiatrie-Enquete hatte ihre Verkleinerung verlangt –

Verwaltungsgebäude 1995 ABB. 72

anging, hatte ich alsbald keinen Zweifel mehr. Die mir bestens bekannten Unikliniken der BRD haben mit 100 Betten im Durchschnitt eine den Abteilungen vergleichbare Größe und auch deren enge Anbindung an die Somatik. Beiden gegenüber bietet die Bildung differenzierter Behandlungsgruppen großer Fachkrankenhäuser einen enormen Vorteil, weil eine hohe Spezialisierung von Ärzten, Behandlungsteams und anderen Mitarbeitergruppen möglich ist. Dies kennt die Somatik seit langem und hat im DRG-System zu Konsequenzen geführt (z. B. Mindestzahlforderung).

Weiterhin sind Spezialstationen auch für die Patienten sehr viel weniger stressend, weil sie nicht mit anderen, belastenden Verhaltensweisen von Mitpatienten in ihrer eigenen Krise konfrontiert werden.

Mit der großen Arztzahl der FK (hier 52 Kolleg(inn)en aktuell) war auch bei der späteren europaweiten Arbeitszeitgesetzgebung ein weiterer Vorteil gesichert, nämlich, dass alle Bereitschafts- und Rufbereitschaftsdienste fachlich besetzt sind, was kleinen Abteilungen (optimal besetzt ca. 8–10 Ärzte) kaum mehr gelingt. Die bessere Freizeit- und Ausbildungsqualität im großen Fachkrankenhaus hat die Neuanstellung von Ärzten anfänglich sehr erleichtert. Die Schönheit der denkmalgeschützten schlossartigen Anlage, das enorme Engagement der Mitarbeiter für ihre Patienten, eine intern ungewöhnliche Solidarität und nicht zuletzt ein geradezu euphorischer Aufbruchsgeist machte die Aufgabe lohnenswert, die Klinik zu einem auch modernen westlichen Maßstäben gerecht werdenden Fachkrankenhaus für Neurologie, Psychiatrie und Psychotherapie mit allen Fachdisziplinen (außer den neurochirurgisch-schneidenden Disziplinen) zu entwickeln.

Röntgengerät um 1995 ABB. 73

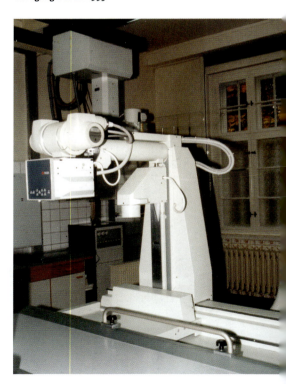

2.6 Strukturelle Probleme

Das Krankenhaus als öffentlich-rechtlicher Regiebetrieb hatte bis 1997 nach dem 2. Thür.-KH-Plan 480 KHG-Betten, davon 400 im Krankenhausbereich Psychiatrie und Psychotherapie (=PP), 30 Planbetten im Bereich der Kinder- und Jugendpsychiatrie und -psychotherapie (=KJPP), 50 Planbetten im Bereich der Neurologie, ca. 250 Planbetten im Heimbereich und 26 Betten im Bereich der Suchtrehabilitation und 25 in der Forensik. Diese Struktur war teils unrealistisch zu hoch, teils faktisch zu niedrig, teils unwirtschaftlich und teils medizinisch nicht vertretbar.

Die nur auf dem Papier stehenden 400 Planbetten im KHG-Bereich Psychiatrie/Psychotherapie wurden mit dem 3. Thür. KHG-Plan abgebaut und erreichten mit 255 voll- und 15 teilstationären Planbetten (2000) schließlich eine Größe, die der zunehmenden Inanspruchnahme der PP-Klinik nicht mehr entsprach. Die KJPP-Akutbehandlung war völlig unterentwickelt und nicht vollversorgend, sondern traditionell auf die Behandlung von geistig behinderten Jugendlichen begrenzt. Die Alkoholentwöhnungsbehandlung (ca. 7.000 Berechnungstage/Jahr) war völlig unwirtschaftlich und wurde nach 1996 eingestellt, nachdem klar wurde, dass Kostendeckung bei der BfA nicht zu erreichen war. Die Größe des Heimbereichs war medizinisch teils nicht zu vertreten. Nach medizinisch richtiger und politisch auch gewollter Enthospitalisierung leicht kranker Bewohner konnte der Heimbereich dann aber lange nicht mehr kostendeckend mit den alten, nur für im Durchschnitt leichteren Fällen auskömmlichen Sätzen geführt werden. Änderungen gelangen erst mit Hilfe des Staatssekretärs (später BMG) Herrn Schröder 1999.

Die Integration einer vollversorgenden Neurologie in der Klinik war einerseits ein Vorteil. Die Qualität der diagnostischen Möglichkeiten war aber weit unter dem Stand West. Es bestand ein extremer Investitionsbedarf, aber nur unrealistische Pläne für ein Neurologisch-Psychiatrisches Zentrum. Das Problem konnte zunächst durch die Kooperation mit einer externen Radiologischen Gemeinschaftspraxis und später durch Nutzung von Altgeräten hier im Gelände provisorisch gelöst werden. Fast alle diagnostischen Einrichtungen waren dezentral in dem großen Gelände untergebracht und mussten zusammengeführt werden. Erst 2004 konnten mit der Einzelfördermaßnahme Neurologisch-Psychiatrisches Zentrum *(NPZ, siehe unten)* im Umfang von ca. 25 Millionen Euro neueste Geräte beschafft und an einem Ort platziert werden. Die Bausubstanz der Klinik war veraltet; vor 1995 war eine einzige von 26 Villen renoviert worden.

Bestes Beispiel für eine Fehlentwicklung war das Labor: Fast alle Leistungen wurden hausintern erbracht. Mithilfe eines Labor-Gutachtens stellte sich heraus, dass das Krankenhaus doppelt so viel Untersuchungen pro Fall durchführte und Laborkosten hatte wie ein Allgemeinkrankenhaus. Nach präziser Mengenanalyse und -kontrolle konnte fast eine Halbierung der Leistungen bewirkt werden. Leitidee der Ärzte war, dass Leistungen bei höherer Anzahl billiger sind, allerdings war nicht bedacht worden, dass das zwar für die »Stückkosten«, nicht aber die Gesamtkosten gilt. Schließlich wurde das Labor ganz aufgelöst (2003), was zu einem Viertel der Anfangskosten führte.

Die lange Tradition hatte ein stabiles Team etabliert; Nachteil war, dass an verschiedenen Stellen kostenträchtige Restzustände alter »Kompromisse« bestanden. Der Klinikkindergarten wurde z. B. mit fünf Krankenschwesterstellen betrieben, Ergotherapeuten waren eher für den Beruf nicht geeignete Krankenschwestern etc.

Es musste die finanzielle Misere im gesetzlich bestimmten »Deckel« überwunden, die Belegung anhaltend stabilisiert, mehr Planbetten eingefordert, erhebliche Mittel für Investitionen mobilisiert und die fachliche Qualität und die Angebotspalette des Krankenhauses an westliche Standards angeglichen werden.

2.7 Personalentwicklung

Die Leistungsveränderungen und -anstiege mussten zunächst mit reduzierter Personalmenge durchgeführt werden (1992: 690 Mitarbeiter, 2005: 623 Mitarbeiter = – 10,7 %.), wurden dann aber wieder bei gesicherter Wirtschaftlichkeit erhöht (2010: 818 VK = + 24 %). Verwaltung, hauswirtschaftliche Dienste etc. wurden zwischen 36 – 65 % reduziert. Ein Großteil dieses Stellenabbaus wurde glücklicherweise schon unter der Leitung des Ärztlichen Direktors Dr. Walther und Verwaltungsdirektors Mähler durchgeführt. Pflegekräfte dagegen konnten später schrittweise um 48 %, Ärzte um 61 % und der medizinisch-technische Dienst insgesamt um 81 % erhöht werden; in dieser Gruppe und überhaupt hatten die Psychologen den höchsten Zuwachs: 1992 waren vier angestellt, jetzt sind es fast 60 Mitarbeiter(innen).

Subjektive Wahrnehmung der eigenen Leistung führt oft zur Unzufriedenheit. Im Bereich der Psychiatrie und Psychotherapie (= PP) und Kinder- und Jugendpsychiatrie und -psychotherapie (= KJPP) wurden aufgrund der »Personalverordnung in der Psychiatrie« (Kunze, Kaltenbach, Psychiatrie-Personalverordnung, 1988) den einzelnen Stationen leistungsbezogen klare Stellenzusagen gemacht und umgesetzt. Stationsinterne Leistungsbereiche gegen abteilungsübergreifende Leistungen wurden abgegrenzt. Auf diese Weise gelang es, Mitarbeiterunzufriedenheit über vermeintliche personelle Unterbesetzungen zu beheben, so etwas wie ein Personalressourcen-Denken einzuführen u. ä. Diese Maßnahmen setzten freilich auch Konfliktpotenzial frei. Leistungsschwache Mitarbeiter konnten nicht einfach mehr mitgezogen (»Schonstellen«) und via zusätzlicher Personalanforderung neutralisiert werden. Ungeeignete neue Mitarbeiter wurden so plötzlich vor Ablauf der Probezeit »geoutet« und wurden nicht übernommen. Andererseits war gleichbleibend hohe Motivation der Mitarbeiter ein Gut, das zu schützen war. So vermied die Klinikleitung jede betriebsbedingte Entlassung, machte grundlegende wirtschaftliche Daten der Klinik und der Arbeitsgruppen/Abteilungen publik und erzielte alsbald Erfolge, die motivierten, erhebliche Sanierungsanstrengungen mitzutragen.

2.8 Modernisierung der Immobilie

Die immer wieder transportierte Botschaft der Klinikleitung musste sein, dass nur durch Inanspruchnahme der Patienten (als direkte Kunden), aber auch Kostenträger, einweisende Ärzte, Sozialpsychiatrische Dienste, Gerichte und Angehörige (als indirekte Kunden) die Existenz des Krankenhauses – zumal in seiner Größe – gesichert werden konnte und damit Arbeitsplatzsicherheit von der Kundenzufriedenheit abhing. Durch die neu erbauten Abteilungen am Rande des Versorgungsgebietes entstand auch so etwas wie ein neuer Anspruch auf »Hotelqualität«.

Darüber hinaus musste die diagnostisch apparative Ausstattung verbessert und ein klinikinternes Informationssystem (KIS) mit zusätzlichen Möglichkeiten einer Basisdokumentation, eines Bestellsystems etc. etabliert werden. Zum Beispiel konnten zwischen 1994 und 2005 Mittel in Höhe von 66,5 Millionen Euro aus unterschiedlichen Quellen eingesetzt werden (Grafik 6); 1997 wurden fast vier Millionen Eigenmittel eingesetzt, um die schlimmste Not zu mildern. Der Anstieg ab 2002 nach Trägerwechsel ist dem lange geplanten Neurologisch-Psychiatrischen Zentrum zuzuordnen, später gefolgt vom neuen Maßregelvollzug; beide Projekte um 22 Millionen Euro.

Die Klinikleitung entschied sich – an sich förderrechtlich nicht unproblematisch – dazu, die anfänglich zu Recht noch in hohem Umfang fließenden Pauschalfördermittel, aber auch Investitionskostenzuschüsse der Krankenkasse und sich dann allmählich einstellende Überschüsse dafür einzusetzen, die einzelnen Häuser jeweils voll zu renovieren, anstatt kleinere Reparaturmaßnahmen (was an sich förderrechtlich notwendig gewesen wäre) vorzunehmen: Bauzustand, innere Struktur und Technik der Häuser waren allesamt erneuerungsbedürftig; nur gelegentlich wurde teilsaniert. Legitimiert wurde das jeweils durch die einweihenden Minister. Dabei wurde gezielt am Kundeninteresse orientiert gehandelt. Ab 2001 wurden die meisten Villen mit Ein- und Zwei-Bettzimmern, mit Nasszellen, Fahrstuhl, Telefon-, TV- und teils Internetanschlüssen etc. ausgestattet.

Als ein großes Problem stellte sich die 1992 beantragte Einzelfördermaßnahme Neurologisch-Psychiatrisches Zentrum (=NPZ) dar. Das von westlichen Kollegen empfohlene Planungsbüro hatte keinerlei psychiatrisch-planerische Konzeption. Die bereits 1994 vorliegende und genehmigte – wovon wir nichts wussten – HU-Bau war unbrauchbar. Die innere Gebäudeerschließung war völlig unzureichend, es reihten sich in langen Fluren Zimmer an Zimmer mit langen Wegstrecken und ohne sinnvolle Zentren; es gab nicht einmal einen zentralen Eingang. An die Stationen reihten sich immer wiederholende stationsinterne Krankengymnastiken, Physiotherapien etc. an. Ambulante Behandlungen waren nicht vor-

Grafik 6
Investitionen (in Tsd. EUR/Jahr) 1994–2005.
Alle relevanten Förderungsformen und Eigeninvestitionen

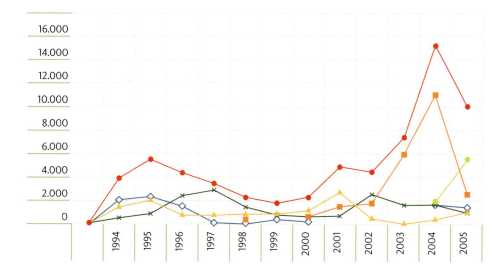

Modell NPZ ABB. 74

gesehen; überflüssige Laborflächen überreichlich und aufwendig geplant. Änderungsversuche mit dem alten Büro führten zu einer Kostenexplosion – obschon auf fast 800 m² Fläche verzichtet wurde – und überstieg die Kostenobergrenze von 50 um 20 Millionen DM. Eine völlige Neuplanung hätte aber bedeutet, dass das ganze Projekt neu beantragt hätte werden müssen und damit in der gesamtpolitischen Situation möglicherweise nie realisiert werden konnte. Die Trennung von den Planungsbüros mit den üblichen Rechtsfolgen nach mehrfach gescheiterten Verbesserungsversuchen wurde schließlich auch vom Land als notwendig erachtet und vor allem durch den späteren Staatssekretär Österheld unterstützt – der Weg dahin war die zweite schwierige Managementaufgabe nach der Finanzkrise in dieser Zeit.

Es wurde dann das Büro Thiede und Messthaler (wobei sich Herr Dipl.-Ing. Sippel durch seinen selbstlosen, ganz und gar nicht kommerziellen Einsatz sehr verdient gemacht hat) beauftragt und versucht, zusammen so viel als möglich von den alten Problemen zu beheben. Dieser Prozess war extrem aufwendig.

Es konnte der um 20 Millionen DM überschrittene Kostenansatz auf das genehmigte Budget gebracht und noch vor dem Trägerwechsel 2002 ein erster Spatenstich getätigt werden. Mit der Aussicht auf ein, wenn auch nicht optimales, so doch immerhin funktionales Zentrum mit 130 modernen Bettenplätzen, einer konzentrierten modernen Diagnostik, zentraler Physiotherapie inkl. Bewegungsbad und einer organisierbaren Poliklinik endete die Trägerschaft des Landes Thüringen 2001.

2.9 Leistungs- und Budgetentwicklung

Insgesamt gelang es, auf der Basis des Gesamtbudgets 1994 bis 2001 die Erträge um 130 % zu steigern. Am stärksten stiegen die Einkünfte aus der Ambulanz mit 274 % und dem MRV mit 263 %, die beide nicht »gedeckelt« waren. Der KHG-Bereich erreichte mit 134 % ebenfalls noch eine gute Position. Die Kosten stiegen im Vergleichszeitraum nur um 126 %, wobei die reinen Personalkosten um 138 % stiegen, aber die Sachkosten auf 97 % sanken, obschon viele Leistungen wie CCT und MRT, moderne und teurere Medikamente, Lizenzgebühren von neuropsychologischen Testverfahren etc. in großem Umfang erst nach 1995 entstanden. Wie die Grafik 1 zeigt, konnte die Ertragswende bereits 1997 mit einem ausgeglichenen Haushalt erreicht und bis 2001 Überschüsse erzielt werden, die einer Umsatzrendite von ca. 2 % entsprachen.

Insgesamt kam es zwischen 1992 und 2010 zu erheblichen Mehrleistungen des Krankenhauses, aber auch zu einem massiven Umbau der Leistungen. Die Gesamtzahl der Berechnungstage (Bt.) stieg zwar nur um ca. 10 %, die Fallzahl nahm aber insgesamt von 2460 auf 7882 (320 %) zu. Der KHG-Bereich nahm von 96.261 Bt. auf 151.358 Bt. (157 %) vollstationär zu. Eine Tagesklinik gab es 1992 noch nicht; 2011 unterhielten wir Tageskliniken an vier Standorten (Heilbad Heiligenstadt, Bad Frankenhausen, Eisenach, Mühlhausen) mit 73 Plätzen. 2010 betrugen die Berechnungstage dort 14.257, also fast 10 % der KH-Gesamtleistung (inkl. Neurologie). In der Psychiatrischen Institutsambulanz (Eröffnung 1993) und in der Kinder- und Jugendpsychiatrischen Institutsambulanz (Eröffnung 1998) werden heute über 10.000 Fälle/Jahr behandelt. Der Maßregelvollzug nach § 63 StGB nahm von 10.766 auf 36.111 Bt. sogar um 335 % zu; auch er betreibt inzwischen eine Institutsambulanz.

Dem stand der Heimbereich entgegen, der gewollt seine Kapazität reduzierte. 1992 wurden dort 100.458 Bt. erbracht, 2010 nur noch 30.852 Bt. (−69 %). Der Reha-Bereich mit max. ca. 7.000 Bt. wurde 1997 ganz eingestellt. Im gleichen Zeitraum stieg das Gesamtbudget für alle Bereiche des Hauses inkl. Institutsambulanzen um +155 %.

Demonstration Trägerwechsel Herbst 2000 ABB. 75

2.10 Vorbereitung des Trägerwechsels

Die politische Führung des Landes Thüringen war zu Zeiten der großen Koalition bis 1998 aufgrund eines Hearings mit Experten zu der Überzeugung gekommen, dass eine Anstalt öffentlichen Rechts besser geeignet ist als die Trägerform eines Regiebetriebes. Diese auch von den Mitarbeitern getragene Form wurde über Nacht mit dem Wahlsieg der CDU nichtig, wobei im Nachhinein klar wurde, dass schon die Große Koalition zuvor eine »neoliberale« Trendwende vollzogen hatte. Mit der Begründung, die Krankenhäuser seien unwirtschaftlich, müssten der Somatik angepasst werden, erhöhten die für das Land Thüringen ungünstige Staatsquote und könnten sich nicht hinreichend entfalten, wurde per Kabinettsbeschluss die Vorbereitung zu einem kommerziellen Verkauf getroffen.

Das Krankenhaus geriet unverzüglich in den Bereich spezifischer Interessen, die eher wenig mit den eigenen zu tun hatten. Gewerkschaftliche Proteste richteten sich zunächst gegen den Verkauf als solchen, später aber auch z. B. gegen eine kirchliche Trägerschaft, weil sie mit der Kirche als »Dritter Weg« keine Tarifverträge abschließen konnten. Paradoxerweise bevorzugten sie kommerzielle Träger, die sich zur Notwendigkeit von Umsatzrenditen bis zu 30 % (Herr Münch, Rhön-Klinikum) bekannten – eine Katastrophe für die personalintensiven Behandlungen. Die Mitarbeiter befürchteten, dass sie »verkauft« werden sollten und damit auch ihre berufliche Zukunft: Eine emotional hoch belastende Zeit voller Ängste, Polarisierungen und Polemiken.

Die Klinikleitung entschied sich unter Ausnutzung aller ihrer Spielräume dazu, sehr offensiv über das Thema aufzuklären und diskutierte auch vor den Mitarbeitern im Beisein von Herrn Abteilungsleiter Österheld, später Staatssekretär, Vor- und Nachteile der zur Debatte stehenden Trägervarianten. Nachdem klar war, dass sowohl Mitarbeiter als auch die Klinikleitung kommerziell private Träger als kritisch ansahen, nahm ich Kontakt zu Herrn Dipl.-Volkswirt Rolf Schnurr, Geschäftsführer der christlichen Krankenhäuser in Eisenach, auf, der für die Diakonie schon zuvor Kaufinteresse geäußert hatte.

In der Folge gab es dann von Seiten der Diakonie (z. B. Oberkirchenrat Grüneberg) und Caritas (z. B. Domkapitular Heller) und umgebenden kirchlichen Einrichtungen (Geschäftsführer d. Katholischen Krankenhauses Erfurt, Dipl.-Ing. Wehlisch) weitere engagierte Ansprechpartner, mit denen gemeinsame konzeptionelle Inhalte, aber auch fiskalisch ein künftiger Trägerwechsel besprochen wurde. Klinikleitung und Mitarbeiter sprachen sich schließlich einstimmig im Rahmen der Interessenbekundungs- und Auswahlverfahren für den neu gegründeten Ökumenischen Träger aus, der aus den verschiedensten Institutionen im kirchlichen Umfeld, beginnend mit kirchlich getragenen Krankenhäusern, Behinderteneinrichtungen bis hin zu Heimstrukturen bestand und am Ende auch den Zuschlag bekam. Vorübergehend war auch eine gemeinsame Trägerschaft mit dem Kreis erwogen worden, letztlich zerschlug sich dies, als klar wurde, dass das Land noch mit einem Rest-Anteil beteiligt bleiben würde und damit »Beamtenfähigkeit« in Hinblick auf staatlich-hoheitliche Aufgabe (Maßregelvollzug, Psychisch. Krankengesetz) hergestellt war.

Dieses als »Mühlhäuser Modell« bundesweit diskutierte und befürwortete Ergebnis hat auch bei anderen Privatisierungsbemühungen der finanzschwachen, nördlichen Länder auf Seiten der zum Verkauf vorgesehenen Kliniken zu gezielten Reaktionen geführt, die teilweise auch erfolgreich waren. Der Weg in eine neue, dem Behandlungsauftrag adäquate Trägerform war die dritte wirkliche Herausforderung an das Klinikmanagement.

2.11 Nach dem Trägerwechsel

2.11.1 Die neue Struktur der Leitung

Die Übernahme durch einen von komplementären Einrichtungen im weiteren Umfeld bestimmten, gemischt-kirchlichen Träger bei 25,1 %iger Minderheitsbeteiligung des Freistaats Thüringen brachte eine Reihe von Veränderungen mit sich, die insgesamt zu einer enormen Dynamik der Entwicklung der Klinik führte und hier nur skizziert werden kann.

Aufsichtsrat und Gesellschafterversammlung wurden als übliche Organe einer gemeinnützigen GmbH eingerichtet. Aus der Sicht des Managements waren erstmals klare Verantwortlichkeiten geschaffen worden. Neben dem Autor übernahm Herr Dipl.-Ing. Wehlisch die Geschäftsführung; beide Geschäftsführer sind gleichberechtigt und Disziplinarvorgesetzte. Alle Strukturen unterhalb der Geschäftsführung blieben die gleichen. Durch die Tatsache, dass nur ich vor Ort war, fiel mir als Geschäftsführer eher das »Doing« zu, während der Mit-Geschäftsführer über ausgezeichnete Kontakte zu Politik und kirchlichen Strukturen verfügte und vornehmlich die Interessenwahrnehmung in diese Richtung sicherte.

Bestandteil des Kaufpreises (ca. 1/3 des Umsatzes) waren Investitionsverpflichtungen in Höhe von ca. sechs Millionen Euro aus Eigenmitteln, die zum Teil festgeschrieben, teils aber auch frei verfügbar eingesetzt werden konnten. Natürlich war die Klinik durch die Refinanzierung des Kaufpreises belastet, andererseits war die immer wieder behindernde Abhängigkeit – bei stets gutem Willen der Mitarbeiter des Ministeriums – von standortfernen Entscheidungen sowie das Problem letztlich ungeklärter Verantwortlichkeiten beendet.

Im Folgenden werden nur einige wesentliche Veränderungen aufgeführt.

2.11.2 Investitionen innerhalb und außerhalb der VOB

Eine der wesentlichen Verbesserungen entstand dadurch, dass die Klinik nicht mehr an die »Vergabeordnung für den öffentlichen Hochbau (VOB)« gebunden ist, soweit es um Eigeninvestitionen geht. Innerhalb der VOB wurde das Neurologisch-Psychiatrische Zentrum (NPZ) noch zu Zeiten der Trägerschaft des Landes Thüringen begonnen. Von Planungsbeginn unter Regie des Staatshochbauamtes bis zum ersten Spatenstich dauerte es zehn Jahre.

Die VOB ist letztlich ein sehr starres Instrument, das eigentlich dazu zwingt, genau wie in der Haushaltsunterlage-Bau geplant, fortzufahren. Das ist bei einer Latenz von zehn Jahren zwischen Planungs- und Ausführungsbeginn eine Katastrophe bei der Dynamik im Gesundheitswesen

1990

2011

und wohl überhaupt, selbst wenn anfänglich ordentlich geplant wurde. Alte Kostenansätze sind nach zehn Jahren völlig veraltet, der technische Fortschritt wird nicht berücksichtigt etc. pp.

Mit dem Baufortschritt am NPZ zeigte sich immer wieder, dass auch die Planung der Fachingenieure teils unwirtschaftlich und überzogen war.

Nach Konkurs eines der Planungsunternehmen für Sanitär- und Heizungsanlagen – glücklicherweise vor Abschluss der Ausführungsplanung – übernahm die Planung ein hiesiges, uns bekanntes Ingenieurbüro. Im Ergebnis führte dies zu einer Einsparung von weit über 200.000 Euro. Unser Problem war, dass die kostensparende Neuplanung innerhalb der VOB nicht als zweite Planung zu finanzieren war und von uns selbst getragen werden musste: Absolut kontraproduktiv.

Die Nachwirkungen sind bis heute zu spüren. So gab es im Hallenbad Probleme mit Legionellen, die sich letztlich darauf zurückführen ließen, dass eine Vielzahl von Entnahmehähnen angebracht worden war, wo einer gereicht hätte. Werden die überflüssigen Entnahmestellen nicht regelmäßig kostenpflichtig gewartet, werden sie Orte artifizieller Verunreinigung durch Legionellen, die im eigentlichen Bad nie auftraten.

Insgesamt konnten in neuer Trägerschaft unter Beachtung der Vorgabe der festgelegten Förderungshöchstgrenze von 25 Millionen Euro – mit tatkräftiger und unbürokratischer Unterstützung des Freistaates als Aufsichtsbehörde – im Endeffekt viele bislang nicht in die HU-Bau aufgenommene technische Ausstattungen in der Ausführungsplanung realisiert werden. Bis auf einige wenige Ausnahmen wurde das Neurologisch-Psychiatrische Zentrum mit der neuesten Gerätetechnik ausgestattet, die in der 1. HU-Bau nicht vorgesehen waren. Loses Mobiliar, das 1992 noch als neu beschafft nicht in die HU-Bau aufgenommen worden war, musste 2004 bei Fertigstellung beschafft werden und war ebenfalls zu finanzieren. Gleichzeitig blieben die Fertigstellungskosten ca. 5 % unter der Höchstgrenze und 35 % unter der Maximalplanung des ersten Architekten.

Mit dem Trägerwechsel übernahm die Klinik die Verpflichtung, im Auftrage des Freistaates Thüringen außerhalb der VOB – aber unter Wahrung von Wettbewerb – einen Maßregelvollzug mit Gesamtkosten in Höhe von ca. 22 Millionen Euro für 80 Betten zu errichten.

Vom Planungsbeginn in der Mitte des Jahres 2002 bis zur Planungsfreigabe im Frühjahr 2004 durch das Ministerium vergingen zwei Jahre, der Bau wurde im Jahr 2007 realisiert. Der Verzicht auf die Aus-

Bauphase Neurologisch-Psychiatrisches Zentrum (NPZ) 2003
ABB. 76 · OBEN

Bauphase Maßregelvollzug 2005
ABB. 77 · UNTEN

schreibung nach VOB und der Verzicht auf im Detail kontrollierende Maßnahmen der Staatshochbauämter führte zu einer ca. 10 %igen Kostenreduktion.

Andererseits entstand aus den (teilweise) selbst zu verdienenden Investitionsmitteln sehr viel stärker das Gefühl, nun auch die zur Verfügung stehenden Beträge optimiert einsetzen zu wollen. Dazu gehörte die Bauausführungsbeschleunigung, aber auch, dass Mengen sehr viel kritischer geprüft und technische Installationen sehr viel strenger bezüglich ihrer funktionalen Bedeutung hinterfragt werden.

2.11.3 Prozessfähigkeit und Planbetten

Die Inanspruchnahme der Planklinik nach § 108 SBG V stieg von Jahr zu Jahr etwa im Bereich von 2–5 %. Gegenläufig waren die Planbettenbescheide des Freistaates Thüringen. In der PP wurden seit 1994 ausgehend von 400 Betten bis 2001 die vollstationären Betten auf 255, die 30 Planbetten der KJPP 1998 auf 20 und die der Neurologie 2001 auf 40 gekürzt. Die politischen Entscheidungen waren an sich sinnvoll; generell bestanden Überkapazitäten an Planbetten in den neuen Bundesländern, fachbezogen aber gab es hier die bundesweit niedrigste Bettenmessziffer (unter um 0,3/1000 Einwohner) im Bereich der PP und KJPP, die der Inanspruchnahme zunehmend nicht mehr entsprachen.

Mit dem Trägerwechsel wurde die Klinik potenziell prozessfähig auch gegen das Land, der zweite wichtige Vorteil des Trägerwechsels. Damit war die Möglichkeit gegeben, Anträge auf Planbettenerhöhungen zu stellen, die ggf. auch gerichtlich durchzusetzen gewesen wären. Es gelang der Klinik ohne jeden Rechtsstreit letztlich, die vollstationären Planbetten im Bereich der Psychiatrie und Psychotherapie auf 355 (2011) neben 73 tagesklinischen Plätzen und die der KJPP auf 63 vollstationäre und 15 tagesklinische Betten schrittweise zu erhöhen.

2.11.4 Wirtschaftlichkeit und kirchlich-gemeinnütziger Auftrag

Als der Freistaat Thüringen Ende 2006 seinen 25 %-Anteil aufgab, fand eine sehr positive Bewertung der wirtschaftlichen (und klinischen) Leistung durch diesen Mit-Gesellschafter statt, die sich freilich auch in einem erneut hohen Kaufpreis für die Restanteile äußerte.

Deutlich ist, dass das Krankenhaus vor dem Trägerwechsel bis 2001 als Landesklinik erfolgreich war, sich danach aber in Teilen die positive Entwicklung beschleunigte. Aufgrund der sehr viel kürzeren Entscheidungswege konnten wesentliche Ersparnisse erreicht werden. Im zunächst hauseigenen Labor konnte nach striktem Mengenmanagement in alter Trägerschaft eine Hal-

Tagesklinik Eisenach ABB. 78

bierung der Kosten erreicht werden. Unter Ausnutzung aller Wirtschaftlichkeitsreserven konnten dann im hauseigenen Labor Laborleistungen etwa zu einem Punktwert von 0,6 Gebührenordnung für Ärzte (GOÄ) hergestellt werden. In neuer Trägerschaft konnte das Labor rasch an einen kommerziell-privaten Laboranbieter übergeben werden, der beim Betriebsübergang nach BGB die Leistungen für anfänglich 0,33 % und inzwischen deutlich darunter anbieten kann.

Der Einrichtung einer Tagesklinik in Eisenach in anderer kirchlicher Trägerschaft – mit dem Ergebnis besserer Inanspruchnahme hier – folgte jetzt die Errichtung drei weiterer eigener Tageskliniken. Notwendige Investitionen konnten vorfinanziert werden.

Die immer wieder polemisch gestellte Frage nach Wirtschaftlichkeit bei medizinethischem und nun akzentuiert christlich-humanem Auftrag beantwortet sich letztlich auf dem hohen Niveau der Medizin- und

Krankenhausfinanzierung in der BRD aus unserer Sicht auch heute noch weitgehend so, dass tatsächlich noch Einsparpotenziale bestehen und medizinische Qualität zumindest bisher nicht unter Einsparungen leiden muss, sondern noch sogar verbessert werden kann.

Stringente Prozessorientierung, Kostencontrolling im Detail und zunehmend klare Kosten- und Qualitätsverantwortlichkeiten führten seit der Wende und mehr noch nach dem Trägerwechsel in fast allen Bereichen der Klinik zu erheblicher Kostenersparnis. Dies machte es möglich, im entscheidenden Bereich ärztlicher und psychologischer Behandlung und pflegerischer Versorgung den Personaleinsatz sogar zu verbessern. Belastende und/oder wenig aussagekräftige, aber billige Untersuchungen wie Röntgen-Schädel, Pneumenzephalogramm (»Luftkopf«), die noch in die Pflegesätze 1992 eingestellt worden waren, wurden durch hocheffiziente, aber viel teurere Untersuchungsmethoden abgelöst bzw. sind ergänzt worden. Die Klinik kann 3-Tesla-(f) MRT-Untersuchungen durchführen, die genaueste Differentialdiagnosen von morphologischen Hirnstörungen erlauben.

Mit Hilfe des Angio-MRTs können Hirngefäße ohne größere subjektive Belastung

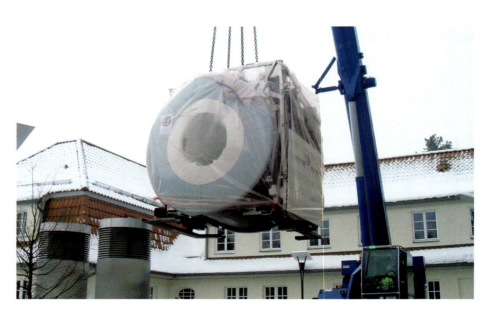

Einbau 3-Tesla-MRT am 02. März 2010   ABB. 79

untersucht werden, wo früher gefährliche und schmerzhafte Untersuchungen durch direkte Katheter in den Schlagadern nötig waren. Binnen Minuten können Schlaganfälle bezüglich ihrer Ursache aufgeklärt (Spiral-CT) und ggf. sofortige Lysen eingeleitet werden, die zu einer vollständigen Wiederherstellung führen können.

Anstelle der alten belastenden, in den Eingangsbudgets 1992 eingeflossenen Medikation können heute sehr viel nebenwirkungsärmere Medikamente verordnet werden, die kostspielig sind, aber erhöhte Lebensqualität für die Patienten bedeuten. Psychotherapeutische Kompetenz war ab 1974 zwar schon in der Klinik da, wurde aber von einigen wenigen Mitarbeitern getragen, während jetzt eine vielfache Menge von Akademikern die entsprechende Behandlung trägt. Die Reihe ließe sich nahezu beliebig fortsetzen.

Investitionen von ca. 70 Millionen Euro des Freistaates haben dem Krankenhaus entscheidend dazu verholfen, dass nicht nur technisch und in der Behandlung erhebliche Fortschritte gemacht wurden, sondern auch die »Hotelqualität« drastisch erhöht werden konnte. 16 Millionen Euro wurden zusätzlich aus Eigenmitteln nach der Wende bis jetzt eingesetzt, um die Prozesse der grundlegenden Erneuerung gezielt zu beschleunigen.

Dem kirchlichen Träger ist es wichtig, dass sich in dieser insgesamt positiven Gesamtentwicklung der christlich-humane Glaube vertieft hat. Es ist zu einer erstaunlichen Veränderung insofern gekommen, als dass anfänglich hier nur 5 % kirchlich gebundene Mitarbeiter tätig waren, aus dem nun ein fast 45 %iger Anteil geworden ist. Eine Arbeitsgruppe »Geistiges Leben« bemüht sich, den diakonischen und caritativen Geist der Klinik auch zu verbalisieren und darzustellen. Aus dem Faktischen heraus entsteht eine neue christliche Leitidee – nicht aus Managementtechnik.

3.0 Resümee

Resümiert man nun mehr als 17 Jahre Management als Geschäftsführer und Ärztlicher Leiter, so ist es erstaunlich, was bei letztlich unveränderten Grundsätzen von Pflichtversorgung, medizinischem Auftrag, sich eher verschärfenden gesetzlichen Grundlagen und Finanzierung an Entwicklung möglich ist. Qualität der Versorgung, Inanspruchnahme, Verweildauer und Kosten lassen sich in viel höherem Maße beeinflussen als die alte Trägerlandschaft meinte, dass es möglich sei. Insofern hat die Privatisierung das »Geschäft« belebt. Management ist aber nur der kleinste Teil. Wichtig war vor allem, dass sich immer wieder verlässliche, kompetente und engagierte Menschen für uns einsetzen und hoffentlich auch weiter tun.

Blick auf den Park im ÖHK Mühlhausen   ABB. 80

Es hatte sich ein »internes Leitungsgremium« gebildet, das ärztlich von Herrn Dr. Otto und Frau Dr. Brigitte Fröhlich, später nach deren Ausscheiden von Frau Dr. Möller, Frau DM Barnstorf, Frau Dr. Warnke und Herrn Dr. Boyan gebildet wurde, wobei Kollege Herr Dr. Walther als stellvertretender ärztlicher Direktor und früherer Direktor das alte Niedermeyer-Team unermüdlich auf dem neuen Kurs hielt. Herr Verwaltungsdirektor Dipl.-Ing. oec. K.-L. Mähler, Frau E. Riedel und die Oberschwester Frau A. Schulz (1991–1999) realisierten sachverständig den neuen Sparkurs unter Vermeidung aller unbilligen Härten. Letztlich aber war es eine ungeheure Gemeinschaftsleistung aller, die den weiten Weg klaglos auf sich nahmen, damit es dem Krankenhaus und seinen Patienten besser geht.

Aber auch von außen kam viel Unterstützung. Besonders wichtig war die Fachkompetenz von Staatssekretär Herrn Österheld (vormals Abteilungsleiter) und Staatssekretär Herrn Schröder (TMSFG). Ich darf hervorheben, dass die Psychiatriereferenten Herr Dr. Grundig, Frau Dr. Bever (Aufsichtsratsmitglied von 2002–2006) und jetzt Frau Weppler-Rommelfanger sich immer für die Entwicklung des Krankenhauses eingesetzt haben. Die Abteilung Krankenhausplanung hat mit den Referenten Frau Vetter, Herrn Dr. Löbel und Frau Abteilungsleiterin Engelhard ebenso wohlwollende wie kompetente Hilfe bei den vielen, oft schwierigen Investitionsvorhaben dieses nun 100 Jahre alten Hauses geleistet. Mit Rat und Tat geholfen haben uns dabei auch Frau Dipl.-Ing. Grüber und Frau Keyßner vom Staatshochbauamt. Selbst das Finanzministerium war durch Frau Strauch (Aufsichtsratsmitglied von 2002–2006) sehr förderlich. Die Unterstützung des Landrats Herr Zanker und des Oberbürgermeisters Herr Dörbaum war von hoher Wichtigkeit wie auch die der Vertreter des Bauordnungsamtes, die manche unbürokratische Entscheidung mitgetragen und somit schnelle Realisierungen von Projekten ermöglicht haben. Mit Herrn Architekt Ortmann fanden wir einen »Hausplaner«, der sich wie ein Mitarbeiter der Klinik für uns engagierte und uns oft unentgeltlich mit seinem Rat zur Seite stand. Der Landschaftsplaner Herr Dipl.-Ing. Wette hat sich um die behutsame Erneuerung der Parkanlage verdient gemacht, Herr Architekt Schwieger u. a. um den als »schönsten« geltenden Maßregelvollzug Deutschlands.

– Literatur beim Verfasser –

VI. Die fachliche Entwicklung von der Wende bis jetzt

1.0 Allgemeine Psychiatrie

Lothar Adler

1.1 Leitlinien der Entwicklung im »Osten«

Die Leitlinien der Psychiatrie-Enquete (BT-Drucksache 7/4200) waren auch nach wissenschaftlicher Aktualisierung (»Empfehlung der Expertenkommission«. [1988]) und der politischen Bewertung (BT-Drucksache 11/8494) die gleichen geblieben und sollten nach der Wende nun in den neuen Bundesländern umgesetzt werden.

Eine Fülle von versorgungspolitischen und -praktischen Problemen lagen vor der Psychiatrie (»Lage der Psychiatrie in den neuen Bundesländern«. Bundestag 1992), die von dem damaligen Ärztlichen Direktor der Klinik, Dr. Fröhlich, mitformuliert worden waren.

Die Betteninanspruchnahme in der Psychiatrie lag etwa auf der Hälfte des Niveaus »West«; ein ernster Hinweis auf eine Unterversorgung. Suizidquoten waren z. B. in den neuen Bundesländern deutlich höher als im Westen.

Komplementäre Strukturen mussten neu entwickelt werden, nachdem das Fürsorgerinnen-System, die Polikliniken und die wichtigen geschützten Arbeitsstätten in den »abgewickelten« Textil- und Elektronik-Betrieben der Region weggefallen waren.

Norbert Fröhlich (1940–1993) ABB. 81

1.2 Reformpsychiatrie im »Westen«

Gemeindenahe Psychiatrie erschien als die erfolgreiche Lösung für die Psychiatrie, die es nun umzusetzen galt. Die Wirklichkeit der Reformpsychiatrie sah freilich nicht nur in der DDR anders aus, als die hohen Ziele hoffen ließen. Im Jahr der Rodewischer Thesen, 1963, trug Präsident J. F. Kennedy den Bericht »Action for Mental Health« (den zwischen 1955–1961 eine Fachkommission zusammengestellt hatte) als eine seiner berühmt gewordenen Botschaften dem US-

Kongress vor. Gefordert wurden ambulante, gemeindenahe Versorgungseinrichtungen und an jedem Allgemeinkrankenhaus mit mehr als 100 Betten die Einrichtung einer psychiatrischen Abteilung; verboten werden sollten Neubauten von Kliniken mit mehr als 1000 Betten und vorhandene Großkliniken sollten verkleinert werden. Staatliche Aufgabe sollte sein, die finanziellen Zuwendungen in den nächsten fünf Jahren zu verdoppeln und in zehn Jahren zu verdreifachen.

Zwanzig Jahre später stand fest, dass eine konsequente Regionalisierung nicht annähernd erreicht wurde und die Enthospitalisierung in oftmals heruntergekommenen Hotels aus Mangel an ärztlicher und sozialer Betreuung zu einem nationalen Skandal geworden war (Meyer, 1985). Während die Amerikanische Psychiatrische Gesellschaft durch ihren Vorsitzenden die »Community Health Care«-Bewegung für gestorben erklärte, wurde andernorts deren Taufe gefeiert. Obwohl die USA das mit Abstand teuerste, überwiegend privat organisierte Gesundheitswesen der Welt hat, musste Präsident Obama noch 2009–2010 mit mäßigem Erfolg darum kämpfen, überhaupt eine allgemeine Krankenversicherung für jedermann durchzusetzen. Gemeindenahe Psychiatrie ist zur Notfallversorgung heruntergekommen.

In der BRD wurde am 25. November 1975 nach vierjähriger Arbeit die Enquete »Bericht über die Lage der Psychiatrie in der BRD«

Pfafferode im Winter ABB. 82

dem Bundestag vorgelegt. Seitens des Bundesgesundheitsministeriums (BGM) wurde auf die erheblichen Kosten hingewiesen, die die Umsetzung der Empfehlung bedeuten würde. Letztlich sah der Zeitzeuge J. E. Meyer, selber Mitglied der Enquete-Kommission, noch 1985 die Bedeutung der eingeleiteten »Modellvorhaben« als eher gering an. Wesentlicher wären eine veränderte Einstellung der Bevölkerung nach den 68er-Bewegungen und eine Arztschwemme gewesen, so dass erstmals politisch Finanzmitteleinsatz vertretbar wurde und die Stellen in den Fachkrankenhäusern tatsächlich auch besetzt werden konnten. Ein Modellvorhaben, das schließlich zur »Personalverordnung Psychiatrie« (1988) führte, war dann aber zweifellos sehr erfolgreich und bestimmt bis heute die Menge der Planstellen, die sich deutlich verbesserten. Das führte insgesamt zu einer Reduzierung der Verweildauern und Betten von fast 50 %, die aber, anders als in den USA, mit verbesserter Versorgung einherging. Unzweifelhaft ist auch, dass die Länder begannen, die Kliniken grundlegend zu sanieren und die Einrichtung von Abteilungen zu fördern. Dieser Erneuerungsprozess war bei der Wende auch im Westen der BRD keineswegs abgeschlossen und ein Anknüpfen an die erfolgreiche Psychiatriereform »West« eher eine Fiktion.

Wittchen (Stellungnahme für die konzertierte Aktion im Gesundheitswesen, Max-Planck-Institut, München. 2000) hatte im Gegenteil epidemiologisch gesichert, dass schwere psychiatrische Syndrome nur zu 2/3 überhaupt irgendwie behandelt wurden, aber auch, dass die Situation im Osten der Republik noch schlechter war. Hier wurden psychisch Kranke in der Hälfte der Fälle überhaupt nicht versorgt und von den wenigen Behandelten nur 10 % stationär.

1.3 Stationärer Akutbereich

Das Krankenhaus favorisiert medizinisch-psychiatrisch entsprechend des Positionspapiers der Bundesdirektorenkonferenz für eine Weiterentwicklung das sog. »Satellitenmodell«. Damit ist in der Grundkonzeption die Einrichtung z. B. von psychiatrischen Tageskliniken in benachbarten Kreisstädten beabsichtigt. Es besitzt den Vorteil, dass in der vollstationär versorgenden Klinik nur schwer erkrankte Patienten aufgenommen werden müssen und für diese Patienten hochdifferenzierte und komplexe Therapieangebote vorgehalten werden können. Es vermeidet die Gefahr, dass kleinste, isolierte Abteilungen auf medizinisch unbefriedigendem Standard oder – angesichts des Ärztemangels – unterhalb der fachlich zwingend nötigen Besetzungsgröße geraten. Aus dem gleichen Grund müssen die Tageskliniken fachlich an die psychiatrischen Kliniken angebunden oder in gleicher Trägerschaft sein.

Kaum wird sich die Hoffnung der Kostenträger erfüllen lassen, dass Psychiatrie in kurzer Zeit ein Fach (fast) ohne Betten sein wird, wie es gelegentlich propagiert wird. Derartige Tendenzen kommen überwiegend aus den USA, bei denen neben psychiatrischen Privatkliniken auf hohem Standard (die aber nur einem Bruchteil der Bevölkerung und dann oft nur maximal drei Wochen zur Verfügung stehen) staatliche Kliniken mit einem Minimalkonzept eine Art Notfallmedizin betreiben. Die Verhältnisse sind dort extrem ungünstig und die extrem teuren Behandlungen (dem Vernehmen nach mehr als 1000 Dollar/Tag) dürfen aus Kostengründen i. d. R. nur drei Tage dauern – was weder medizinisch notwendig, ausreichend noch zweckmäßig genannt werden könnte.

Der Auftrag, im Osten der BRD die gleichen Lebensverhältnisse herzustellen wie im Westen, hat gute Fortschritte – in beiden Teilen Deutschlands – gemacht. Die Psychiatrie und Psychotherapie unserer Klinik versorgt jetzt mit 353 Betten und drei externen Tageskliniken mit 73 Plätzen die (Alt-)Kreise Eisenach, Eichsfeld, Unstrut-Hainich-Kreis, Gotha, Kyffhäuser-Kreis, Sömmerda, den Ilm-Kreis um Arnstadt als Pflichtversorgungsgebiet mit ca. 700 000 Einwohnern sowie teilweise die Städte Erfurt, Weimar und Nordhausen. Der Bevölkerung stehen hier im Vergleich zum sonstigen Thüringen etwa 10 %, im Vergleich zum angrenzenden Niedersachsen ca. 30 %, weniger Betten zur Verfügung. Mit dem Pkw ist das Krankenhaus gemäß Forderung der Psychiatrie-Enquete in der Regel binnen einer Stunde erreichbar; mit öffentlichen Verkehrsmitteln ist die Erreichbarkeit des Haupthauses unbefriedigend (als typisches Problem ländlicher, schlechter öffentlicher Verkehrsanbindung). Der Ausbau der Abteilungen in Weimar, Erfurt und Nordhausen hat die Inanspruchnahme anteilig leicht gesenkt, die Einrichtung einer großen Tagesklinik in Eisenach (am St.-Georg-Klinikum) eher vergrößert, was sich auch für die neuen Tageskliniken in Heilbad Heiligenstadt, Eisenach (KJPP) und Bad Frankenhausen andeutet. Der Nachholbedarf macht sich bemerkbar. Im Versorgungsgebiet hat sich die Betteninanspruchnahme auch in entlegenen Kreisen erhöht. Im Westen der Republik nimmt die Betteninanspruchnahme inzwischen wieder zu, ebenso wie die durchschnittliche Behandlungsdauer lange abnahm, sich aber nun stabilisiert.

Die wissenschaftlichen Erkenntnisse über psychische Störungen und deren Behandlung nehmen explosionsartig zu; heute ist wohl niemand mehr in der Lage, über alle Krankheitsbilder alles zu wissen. Hier – wie überall in der medizinischen, technischen oder sonstigen Entwicklung – sind Spezialisierungen nötig, die alle Mitglieder des Behandlungsteams einschließen, damit optimale Hilfe geleistet werden kann.

Im Akutbereich wurden deshalb differenzierte Spezialstationen weiterentwickelt oder neu gegründet. Spezialangebote bestehen heute nicht nur insofern, als nach Lebensalter (Kinder- und Jugendpsychiatrie, Gerontopsychiatrie) oder Krankheitsform (Depressionsstationen, Suchtstationen etc.) differenziert wird, sondern indem auch innerhalb dieser Gruppen unterschiedliche Schwerpunkte angeboten werden (vgl. zum differentiellen Angebot nächstes Kapitel).

Damit verbunden sind heute die Anwendungen aller seriösen Pharma-, Psycho- und Soziotherapieverfahren, wobei integrative Gesamtkonzeptionen wichtiger sind, als es einzelne Verfahren sein können. Die Ergebnisse der bundesweiten Arzneimittelüberwachung in der Psychiatrie (Prof. Hippius, Dr. Grohmann, München; Prof. Rüther,

Göttingen) zeigten für die Klinik, dass die Pharmakotherapie am Ende des Jahrhunderts bereits auf dem neuesten, universitären Stand angelangt war. Durch interne Teamqualifizierung und -spezialisierung »by doing«, durch überregionalen Erfahrungsaustausch und wissenschaftliche Projekte entstehen neue Kompetenzen.

Für die Patienten sind damit wichtige Vorteile verbunden: Die Sicherheit, jeweils die bestmögliche Diagnostik und aktuellste Behandlungsmethode geboten zu bekommen. Zu dem verbesserten Angebot gehört heute auch, dass fast alle Häuser renoviert sind und zumeist über Zwei-Bett-Zimmer mit Nasszelle, Fahrstuhl und moderne Aufenthalts- und Therapieräume verfügen. Die Weiterentwicklung der stationären Psychiatrie am Ökumenischen Hainich Klinikum hat zu wichtigen Verbesserungen geführt, die auch die Patienten wahrnehmen. Durch eine »Abstimmung zu Fuß« im Sinne erheb-

Patientenzimmer im NPZ ABB. 83

lich verbesserter Akzeptanz wurde die Inanspruchnahme fast vervierfacht. 1990 betrug die Verweildauer 62 Tage bei 1300 Fällen, die jahresdurchschnittlich 250 Betten belegten. 1994 erfolgte die niedrigste Belegung überhaupt mit jahresdurchschnittlich 214 Betten; 2010 waren 323 Betten bei 4765 Fällen und 24 Tagen Verweildauer belegt.

1.4 Behandlung von Abhängigkeitserkrankungen

Katharina Schoett

Mit den politischen Veränderungen 1989 änderte sich auch viel in der damals noch relativ jungen Suchtabteilung, die vorrangig Alkoholabhängige behandelte. Plötzlich gab es ein ganz anders finanziertes Suchthilfesystem, dem die eigenen Leistungen anzupassen waren: Krankenkassenfinanzierte Akutentgiftung und von der Landesversicherungsanstalt für Arbeiter (LVA) und Bundesanstalt für Angestellte (BfA) finanzierte Langzeitentwöhnung. Konkret bedeutete dies die Trennung von Entgiftungsbehandlung und Entwöhnung, die bis Februar 1991 zu vollziehen war.

Dies wurde streng kontrolliert und brachte u. a. mit sich, dass innerhalb weniger Monate unter Leitung von Frau Chefärztin Dr. Gans auch das Behandlungsteam umstrukturiert und deutlich vergrößert wurde.

Sozialarbeiterinnen (Frau Rüster, Frau Hesse) wurden ebenso wie eine Psychologin (Frau Humme) eingestellt; als Stationsarzt war Dr. Bradtka tätig. Sie alle mussten sich rasch die Kenntnisse moderner Suchttherapie aneignen.

Die Entgiftung erhielt einen deutlichen Krankenhauscharakter, während für die Langzeittherapie eher hoteltypische Merkmale vorgeschrieben waren.

Natürlich war dafür auch mehr Raum erforderlich, als in Haus 11 gegeben war; 1992 wurde die Entgiftung als separate Station in Haus 12 untergebracht. Beide Stationen blieben eng verwoben und wurden z. B. auch pflegerisch nachts gemeinsam versorgt. Letztlich endete das Kapitel Entwöhnungsbehandlung für Alkoholabhängige in Pfafferode 1997, weil die geforderte hotelmäßige Ausstattung bei geringen Kostensätzen auf Dauer nicht zu realisieren war und die LVA/BfA das Gesamtkonzept nicht wollte: Man war für die auf »der grünen Wiese« weit vom Lebens- und Konfliktmittelpunkt entfernte Entwöhnung in eigenen Kliniken – wie gewohnt und bis heute durchgestanden. Kurze Zeit später ging Frau Chefärztin Dr. Gans, die die Abteilung lange Jahre geprägt hatte, in den Ruhestand und Prof. Dr. Adler übernahm bis 2011 chefärztlich die Suchtabteilung (vorübergehend unterstützt durch Chefärztin Dr. M. Möller sowie kurzzeitig durch Chefarzt Dr. Dr. Estler).

Haus 12 in den 1990er Jahren ABB. 84

1990

2011

Haus 11 in den 1990er Jahren ABB. 85

Natürlich gab es dauerhaft eine große Anzahl von Suchtpatienten in der Klinik; beispielsweise stand im Jahr 1999 bei 13,7 % aller in der Klinik behandelten Patienten eine Suchterkrankung im Mittelpunkt, wobei etwa jeder Dritte von ihnen als chronisch mehrfach beeinträchtigt eingeordnet wurde. Um für sie ein adäquates Behandlungsangebot zu schaffen, wurde am 1. Januar 1998 zusätzlich eine S4-Spezialstation in Haus 12 gegründet, die eigentliche Entgiftungsstation zog nun in das größere Haus 11. Oberärztlich wurden beide Häuser in den Folgejahren durch Frau DM Dölz betreut, der ein inzwischen großes Behandlungsteam einschließlich mehrerer Assistenzärzte zur Seite stand.

Diese S4-Station (für chronisch mehrfach geschädigte Alkoholiker) wurde nach einigen Jahren wieder geschlossen, da sie trotz guter Behandlungsergebnisse (Herr Dr. v. Campenhausen u. a.) wegen zu geringer Inanspruchnahme nicht ausreichend ökonomisch zu betreiben war. Die zumeist obdachlosen, den somatischen Akutkliniken pausenlos als Notfälle vorgestellten Patienten wurden eher selten hierher überwiesen, sondern weiter nach Entgiftung auf Verlangen auf die Straße entlassen, obwohl sie fast alle nicht mehr in der Lage waren, über ihre Angelegenheiten zu bestimmen (i. d. R. Geschäftsunfähigkeit) und eine hohe Sterblichkeit hatten. Die S4-Behandlung wurde danach stationsintegriert bei den Alkoholentgiftungen durchgeführt. Diese findet inzwischen, nach einigen Haus- und Personalwechseln, seit 2008 in Haus 16 statt, die pflegerische Leitung obliegt Stationsschwester F. Mehler.

Eine neue Konzeption war auch für die zunehmende Anzahl von Abhängigen illegaler Drogen erforderlich. Die bisherige Entgiftung in der Fachklinik Rusteberg mit 20 Plätzen war weder medizinisch (»stand-alone«, zahlreiche Begleiterkrankungen Drogenabhängiger) noch wirtschaftlich (unverhältnismäßige Vorhaltekosten, unterbelegt) sinnvoll und führte dann zu einer Bettenplanänderung des Freistaates derart, dass wir die Entgiftung und die Fachklinik Rusteberg die Entwöhnung durchführen sollten.

Die kommunalpolitischen Widerstände wegen des »Verlusts« an Arbeitsplätzen des Kreises Eichsfeld wurden durch das Angebot der Einrichtung einer psychiatrischen Tagesklinik in Heilbad Heiligenstadt überwunden. Ende 2004 zog deshalb die Alkoholentgiftung auf die neu angelegte Station Psych C im NPZ um und Haus 11 wurde für die Drogenentgiftung reserviert, die unter oberärztlicher Leitung von Frau Dr. Schoett aufgebaut wurde. Das Personal wurde sorgsam ausgewählt und teils von Rusteberg übernommen; die Leitung oblag Stationspfleger M. Germanus. Seit 2005 existiert nun im ÖHK ein spezialisiertes Behandlungsangebot für alle stoffgebundenen Süchte, das ständig erweitert und angepasst wird. Weitere räumliche Veränderungen waren ebenso wie ein Ausbau der Behandlungsteams erforderlich.

2012 wird Haus 24 als eigens für den qualifizierten Alkohol- und Medikamentenentzug inkl. S4-Sub-Station hergerichtetes Haus mit fast 1000 m^2 Fläche zur Verfügung stehen. Ergänzt werden die stationären Angebote durch eine Suchtambulanz. Ab 1. Januar 2012 übergab Prof. Dr. Adler die chefärztliche Leitung an Frau Dr. K. Schoett.

1.5 Tageskliniken

Lothar Adler

Die Entwicklung der Tageskliniken *»spiegelt wie keine andere Institution das Bemühen um Erneuerung der psychiatrischen Krankenversorgung«* wider (A. Finzen, 1999, S. 19. In: Die Psychiatrische Tagesklinik. Hrsg. Eikelmann et al., Thieme). Neben qualitativer Verbesserung der Versorgung spielt neuerlich das Kostenargument eine wichtige Rolle. Verkürzungen der vollstationären Liegezeiten sind dabei führend; in nicht unerheblichem Maße sollen künftig immer mehr Behandlungen so organisiert werden. Das ÖHK hatte lange tagesklinische Behandlungsmöglichkeiten klinikintern eingerichtet und in den umgebenden Städten eingefordert (u. a. der Ärztliche Direktor Dr. Fröhlich in beratender Funktion des Ausschusses »Neue Bundesländer« des Bundestages 1992). Das Krankenhaus richtete in den einzelnen Fachabteilungen im Hause tagesklinische Behandlungsmöglichkeiten (Sucht, Psychotherapie, Gerontopsychiatrie und allgemeine Psychiatrie) ein.

Seit Herbst 2001 wird eine Tagesklinik in Eisenach als erster Schritt in Richtung des »Satellitenkonzeptes« mit ehemaligen Mitarbeitern des Hauses auf der Basis von Planstellen der Klinik betrieben. Sie ist Bestandteil des St.-Georg-Klinikums und wird von Patienten des gesamten Kreises Eisenach in Anspruch genommen; der Altkreis ist Pflichtversorgungsgebiet des Krankenhauses.

Am 31. August 2007 wurde als erste haus-externe Tagesklinik die in Heilbad Heiligenstadt mit 20 Plätzen eröffnet, sie wird derzeit mit 32 Plätzen genutzt und ist i. W. kapazitiv überlastet. Am 4. März 2011 wurde die Tagesklinik in Bad Frankenhausen mit ebenfalls zunächst 20 Plätzen eröffnet, die inzwischen ausgelastet ist. Die Entwicklung tagesklinischer Leistungen ist positiv (Anstieg von praktisch Null bis 2010 auf 12.341 Berechnungstage bei 631 Fällen, die in 09/2011 bereits überschritten waren).

1.6 Institutsambulanz

Wichtiges Instrument der modernen psychiatrischen Versorgung sind Institutsambulanzen (PIA) für eine »*nicht wartezimmerfähige Patientengruppe*« (A. Spengler: Institutsambulanzen in der Psychiatrischen Versorgung. Vandenhoeck und Rupprecht. 1991), zunehmend aber auch für Patienten, die in der Nähe keine rechtzeitige fachärztliche Behandlung erhalten. Es können durch nachgehende ärztliche Behandlungen in Verbindung mit den anderen Berufsgruppen auch solche Patienten erreicht werden, die mit gewöhnlicher nerven- und hausärztlicher Versorgung nicht zurechtkommen (inkl. der Wartezeiten). Medizinischer Effekt ist eine deutliche Verminderung der Wiederaufnahmehäufigkeiten. Bei chronischer Schizophrenie, Zyklothymie und chronischen Persönlichkeitsstörungen konnte für die Kostenträger gezeigt werden, dass sich die mittlere langjährige Hospitalisierungsdauer etwa auf ein Drittel reduziert. Für den Patienten kann oft erreicht werden, den Circulus vitiosus von (Re-)Hospitalisierung, sozialer Desintegration und Neuerkrankung zu durchbrechen.

**Tagesklinik
Bad Frankenhausen**
ABB. 86 · OBEN

**NPZ Foyer
im ÖHK Mühlhausen**
ABB. 87 · UNTEN

1990

2011

Ab 1998 verfügte das Krankenhaus nur noch über einen hochspezialisierten Heimbereich mit derzeit ca. 85 Bewohnern (1990: n=356 Bewohner). Es leben hier i. W. nur mehrfach geschädigte kranke Menschen, die krankheits- und störungsbedingt ständiger ärztlicher Präsenz und der Nähe zum Krankenhaus bedürfen. In der Regel geht es um Bewohner, die außerhalb des Krankenhauses nicht stabilisierbar waren und nun von dem chefärztlichen Bereich nachversorgt werden, in dem sie auch akut behandelt werden: Aufgefangen am Ende einer abgestuften Versorgungskette.

Voraussetzung dafür, eine Heimstatt zu werden, war die Renovierung der Heime. Als das erste überhaupt renovierte Haus der Klinik war das Heim »Hildegard von Bingen« (Wiedereingliederungshilfe) bereits 1994 hergerichtet worden, es folgten dann 2005 die Renovierung der »Villa St. Martin« als gerontopsychiatrisches Pflegeheim für alt gewordene psychisch Kranke und als völliger Neubau 2006 das Heim »Elisabeth von Thüringen« für mehrfach geschädigte Bewohner mit intellektuellen Behinderungen.

3.0 Neurologie

Falk Walther
Peter Möller
Marek Jauss

So erfolgreich die Neurologie bis zur Wende im Vergleich zur übrigen DDR auch war: Die Defizite im Vergleich zu den alten Bundesländern waren enorm. Die Ausstattung der Häuser war unzeitgemäß und das diagnostische Gerät veraltet. Andererseits gab es in unserer Klinik eine neurologische Intensivstation (die dritte nach Schwerin und der Uniklinik Jena in der DDR), und das seit 1978. Unter der »Schirmherrschaft« von Dr. Niedermeyer hatte der Leitende Oberarzt Dr. P. Möller eine fachgebundene ITS inauguriert, die aber für alle Patienten der Klinik fachübergreifend tätig war und ist.

Nach der Wende konnte die Neurologische Klinik ihren apparativen Bedarf an der High-Tech-Diagnostik sukzessive abdecken. Auf dem Gebiet der Neuroelektrodiagnostik wurden neueste Geräte für EEG, Langzeit-EEG, EMG, NLG, VEP, AEP, SSEP, ZML angeschafft und es konnten zusammen mit der Radiologischen Gemeinschaftspraxis Mühlhausen, Dr. Schuchard und Kollegen, ein CT und 2002 ein MRT aufgestellt und in der Sonographie ein Untersuchungsplatz für eine farbkodierte neurovaskuläre Duplexsonographie eingerichtet werden. Baulich gab es einen ersten Fortschritt mit der Rekonstruk-

1990

2011

Anfänge der PIA gab es bereits im Sinne einer durch persönliche Arzt-Patienten-Beziehungen motivierten Nach- und Weiterbetreuung ehemals stationärer Patienten in der DDR, die aber zum Teil nicht abgerechnet werden konnten, unstrukturiert waren und von der Menge her unzureichend blieben.

Mit der strukturierten Etablierung abteilungsinterner Institutsambulanzen mit Weiterbetreuung durch die zuvor zuständigen Chefärzte gelang es, diesen sinnvollen Ansatz persönlicher Behandlungskontinuität fortzuführen und auszubauen. Weiterhin wurde eine abteilungsunabhängige allgemeine PIA eingerichtet, die von Frau Dipl.-Med. Bernstein geleitet wird. Die PIA mit ca. 6000 Behandlungsfällen (»Scheine«) im Jahr 2010 – Tendenz stark steigend – ist im Neurologisch-Psychiatrischen Zentrum untergebracht.

1.7 Komplementärer Bereich

Die Entwicklung des komplementären Bereiches ist in Zusammenarbeit mit den jeweiligen kommunalen Psychiatriekoordinatoren Anliegen des Krankenhauses, ohne medizinische Aufgabe zu sein. Mitarbeiter des Krankenhauses haben als Modellprojekt 1992 die »Lebensbrücke« in Mühlhausen begründet, die als gemeinnütziger Verein u. a. Tagesstätten, Betreutes Wohnen und ein Übergangswohnheim vorhalten. Des Weiteren wurde in Nachfolge des alten Krankenhauses eigener Güter der Verein »Gut Sambach« gegründet, der ökologische Anbauformen mit der Beschäftigung chronisch psychisch Kranker verbindet. In Heimen

Haus 24 in den 1990er Jahren ABB. 88

anderer Träger sind Mitarbeiter des Hauses tätig, die die ihnen vertrauten enthospitalisierten Patienten weiterbetreuen. Mitarbeiter der Klinik sind in Arbeitskreise der Psychiatriekoordinatoren in Gotha, Eisenach, Heiligenstadt und Mühlhausen eingebunden.

2.0 Heime

LOTHAR ADLER

Nach der Wende gelang in den nachfolgenden elf Jahren der Abschluss der Enthospitalisierung unter der Leitung von Frau Dipl.-Med. U. Vockrodt, die von Prof. Lange eingefordert und von Doz. Dr. Niedermeyer eingeleitet wurde. Zwischen 1990 und 1997 enthospitalisierte das Krankenhaus alle in selbstständige Verhältnisse oder in ein Heim verlegbare Patienten (insgesamt ca. 500 Patienten), soweit sie nicht Heimatrecht hatten und hier bleiben wollten. Die Kosten zu Lasten der Sozialhilfeträger konnten dadurch erheblich gesenkt werden (Heimbudget 1990: ca. 13 Millionen DM, 1999: ca. fünf Millionen DM), weil die nachsorgenden Heime, Betreutes Wohnen etc. in der Regel bei den leichter erkrankten chronisch Kranken mit kostengünstigeren Tageskostensätzen auskommen können.

Luftbild Heim »Elisabeth von Thüringen« und Forensische Klinik ABB. 89

Ab 1998 verfügte das Krankenhaus nur noch über einen hochspezialisierten Heimbereich mit derzeit ca. 85 Bewohnern (1990: n=356 Bewohner). Es leben hier i. W. nur mehrfach geschädigte kranke Menschen, die krankheits- und störungsbedingt ständiger ärztlicher Präsenz und der Nähe zum Krankenhaus bedürfen. In der Regel geht es um Bewohner, die außerhalb des Krankenhauses nicht stabilisierbar waren und nun von dem chefärztlichen Bereich nachversorgt werden, in dem sie auch akut behandelt werden: Aufgefangen am Ende einer abgestuften Versorgungskette.

Voraussetzung dafür, eine Heimstatt zu werden, war die Renovierung der Heime. Als das erste überhaupt renovierte Haus der Klinik war das Heim »Hildegard von Bingen« (Wiedereingliederungshilfe) bereits 1994 hergerichtet worden, es folgten dann 2005 die Renovierung der »Villa St. Martin« als gerontopsychiatrisches Pflegeheim für alt gewordene psychisch Kranke und als völliger Neubau 2006 das Heim »Elisabeth von Thüringen« für mehrfach geschädigte Bewohner mit intellektuellen Behinderungen.

3.0 Neurologie

FALK WALTHER
PETER MÖLLER
MAREK JAUSS

So erfolgreich die Neurologie bis zur Wende im Vergleich zur übrigen DDR auch war: Die Defizite im Vergleich zu den alten Bundesländern waren enorm. Die Ausstattung der Häuser war unzeitgemäß und das diagnostische Gerät veraltet. Andererseits gab es in unserer Klinik eine neurologische Intensivstation (die dritte nach Schwerin und der Uniklinik Jena in der DDR), und das seit 1978. Unter der »Schirmherrschaft« von Dr. Niedermeyer hatte der Leitende Oberarzt Dr. P. Möller eine fachgebundene ITS inauguriert, die aber für alle Patienten der Klinik fachübergreifend tätig war und ist.

Nach der Wende konnte die Neurologische Klinik ihren apparativen Bedarf an der High-Tech-Diagnostik sukzessive abdecken. Auf dem Gebiet der Neuroelektrodiagnostik wurden neueste Geräte für EEG, Langzeit-EEG, EMG, NLG, VEP, AEP, SSEP, ZML angeschafft und es konnten zusammen mit der Radiologischen Gemeinschaftspraxis Mühlhausen, Dr. Schuchard und Kollegen, ein CT und 2002 ein MRT aufgestellt und in der Sonographie ein Untersuchungsplatz für eine farbkodierte neurovaskuläre Duplexsonographie eingerichtet werden. Baulich gab es einen ersten Fortschritt mit der Rekonstruk-

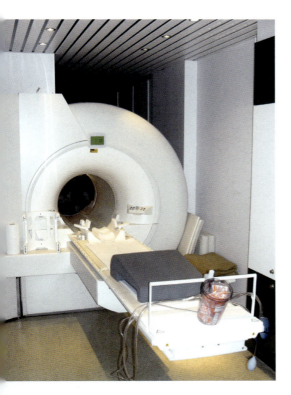

Magnetresonanztomographie (MRT) ABB. 90

tion des Hauses 20 (1997), das allen Komfort und alle Hilfsmöglichkeiten einer modernen somatischen Klinik bot. Aus der Bezirkswäscherei wurde das »Therapiezentrum«, das mit Eigenmitteln hergerichtet wurde und viele der diagnostischen Einrichtungen (CT; ENG/EMG; Farb-Duplex, Neuropsychologie etc.) aufnahm – eine erste große organisatorische Erleichterung. Das alte Problem weit im Gelände verstreuter Diagnostik und Therapiehäuser wurde aber erst mit der Fertigstellung des Neurologisch-Psychiatrischen Zentrums (NPZ) endgültig gelöst. Es wurde am 15. Dezember 2004 in Anwesenheit des Ministerpräsidenten Althaus, der Bischöfe Dr. Kähler und Dr. Wanke eingeweiht.

Damit war der alte Traum erfüllt: Alle 45 neurologischen Betten inkl. einer 5-Plätze-Intensivmedizin waren auf neuestem Komfortstandard inklusive Bewegungsbad, alle Diagnostik unter einem Dach – und das einschließlich eines eigenen MRT. Das wurde dann 2009 durch die neueste Generation der 3-Tesla-(f)MRT mit Eigenmitteln ausgetauscht.

Schon im Vorfeld der Eröffnung des NPZ war die Behandlung von Schlaganfällen nach dem Prinzip »Der Schlaganfall – ein neurologischer Notfall. Time is brain!« versorgungsstrategisch in den Vordergrund gerückt worden. In der stationären Neurologie galt es, das deutschlandweite »Stroke-unit-Konzept« umzusetzen. Dies bedeutete für uns eine Intensivierung der interdisziplinären Zusammenarbeit mit dem Rettungsdienst, der Kardiologie, Neurochirurgie und Gefäßchirurgie und allgemein ein Umdenken in der therapeutischen Primärverantwortlichkeit zugunsten der neurologischen Fachdisziplin.

Die Schlaganfallversorgung in Thüringen wurde in der Arbeitsgemeinschaft »Stroke unit« des Arbeitskreises »Stationäre Neurologie«, dessen Vorsitzender Chefarzt Dr. F. Walther war, konzipiert und rasch umgesetzt. Voraussetzung war in der Klinik die Bildung eines multiprofessionellen Stroke-Teams unter der Leitung von Neurologen mit Schlaganfallexpertise. Nach der Eröffnung des NPZ waren auch die räumlich-strukturellen Bedingungen vorhanden, die eine Zertifizierung der neurologischen ITS als »Stroke unit« (Schlaganfallspezialeinheit) möglich machte. Im März 2006 erfolgte dann die offizielle Anerkennung im Sinne der Erstzertifizierung.

Durch die Einführung der Teleradiologie hat sich die Zusammenarbeit mit den neurochirurgischen Kliniken in Thüringen entscheidend verbessert. Die Neurologie hatte vorübergehend eine Tagesklinik aufgebaut, die aber im DRG-System nicht finanziert wurde. Sie betreibt zur Verkürzung oder Verhinderung von stationären Behandlungen vor- und poststationäre Behandlungen.

Die Einführung des DRG-System seit 2002 hatte zu einer Verbesserung der Ertragslage geführt. Die von den Kostenträgern erwartete forcierte Verweildauerverkürzung ist nicht eingetreten; es gab bereits eine kontinuierlich abnehmende Verweildauer seit 1992. Im Jahr 1992 wurden jahresdurchschnittlich 36 Betten mit 685 Patienten bei einer Verweildauer von 19,2 Tagen belegt, 2010 waren es 1997 Patienten mit einer Verweildauer von 6,3 Tagen.

Chefarzt Dr. med. F. Walther, der von 1989 bis 2008 die Neurologische Klinik leitete, wurde im März im Rahmen einer thüringenweiten neurologischen Fachtagung und klinikintern am 5. März 2008 im Sozialzentrum in den Ruhestand verabschiedet. Zum Nachfolger wurde Herr PD Dr. med. Marek Jauß berufen, der als Facharzt für Neurologie über umfassende Erfahrungen in der Intensiv-Neurologie und Schlaganfallbehandlung verfügt.

Die enge Zusammengehörigkeit der Fachgebiete Neurologie und Psychiatrie, der auch mit der Errichtung des NPZ Rechnung getragen wurde, wird sich in Zukunft nicht nur durch Inanspruchnahme sehr alter Patienten vertiefen, sondern auch

Festgottesdienst zur Einweihung des NPZ am 15. Dezember 2004 ABB. 91

NPZ bei Nacht ABB. 92

durch überlappende Diagnostik und immer mehr durch gemeinsame Therapien, wie Pharmakotherapie, Magnetstimulation u. ä. weiter verfestigen. Dies ist eine der fachlichen Stärken des ÖHK Mühlhausen, die es weiter zu entwickeln gilt.

4.0 Kinder- und Jugendpsychiatrie und -psychotherapie

FRITZ HANDERER

Die KJPP ist als selbstständiges Fach nahezu so jung wie ihre Patienten. In der DDR verlief die Entwicklung noch zögerlicher als im Westen Deutschlands. Spätestens seit dem Amoklauf am Erfurter Gutenberg-Gymnasium im April 2002 ist jedem klar, dass Kinder und Jugendliche oft dringend Hilfe bedürfen, um schwerwiegende Fehlentwicklungen rechtzeitig zu verhindern. Orientierungsprobleme der Eltern in einem neuen sozialen Umfeld, berufliche Perspektivlosigkeit nicht sehr leistungsstarker Jugendlicher, Unerfahrenheit mit den nach Mauerfall plötzlich von Westen her einströmenden Drogen u. a. haben die Schwierigkeiten der Kinder und Jugendlichen hier verstärkt. Im Westen Thüringens fehlt es bis heute aber noch sehr an ambulanten Behandlungsmöglichkeiten und niedergelassenen Fachärzten.

4.1 Stationäres Angebot

Das Krankenhaus Nordhausen war traditionell in der DDR für »normale« Verhaltens- und Entwicklungsstörungen zuständig, das BKH Mühlhausen für geistig Behinderte und Patienten mit groben sozialen Anpassungsstörungen. Die Kinder- und Jugendpsychiatrie und -psychotherapie-Abteilung (KJPP) unter der Leitung von Doz. Dr. Fehlow war wissenschaftlich im Sinne der klassischen deskriptiven Psychopathologie tätig und darin erfolgreich. Die Klinik hat die alten, nach der Wende noch bestehenden chronischen Stationen mit Heimpatienten bis 1995 aufgelöst.

Der Schwerpunkt der Entwicklung lag in der Einführung moderner Therapiekonzepte und struktureller Veränderungen. Die Nachfolge von Chefarzt Dr. Fehlow war lange problematisch. Nach kurzer Zeit musste Dr. Albrecht die Klinik aus persönlichen Gründen verlassen; Verhandlungen mit einem interessierten Kollegen als Nachfolger zogen sich jahrelang hin und konnten nicht abgeschlossen werden. In dieser Zeit war Prof. Dr.

Spielplatz der Kinder- und Jugendpsychiatrischen Klinik ABB. 93

Adler kommissarischer Leiter der Abteilung. Unter seiner Leitung wurde die Institutsambulanz gegründet, tiefenpsychologisch fundierte Behandlungen eingeführt und die medikamentöse Behandlung modernisiert.

Die wesentlichen Mängel wurden erst durch Berufung von Chefarzt Dr. F. Handerer (2005) gelöst. 2001 wurde mit dem aus Eigenmitteln sanierten Haus 8 eine zweite Kinder- und Jugendpsychiatrie-Station (KJPP) eröffnet, 2007 wurde das sanierte Haus 15 für die KJPP umgewidmet und 2010 Haus 11 neu hergerichtet und eingeweiht. 2010 wurde nach Sanierung mit Eigenmitteln zusammen mit der Psychiatrie und Psychotherapie (CÄ Dr. Möller) eine Eltern-Kind-Station eingerichtet, die für Deutschland und international eine Neuerung ist, weil sie versucht, die wechselseitigen krankmachenden Interaktionen zwischen Eltern und Kindern mit einem systemischen Ansatz zu durchbrechen (vgl. unten). Daneben stehen jetzt eine Station für verhaltensgestörte Kinder und Jugendliche mit erhöhtem Schutzbedarf und zwei Stationen für sozial weniger problematische Kinder bzw. Jugendliche zur Verfügung. Dies ermöglicht, das ganze Spektrum der KJPP zu behandeln.

Die Leistungsveränderungen in der KJPP sind bemerkenswert. 1992 wurden 28 Akutfälle in 6 Betten mit einer Verweildauer von 72,7 Tagen versorgt; 2010 waren es 405 Fälle (das 13fache!) mit 21 068 Berechnungstagen bei einer Verweildauer von 52 Tagen und 58 belegten Betten; für 2011 gehen wir von 65 belegten Betten und mehr als 500 Fällen aus.

4.2 Tagesklinik

Für Tageskliniken der KJPP gilt grundsätzlich ähnliches wie für die Erwachsenenpsychiatrie und noch stärker: Die Trennung der Kinder von den Eltern ist normalerweise weit belastender als die Herauslösung von Erwachsenen aus ihrem Umfeld.

1992 gab es dieses Angebot noch nicht, 2009 waren provisorisch sechs Plätze im St.-Georg-Klinikum Eisenach und zwei in unserem Haus hergerichtet worden, 2010 wurden immerhin schon 57 Patienten mit 12.341 Berechnungstagen bei jahresdurchschnittlich 7,5 belegten Plätzen versorgt. In 2011 ist die KJPP-Tagesklinik Eisenach bereits überbelegt und die Anzahl der zu versorgenden Patienten wird sich somit im Vergleich zum Vorjahr verdoppeln.

Hoffnungen, mit dem Ausbau der Tageskliniken die Belegung vollstationärer Betten zu reduzieren, scheiterten zum einen an einem enormen Aufnahmedruck mit weiterhin bestehenden Wartezeiten. Der Erfolg der Tageskliniken für KJPP ist bezüglich der Verweildauerverkürzung eher zweifelhaft, weil die Schwere der Erkrankung der hier vollstationär aufgenommenen Kinder und Jugendlichen in der Regel so ist, dass sich tagesklinische Behandlung kaum umsetzen lässt, weil das Umfeld erschöpft und/oder selber Träger pathogener Entwicklungen der Kinder/Jugendlichen ist. Die Tageskliniken erreichen eher (noch) weniger schwer Erkrankte, die (noch) in einem stabilen und belastbaren psychosozialen Umfeld leben.

Institutsambulanz der Klinik für Kinder- und Jugendpsychiatrie und Psychotherapie
ABB. 94

4.3 Institutsambulanz

Analog der Erwachsenenpsychiatrie 2004 konnte die KJPP eine moderne Institutsambulanz im NPZ eröffnen, die aber alsbald zu klein wurde. 2010 wurde in Haus 9 eine neue großzügige Ambulanz eröffnet, die über weitere Behandlungs- und Übungsräume im Therapiezentrum verfügt. Die KJPP-PIA versorgt heute im Jahr ca. 4000 Behandlungsfälle (»Scheine«); gleichwohl bestehen für die Versorgung der »jungen« Bevölkerung immer noch erhebliche Defizite und in allen Bereichen der KJPP Wartezeiten. Die unzureichende Versorgung gerade von Kindern und Jugendlichen muss weiter verbessert werden.

5.0 Maßregelvollzug

NORBERT BOYAN

Psychiatrische Institutionen waren immer auch schon mit gesellschaftlichen Aufgaben im Bereich von Sicherheit und Ordnung betraut. In diesem Zusammenhang besteht auch eine lange Tradition von besonderen Bereichen für die langfristige Unterbringung psychisch Kranker, bei denen Gefährlichkeit als gegeben erachtet wurde. Im Psychiatrischen Krankenhaus Pfafferode war es das Haus 15 auf der »Männerseite« der Stationen, in dem diese Unterbringungen mit

Klinik für Forensische Psychiatrie ABB. 95

spezifischem Auftrag erfolgten. Den Maßregelvollzug (MRV) betreffend war in der Psychiatrie-Enquete für Westdeutschland 1975 festgestellt worden, dass er das »absolute Schlusslicht« der psychiatrischen Versorgung darstellt und menschenunwürdig sei; ähnliches galt wohl auch für die DDR. So waren im Haus 15 in den 80er Jahren 80 Patienten, 1991 immer noch 65 Patienten untergebracht, ehe es dann 1995 für 25 Patienten renoviert wurde.

Schon im ersten Thüringer Psychiatrieplan von 1994 war festgestellt worden, dass sich die grundlegenden Probleme des Maßregelvollzuges nur durch »Ersatzbaumaßnahmen« lösen lassen. Diese Einschätzung findet sich auch im Bericht einer Expertenarbeitsgruppe im Auftrag des Thüringer Ministeriums für Soziales und Gesundheit (1997), der für die wahrscheinlich längere Überbrückungszeit bis zur Realisierung eines Neubaus Forensik im Wesentlichen nur

Haus 15 in den 1990er Jahren ABB. 96

bauliche und strukturelle Sofortmaßnahmen als Übergangslösungen einforderte, die sich lediglich auf provisorische Verbesserungen der Außen- und Gebäudesicherung der Einrichtung sowie auf die Beseitigung grober Sicherheitsmängel in den Stationen beziehen.

In Mühlhausen nahm indes die Zahl der gemäß § 63 StGB untergebrachten Patienten erheblich zu, ohne dass entsprechende zusätzliche Behandlungsplätze zur Verfügung gestellt worden waren: 1995 startete der Maßregelvollzug hier nach einer Sanierung von Haus 15 mit 25 Plätzen; 1998 wurde Haus 17 nach einfacher Sanierung vorübergehend für den offenen MRV mit 12 Betten in Betrieb genommen, ab 2000 Haus 81 mit 12 Plätzen.

Wesentliche qualitative Verbesserungen der Behandlung waren jedoch auch schon in dieser Zeit zu realisieren. So kam die MRV-Expertenkommission bereits 1997 zu dem

Ergebnis, dass die »*Pflege und Behandlung ein hohes fachliches und Erfahrungsniveau erreicht haben*« (Bericht »Maßregelvollzug in Thüringen«. 1997, S. 39). Durch die Mitarbeiter des Hauses, im pflegerischen Bereich unter Leitung von Oberpfleger Klaus Müller, waren Betreuung und Behandlung der Patienten in erfahrenen Händen verblieben, die auch einen engagierten Neuaufbau des Maßregelvollzuges bei veränderten Anforderungen gewährleisteten. Im ärztlichen Bereich konnte ebenfalls – nach den Chefärzten Dr. Seelisch, Dr. Otto (1993–1994) und ab 1995 Prof. Dr. Adler – mit der Berufung von Chefarzt Dr. Norbert Boyan im Jahre 1999 schließlich ein forensisch erfahrener Psychiater für die Leitung des Maßregelvollzuges gewonnen werden.

Eine Konkretisierung der Planung für einen forensischen Neubau erfolgte hingegen erst nach dem Trägerwechsel. Bis dahin hatte der stetige Zuwachs dazu geführt, dass mehrere Häuser des Klinikums in Pfafferode zu mehr oder weniger hoch gesicherten Behandlungsstätten des Maßregelvollzuges umgewidmet werden mussten. Die hierzu

Einweihung der Klinik für Forensische Psychiatrie am 29. August 2007   ABB. 97

notwendigen Umbauten und Sanierungen folgten dabei auch einem Konzept, demgemäß eine spätere Nutzung durch andere Abteilungen der Psychiatrie problemlos möglich wurde. Im Haus 15 hatten im Jahre 2000 bereits 46 Patienten Platz finden müssen, und bevor eine weitere Station (Haus 16) ab 2003 genutzt werden konnte, befanden sich dort schon 61 Patienten, die wegen absoluten Platzmangels durchweg in Doppelstockbetten, mit Zimmerbelegungen bis zu sechs Personen, untergebracht waren. Durch einen weiteren Umbau und die zusätzliche Nutzung von Haus 23 standen dann ab dem Jahre 2006 insgesamt 77 Plätze zur Verfügung. Andere Interimslösungen für die bis zum Bezug eines Neubaus zu erwartende weitere Überbelegung, wie die Nachnutzung der Gebäude der ehemaligen Justizvollzugsanstalt Gotha als Maßregelvollzug, hatten sich hingegen zerschlagen.

Die Anfang dieses Jahrzehnts für den Maßregelvollzug in Mühlhausen entwickelte Planungsgröße von 100 Behandlungsplätzen – davon 80 Plätze in einem neu zu errichtenden Maßregelvollzug mit baulich

Luftbild Klinik für Forensische Psychiatrie ABB. 98

höchstem Sicherheitsstandard – war beim Bezug des Neubaus im Oktober 2007 mit 98 Patienten fast erreicht. Seither bewegen sich die Belegungszahlen in Mühlhausen in einem Bereich von 95 bis 105 Untergebrachten, eine Stetigkeit in der Entwicklung, die sicher auch ermöglicht wurde mit dem Aufbau einer Forensischen Institutsambulanz, durch die seit 2008 in zunehmendem Maße die Behandlung und Betreuung von entlassenen Patienten des Maßregelvollzuges abzusichern ist.

Die Landesplanung beim Neubau einer Forensischen Psychiatrie in Mühlhausen legte bei 80 hierdurch neu zu schaffenden Plätzen eine Gesamtzahl von 100 (+10 Überbelegungsreserve) Untergebrachten zugrunde. Mehr noch als eine reine Steigerung der Anzahl an Unterbringungsplätzen war bei der Planung des Baus der forensisch-psychiatrischen Klinik die Berücksichtigung therapeutischer und sicherheitsrelevanter Gesichtspunkte von entscheidender Bedeutung. Dabei galt es, innerhalb eines sicher zu kontrollierenden Bereiches, den viele Patienten oft über Jahre nicht unbeaufsichtigt verlassen können, die baulichen Voraussetzungen dafür zu schaffen, dass Möglichkeiten schulischer und beruflicher Förderung sowie Anreize zur Entwicklung eigenständiger Gestaltung von Alltag, Lebensraum, Freizeit und Beziehungen gewährleistet werden. Dieses Lebensumfeld muss geeignet sein, die Defizite in der Entwicklung der Patienten auszugleichen, die zu ihrer Delinquenz beigetragen und damit auch ihre Gefährlichkeit für die Öffentlichkeit begründet hatten. Die therapeutische Arbeit im Maßregelvollzug endet jedoch nicht an den geschlossenen Toren der Unterbringungsinstitution. Gerade der Übergang eines Patienten aus langfristiger stationärer Behandlung in Freiheit und Selbstständigkeit erfordert eine zuverlässige Begleitung, die durch die Erschließung entsprechender Nachsorgemöglichkeiten und den Aufbau einer Institutsambulanz als integralem Bestandteil der Behandlung sicherzustellen war.

Die Arbeit im Maßregelvollzug ist personalintensiv. Weit mehr als durch technische und apparative Maßnahmen ist Sicherheit nur durch den persönlichen Einsatz der Mitarbeiter zu schaffen: durch eine engagierte, aber immer professionelle Gestaltung der Beziehungen zu den Untergebrachten sowie durch die aufmerksame therapeutische Begleitung ihrer Entwicklung.

Die Planung eines Neubaus für ca. 22 Millionen Euro – Vertragsgegenstand bei der Beleihung und 2007 vertragsgemäß in kürzester Zeit fertiggestellt – wurde nach dem Trägerwechsel intensiv betrieben. Der Freistaat begleitete das Bauvorhaben nachdrücklich, insbesondere in Sicherheitsfragen. Heute gilt der Maßregelvollzug Mühlhausen als einer der ausbruchsichersten MRV-Kliniken Deutschlands – und glücklicherweise auch als einer der schönsten.

1990

2011

6.0 Weiterbildung und Forschung

Das ÖHK war und ist voll anerkannte Weiterbildungsstätte zum »Facharzt für Neurologie«, »Facharzt für Psychiatrie und Psychotherapie« sowie »Facharzt für Kinder- und Jugendpsychiatrie und -psychotherapie« sowie für die Zusatztitel »Forensische Psychiatrie« und teilweise »Psychotherapie«. Spezielle Weiterbildungen werden im Rahmen der curriculären Fortbildungen der Thüringer Gesellschaft für Neurologie und Psychiatrie sowie als Kooperationspartner von Ausbildungsinstituten in Göttingen, Erfurt, Leipzig, Dresden, München und Brandenburg angeboten.

Das Krankenhaus betrieb lange mit dem Hufeland-Klinikum Mühlhausen eine Krankenpflegeschule, die jedoch eingestellt werden musste. Die Fachpfleger- und Fachschwesternausbildung findet an Instituten in Weimar, Potsdam und Göttingen statt.

In Zusammenarbeit mit den Universitäten Dresden, Göttingen, München und Jena beteiligt sich das ÖHK an wissenschaftlichen Projekten und führte sogenannte »Phase-IIIb«- und »Phase-IV«-Anwendungsstudien durch, die i.W. der Überprüfung der Praxisanwendung von bereits eingeführten Arzneimitteln oder der Erprobung neuer Indikationen dienen. Bei der »SPACE«-Multicenterstudie zur Erforschung der Schlaganfallvorsorge war die Klinik eines der führenden Zentren. Derzeit werden im Haus zwei Doktorarbeiten durchgeführt, wissenschaftlicher Schwerpunkt der Psychiatrie ist die Amokforschung unter der Leitung von Prof. Dr. Adler.

Der Ärztliche Direktor Prof. Dr. L. Adler ist Vorsitzender des wissenschaftlichen Landesbeirates für den Strafvollzug des Landes Thüringen, Beirat der Mitteldeutschen Psychotherapietage und der Gesellschaft für Bipolare Störungen. Er gehörte der Konsensusgruppe für die S3-Leitlinie Depression an und ist in dieser Funktion bei der S3-Leitlinie Bipolare Störungen und Zwangsstörungen weiterhin tätig. Frau Dr. Schoett ist Vorsitzende des Suchtausschusses der Landesärztekammer Thüringen und damit u. a. zuständig für das Suchtmedizinische Curriculum für Ärzte.

7.0 Ärztliche Selbstverwaltung und Ständeorganisation

Frau Dr. M. Möller ist Vorsitzende der Thüringer Gesellschaft für Neurologie und Psychiatrie und Kinder- und Jugendpsychiatrie und darin Nachfolgerin von Herrn CA Dr. Walther. Prof. Dr. M. Jauß ist 2. Vorsitzender der Kommission Versorgungsforschung der Deutschen Schlaganfallgesellschaft. Prof. Dr. L. Adler ist »Past-Präsident« der Bundesdirektorenkonferenz und Delegierter der Landeskrankenhausgesellschaft

Frühling im ÖHK   ABB. 99

Thüringen im Arbeitskreis »Psychiatrie« der Deutschen Krankenhausgesellschaft. Der Geschäftsführer Herr Dipl.-Ing. Wehlisch war von 1990–2010 Vorsitzender der Thüringer Krankenhausgesellschaft.

8.0 Klinikseelsorge

Klinikseelsorge ist nach der Wende in den neuen Bundesländern in fast allen Krankenhäusern eingerichtet worden; im psychiatrischen Krankenhaus aber hat sie einen besonderen Stellenwert. Das zeigt sich schon in der Errichtung einer Kirche für die Anstalt vor fast 100 Jahren. Seelische Krankheit löst nicht selten – bei aller biologischen und psychosozialen Bedingtheit – auch die Frage nach dem Wert und dem Sinn des Lebens aus. Die Nervenheilkunde und ihre Fachdisziplinen können darauf keine sinnvollen Antworten geben, außer durch persönliches Zeugnis der hier Tätigen.

Es war deshalb früh ein Anliegen der Klinikleitung, einen eigenen Klinikseelsorger einzustellen. Herr Pfarrer Dr. Eggert verstarb viel zu früh nach langem, geduldig ertragenem Leiden (28. Dezember 2005). Im Oktober 2006 nahm dann Herr Pfarrer Götz seine Tätigkeit auf, seit 2011 ist Frau Pfarrerin Skriewe für uns tätig.

Seit dem Trägerwechsel steht uns Bruder Jordan von den Franziskanern des Hülfensberg tätig zur Seite. Neben der Betreuung einzelner Patienten wird auch regelmäßig sonntags im Wechsel ein evangelischer und katholischer Gottesdienst in unserer schönen, inzwischen (fast) voll renovierten Kirche abgehalten.

9.0 Fazit

Für das Krankenhaus und seine Mitarbeiter galt und gilt es einmal mehr, in schwieriger gesellschaftlicher Situation beharrlich für eine wichtige Aufgabe zu arbeiten, Probleme zu lösen, das Mögliche zu realisieren und die Ideale nicht aus dem Auge zu verlieren. Es gilt, Menschen in besonderer Not zu helfen, möglichst zu heilen und immer darin zu unterstützen, wieder ein weitgehend selbstbestimmtes und bereichertes Leben nach schwerer Krise führen zu können. Die christlich-humane Tradition unseres Trägers bietet eine fruchtbare Grundlage für unser Handeln und kann mehr noch ein Schutzschild werden. Es besteht die Gefahr, dass die alte »erbbiologische« Reduzierung des Menschen heute im Gewand der aktuellen molekular- und genbiologischen Diskussion wieder um sich greift und im Verein mit der Kostendebatte zu einer materialistischen Verkürzung des Menschen führt. Das den christlichen Religionen immanente Wissen, dass der Mensch mehr ist als der Leib, und ihr jahrhundertelanger Kampf für psychisch Kranke kann zu einem wichtigen Garant für eine weitere positive Entwicklung werden.

GEZEICHNET

| **Dr. M. Möller** | **Dipl.-Med. K.-U. Preiß** | **Dr. U. Warnke** | **Dr. K. Schoett** |
| CHEFÄRZTIN | CHEFARZT | CHEFÄRZTIN | CHEFÄRZTIN |

Prof. Dr. M. Jauß	**Dipl.-Med. D. Bernstein**	**Dr. N. Boyan**	**Dr. F. Handerer**
CHEFARZT	CHEFÄRZTIN	CHEFARZT	CHEFARZT
			STELLV. ÄRZTL. DIREKTOR

| **B. Schmelzer** | **A. Mayer** | **S. Schröter** | **Dipl.-Ing. oec. K.-L. Mähler** |
| PFLEGEDIREKTION | PFLEGEDIREKTION | HEIMLEITUNG | VERWALTUNGSDIREKTOR |

	Dipl.-Ing. J. Wehlisch	**Prof. Dr. L. Adler**	
	GESCHÄFTSFÜHRER	GESCHÄFTSFÜHRER	
		ÄRZTL. DIREKTOR	

Raum der Stille (Sozialzentrum) ABB. 100

VII. Das Ökumenische Hainich Klinikum heute

Aktualisierungen und Kontaktadressen der einzelnen Kliniken, Stationen und Abteilungen unter: www.oehk.de

1.0 Klinik für Psychiatrie und Psychotherapie

Die Klinik für Psychiatrie und Psychotherapie widmet sich der Behandlung aller psychischen Störungen Erwachsener, die durch schwerwiegende negative, teils kindlich beginnende Erfahrungen bis hin zu Traumen, aber auch durch Hirnstoffwechselstörungen oder dem Gemisch von allem entstehen.

Die genauen Ursachen seelischer Störungen sind so vielfältig, wie wir Menschen es sind. Es geht – neben Herz-Kreislauf-Erkrankungen – um die häufigsten Erkrankungen, die Menschen betreffen; etwa ein Drittel leidet nach neuen Untersuchungen im Leben irgendwann unter behandlungsbedürftigen seelischen Störungen – kein Wunder, wenn man bedenkt, dass das menschliche Gehirn das komplizierteste Organ ist und wir in einer höchst komplexen und anspruchsvollen Umwelt leben. Sie hat sich weit entfernt von dem, wie Menschen ursprünglich lebten. Auch körperliche und vor allem neurologische Erkrankungen können psychische Störungen bewirken und müssen vor Annahme einer psychisch bedingten Störung untersucht und ggf. ausgeschlossen werden. Dazu dienen im Hause die Spezialisten der Klinik für Neurologie. Aber auch psychologische und Untersuchungsmethoden anderer medizinischer Fachrichtungen stehen Ihnen zur Verfügung. Die Psychiatrie und Psychotherapie verfügt heute über höchst wirksame Behandlungsverfahren, die die Gesundheit ganz wiederherstellen oder doch wenigstens Leiden mildern können. In den letzten Jahrzehnten hat sich unser Wissen über psychische Erkrankungen explosionsartig vermehrt; niemand kann mehr alles über das Fach wissen und erfolgreich anwenden. In dieser Klinik stehen für die meisten Störungen deshalb spezialisierte Stationen zur Verfügung, die einen mehrdimensionalen und individuellen Zugang zu den jeweiligen Problemen erlauben. Sie werden sich Ihnen nachfolgend vorstellen. Spezialisierung ist uns allen im Alltag vertraut und in der

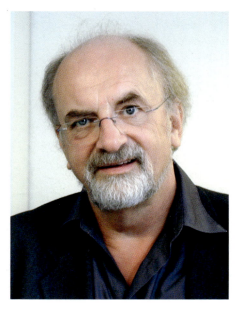

Lothar Adler ABB. 101

Medizin sonst auch üblich – sie erscheint uns als eine wichtige Voraussetzung zur Therapieoptimierung. Jedes Mitglied des Behandlungsteams kann in seinem Bereich die optimale Behandlung, Beratung und Pflege aufgrund eingehender Erfahrungen leisten. Jede psychische Behandlung braucht aber auch die ganze Unterstützung des Patienten, von der mehr noch als bei körperlichen Erkrankungen der volle Erfolg abhängt.

Solche Behandlungen brauchen heute in der Regel nur wenige Wochen, bis die Krankheit zumindest soweit überwunden ist, dass ambulante Weiterbehandlung bei einem Nervenarzt, Psychologen, in unserer psychiatrisch-psychotherapeutischen Institutsambulanz oder dem vertrauten Hausarzt möglich ist, mit denen wir eng zusammenarbeiten.

Diesem Aufwand steht großer Gewinn gegenüber. Seelische Krisen und psychische Erkrankungen können – erfolgreich überwunden – zu einem neuen und besseren Leben und zu einer bereichernden Erweiterung der Sicht der Welt und der Kenntnisse über sich selbst führen.

Diese Chance sollte niemand ausschlagen.
Ihr
Prof. Dr. med. L. Adler
Ärztlicher Direktor

Kai-Uwe Preiß ABB. 102

1.1 ABTEILUNG FÜR AFFEKTIVE STÖRUNGEN

Die Abteilung unter der Leitung von Herrn Chefarzt Dipl.-Med. Kai-Uwe Preiß dient der Aufnahme akut psychisch Kranker und befasst sich vorrangig mit Erkrankungen, die die Gefühle und/oder deren Steuerung von Menschen beeinträchtigen. Weiterhin wird von ihr die Psychiatrische Aufnahmestation vorgehalten, die der ersten Untersuchung und Diagnostik dient, ehe es dann auf eine Spezialstation geht – oder nach Hause.

1.1.1 Psych A2 (NPZ). Geschützte Akut-Aufnahmestation

Die Aufnahmestation befindet sich im neu erbauten Neurologisch-Psychiatrischen Zentrum und verfügt über moderne Ein- und Zweibettzimmer mit Nasszelle. Es ist bewusst eine sehr kleine überschaubare »Intensiv«-Station, deren Angebote sich an Patienten richten, die bei neu aufgetretenen psychiatrischen Erkrankungen der raschen Diagnostik und Therapie bedürfen. In enger Zusammenarbeit mit der benachbarten Neurologie erfolgt nach Aufnahme die Diagnostik und meist am Folgetag die Verlegung auf eine weiterführende allgemein-psychiatrisch-psychotherapeutische Station, die ein spezielles Behandlungsangebot vorhält.

Psych A ABB. 103

2012

Team der Station Psych A1   ABB. 104

1.1.2 Psych A1 (NPZ). Aufnahmestation – Schwerpunkt affektive Störungen

Die Station Psychiatrie A1 im Neurologisch-Psychiatrischen Zentrum (Geschäftsführender Oberarzt Psych A1/A2: M. Joswig) ist eine offene Aufnahmestation. Es können Patienten mit allen psychiatrischen Erkrankungen aufgenommen werden, die trotz ihrer akuten psychischen Krise in der Lage sind, sich selbstverantwortlich zu steuern. Besondere Behandlungsangebote bestehen für Menschen mit Stimmungserkrankungen wie Depressionen und manisch-depressiven Erkrankungen. Patienten mit emotionalen Störungen der Persönlichkeit in Folge von Traumen sind ein weiterer Schwerpunkt.

Die Station (26 Betten) im neu erbauten NPZ verfügt über Ein- und Zweibettzimmer mit Nasszelle in einem schönen Ambiente einer Altbauvilla. Die tagesklinische Behandlung erfolgt stationsintegriert. Es stehen die modernsten diagnostischen und therapeutischen Angebote des Krankenhauses zur Verfügung. Für die meisten Behandlungen haben sich Behandlungskonzepte als wirksam erwiesen, die aus einer Verbindung von spezieller Psychopharmako- und psychotherapeutischer Therapie und weiteren unterstützenden Methoden bestehen. Der Schwerpunkt der Psychotherapie liegt auf der Verhaltenstherapie, es werden aber interpersonelle und tiefenpsychologische Elemente integriert. Die Verfahren kommen in Einzel- als auch Gruppengesprächen zum Einsatz. Ergänzt werden diese Angebote durch pflegerische, physiotherapeutische, soziotherapeutische und biologische Behandlungsangebote.

Der vollstationäre Aufenthalt kann durch tagesklinische Behandlung verkürzt werden bzw. primär die Aufnahme in die Tagesklinik erfolgen. Ergänzend sind poststationäre Behandlungen möglich. Ambulante Behandlung erfolgt in der Depressionssprechstunde der Psychiatrischen Institutsambulanz (z. B. »ambulante Depressionsgruppe«, Unterstützung von Selbsthilfegruppen).

1.1.3 Haus 2. Depressionsstation

Haus 2 ist eine anerkannte Spezialstation im »Arbeitskreis Depressionsstationen« Deutschland/Schweiz nach Prof. Dr. M. Wolfersdorf. Unser spezielles Behandlungsangebot richtet sich an Patienten mit einer depressiven Erkrankung. Dabei kann es um Ersterkrankungen als auch um immer wieder auftretende oder um chronische Depressionen gehen. Ebenso werden zusätzlich auftretende Störungen, wie unverhältnismäßige Ängste, Zwangsgedanken und -handlungen sowie andere Persönlichkeitseigenarten, die selbst als störend oder unangemessen erscheinen, im therapeutischen Konzept berücksichtigt.

Die Basistherapie bildet eine Kombination aus Pharmakotherapie und Verhaltenstherapie. Je nach depressiver Erkrankung nutzen die Psychotherapeuten die kognitive Verhaltenstherapie, die interpersonelle Therapie (IPT) oder die spezielle Behandlung bei chronischen Depressionen CBASP (Cognitive Behavioral Analysis System of Psychotherapy). Die Psychotherapie findet in Einzel- als auch Gruppengesprächen statt. Unser langjährig erfahrenes Pflegepersonal ist fest in diese Behandlung eingebunden.

Haus 2   ABB. 105

Team Haus 2 ABB. 106

Unser Angebot umfasst zudem natürlich somatische Diagnostik und individuell angepasste, spezifische medikamentöse Therapie. Weiterhin bieten wir ergänzende Verfahren wie Lichttherapie, Biofeedback, Entspannungstherapie, Schlafentzugs- und Schlafphasenvorverlagerungstherapie sowie transkranielle Magnetstimulationstherapie an. Hinzu kommen Ergotherapie, Physio- und Sporttherapie sowie Kunsttherapie. Bei sozialen Problemen finden Sie Unterstützung durch unsere Sozialarbeiterin. In die Behandlung werden die Angehörigen eingebunden.

Die Behandlung findet in einer renovierten Villa mit Zwei- und Dreibettzimmern statt. Integriert sind fünf tagesklinische Plätze. Der vollstationäre Aufenthalt kann durch tagesklinische Behandlung verkürzt werden bzw. primär die Aufnahme in die Tagesklinik erfolgen. Ergänzend sind kurze poststationäre Behandlungen und ambulant längerdauernde Behandlungen in der Depressionssprechstunde der Psychiatrischen

Institutsambulanz (ambulante Depressionsgruppe, Unterstützung von Selbsthilfegruppen) möglich, wenn sich sonst kein anderes Angebot bei niedergelassenen Nervenärzten oder Psychologen findet.

1.2 ABTEILUNG FÜR PSYCHOSEKRANKE

Die Abteilung für Psychosekranke unter der chefärztlichen Leitung von Frau Dr. Marlene Möller befasst sich überwiegend mit der Behandlung von Erkrankungen, die aufgrund von Hirnstoffwechselstörungen zunächst das Denken, manchmal die Selbststeuerung, oft die Konzentration und das Leistungsvermögen beeinträchtigen. Wichtig ist dann im Weiteren die Behandlung von seelischen Folgeschäden, die oft genauso belasten wie die Erkrankung selber.

Zu Beginn werden diese Erkrankungen mit Medikamenten behandelt. Die Entwicklung verschiedener anderer Therapieformen wie das Konzept von Frau Dipl.-Psych. Uthe zur Psychotherapie bei Psychosen (seit ca. 1978) war früher etwas völlig Neues und setzte auch die Einbeziehung des Pflegepersonals und anderer Berufsgruppen, wie Physiotherapeuten, voraus, die alle durch lange Erfahrungen einen deutlichen Zuwachs an Kompetenz erlebten.

Im Haus 4 hat Frau Dipl.-Med. K. Barnstorf als Chefärztin zusätzlich zehn Jahre lang eine Substation zur *Mutter-Kind-Behandlung* aufgebaut und geleitet, was ein völliges Novum in unserer Klinik, aber auch überhaupt im Lande Thüringen war. Diese Behandlung betraf vor allem die postnatalen Störungen und damit die Erkrankungen der Erwachsenen, aber auch die dadurch eventuell mitbedingte Bindungs- und Interaktionsstörung der Beziehung zwischen Mutter und Kind. Dieses Konzept wird seit 2010 im Haus 1 als Multi-Familien-Therapie-Station fortgesetzt, wo dann das System Familie im Vordergrund steht und von Spezialisten sowohl der KJPP als auch der Erwachsenenpsychiatrie unterstützt wird.

Marlene Möller ABB. 107

2012

Haus 4 ABB. 108

1.2.1 Haus 4. Aufnahmestation für Frauen

Haus 4 ist eine ausschließlich von Frauen in Anspruch genommene akute psychiatrische Aufnahmestation für alle Erkrankungen. Im Rahmen von Stoffwechselstörungen des Gehirns und in psychischen Krisensituationen kann es gelegentlich zu emotionalen Verstimmungen kommen, die die Patienten ernsthaft gefährden können. Für diese Patienten besteht im Haus 4 auf einer Substation die Möglichkeit des Schutzes vor sich selbst. Intensive ärztliche, psychologische und pflegerische Betreuung einerseits und Sicherung andererseits tragen dazu bei, erfolgreich über Krisensituationen hinwegzuhelfen.

Wir bieten neben gezielter medikamentöser Therapie milieu-, sozio-, ergo- und physiotherapeutische Möglichkeiten an, die abhängig von den Fähigkeiten und Bedürfnissen des Einzelnen genutzt werden können. Nach der Überwindung der Krise können die Patienten rasch in den offenen Bereich der gleichen Station oder auf eine der zahlreichen Spezialstationen der Kli-

Team Haus 4 ABB. 109

pentherapie, Maltherapie, Ergotherapie, Psychopharmakotherapie, sozialtherapeutischen Maßnahmen bis hin zu körpernahen Behandlungsverfahren wie Physiotherapie, Krankengymnastik u. ä.

In der Funktion als akute psychiatrische Aufnahmestation erfolgen hier die Basisdiagnostik psychischer Erkrankungen und der Therapiebeginn mit der notwendigen Medikamenteneinstellung und anderer Therapieformen im Rahmen der Betreuung durch unser multiprofessionelles Team.

1.2.2 Haus 22. Aufnahmestation für Männer

Haus 22 ist eine geschützte psychiatrische Behandlungsstation für Männer mit akuten psychiatrischen Krankheitsbildern oder in Lebenskrisen. Im Rahmen dieser Störung kommt es krankheitsbedingt gelegentlich zu Schwierigkeiten, Impulse gegen sich und andere hinreichend zu steuern. Für diese Patienten stehen zehn Betten als Substation im Haus zur Verfügung, bei denen sie vor sich und ihren Handlungen vorübergehend geschützt werden, bis selbstgesteuertes Handeln wieder möglich ist. Dieses wird ermöglicht durch eine intensive pflegerische und ärztliche Betreuung und einen besonderen Halt bietenden Schutzrahmen. Selbstverständlich ist eine intensive Diagnostik vorgeschaltet.

nik verlegt werden, wo die Ursachen der Erkrankung oder Lebenskrise eingehend untersucht und behandelt werden können. Niederschwellige Angebote unseres Hauses richten sich speziell auch an chronisch psychisch Kranke, deren Ressourcen wir nutzen wollen, um ihnen wieder Teilhabe am gesellschaftlichen Leben zu ermöglichen.

Haus 4 ist eine 1994 großzügig renovierte Villa mit 25 Betten, davon 9 geschützten Betten, aufgegliedert in Ein-, Zwei- und Dreibettzimmer. Das therapeutische Angebot reicht von Einzelgesprächen über Grup-

Haus 22 ABB. 110

Nach der Überwindung der Krise können die Patienten rasch in die obere Abteilung der gleichen Station oder auf eine der zahlreichen Spezialstationen der Klinik verlegt werden, wo die Ursachen der Erkrankung oder Lebenskrise eingehend untersucht und behandelt werden können.

Niederschwellige Angebote unseres Hauses richten sich speziell auch an chronisch psychisch Kranke, deren Ressourcen wir ausbauen und nutzen wollen, um ihnen wieder verbesserte Teilhabe am gesellschaftlichen Leben zu ermöglichen. Schwerpunkt der Behandlung besteht in Einzelgesprächen und bei Hirnstoffwechselstörungen zusätzlich im Einsatz von geeigneten Medikamenten. Bei körperlichen Erkrankungen als Ursache der seelischen Störung werden die entsprechenden Fachdisziplinen konsiliarisch hinzugezogen. Wir bieten milieu-, sozio-, ergo- und physiotherapeutische Möglichkeiten an, die abhängig von den Fähigkeiten und Bedürfnissen des Einzelnen genutzt werden können.

Haus 22 wurde 1996 renoviert; es stehen Ein- und Zweibettzimmer mit Waschgelegenheiten und besonders geschützte und betreute Mehrbettzimmer zur Verfügung.

Team Haus 22 ABB. 111

2012

Haus 5 ABB. 112

1.2.3 Haus 5. Spezielle psychiatrische Sozio- und Psychotherapiestation

Haus 5 ist eine Spezialstation für chronisch psychisch Kranke nach langer Behandlung mit Restsymptomen, die zu einer Entkopplung aus dem sozialen Umfeld geführt hat.

Neben den allgemeinen psychiatrisch-psychotherapeutischen Behandlungsmodalitäten liegt der Schwerpunkt des Hauses in der Durchführung eines an den individuellen Möglichkeiten orientierten, abgestuften Trainingsprogramms zur Verbesserung der sozialen Fertigkeiten und dem (Wieder-)Erlernen von Strategien zur Alltags- und Problembewältigung.

Ziel ist es immer, eine für den Patienten größtmögliche Selbstständigkeit in einem befriedigenden Alltagsleben zu ermöglichen, sodass künftige stationäre »Drehtür«-Behandlungen vermieden werden. Das besondere Profil des Hauses zeigt sich u. a. in der Vorhaltung einer selbstversorgenden Wohngruppe innerhalb der Station sowie der Möglichkeit, sich in einem Einzelzimmer selbst komplett zu versorgen.

Belastungserprobungen in Mühlhäuser Betrieben sind ein Teil unseres Angebotes. Oft ist eine medikamentöse Behandlung nötig, die während der Betreuung nach neuesten Erkenntnissen optimiert wird. Nachsorge ist über die Institutsambulanz der Klinik möglich.

Die Station verfügt insgesamt über 28 Betten, davon befinden sich sechs in zwei Außenwohngruppen.

1.2.4 Haus 13. Psychotherapie bei Psychosen und Persönlichkeitsstörungen

Spezifikum unserer Station ist ein Therapieprogramm für schizophren und schizoaffektiv Erkrankte, die motiviert sind, mithilfe spezieller Therapieangebote aktiv an ihrer Behandlung mitzuarbeiten und somit mehr Kompetenz im Umgang mit der psychischen Erkrankung zu erreichen.

In der Regel profitieren Patienten mit Ersterkrankungen und Patienten mit größeren Abständen zwischen Krankheitsphasen davon besonders gut. Im Vordergrund stehen genaue Informationen über die Erkrankung (Patient und Angehörige), Behandlungsmöglichkeiten und Umgang und Bewältigung der Krankheit wie Identifikation von Stressoren und Frühwarnzeichen.

Das Gruppenangebot basiert vorwiegend auf verhaltenstherapeutisch-kognitiven Verfahren, tiefenpsychologisch orien-

Team Haus 5 ABB. 113

Außerdem befinden sich auf dem Klinikgelände drei an die Station angeschlossene selbstversorgende Wohngruppen, die der unmittelbaren Vorbereitung der Entlassung in die eigene Wohnung oder in eine betreute Wohngruppe dienen.

Therapeutisch werden neben Verhaltenstherapie mit Rollenspiel, Selbstsicherheitstraining, kognitivem Training, Entspannungstherapie und Training alltagspraktischer Fähigkeiten Einzel- und Gruppengespräche mit dem Ziel der Krankheitsbewältigung angeboten. Auch Arbeits- und

2012

tierte Intervention im Einzelkontakt ist dabei mit integriert.

Wir bieten obendrein ein dreiwöchiges, in sich geschlossenes Psychoedukationsprogramm an. Der Patient soll zu einer verbesserten Selbstwahrnehmung, Reflexion eigener Krankheitssymptome und Verursachungen befähigt werden – er soll Fachmann seiner Erkrankung werden. Im Weiteren liegt ein Schwerpunkt auf der Kontaktgestaltung und Beziehungsarbeit innerhalb der Gruppe.

In der modernen Psychosebehandlung ist die Einbeziehung der Angehörigen ein ganz wichtiger Faktor, wo zum gegenwärtigen Zeitpunkt der Schwerpunkt auf der Informationsvermittlung und der psychischen Entlastung für die Angehörigen liegt.

Außerdem besteht ein ausgefeiltes Psychotherapieprogramm für Patienten mit Persönlichkeitsstörungen, das Psychoedukation, Intervalltherapie und Einzelpsychotherapie beinhaltet.

Die Station befindet sich in einer schön angelegten Villa und hält 23 Behandlungsbetten in Ein- sowie Mehrbettzimmern zur Verfügung. Die Behandlungen dauern im Durchschnitt sechs Wochen.

1.3 Abteilung für Psychotherapie und Psychosomatik. Haus 6

Die Abteilung unter der chefärztlichen Leitung von Herrn Prof. Dr. Lothar Adler dient der Behandlung all derer, die unter seelischen Störungen und Belastungen leiden, über und von denen alles gesagt wurde, sich aber nichts gebessert hat.

Die Abteilung für Psychotherapie und Psychosomatik (Oberärztin: P. Begrich) ist in der vollsanierten Villa Haus 6 untergebracht. Behandelt werden insbesondere Menschen mit Anpassungsstörungen, Angsterkrankungen, depressiven Störungen (»Burn-out«), akuten Belastungsreaktionen (»Mobbing«) und posttraumatischen Belastungsstörungen. Der psychosomatische Schwerpunkt umfasst sogenannte funktionelle Störungen, die durch psychische Probleme (mit-)verursacht oder stark von psychischen Belastungen abhängig sind, wie chronische Schmerzen, Ohrgeräusche, Essstörungen und unklare Erschöpfungszustände.

In der Regel haben die Patienten eine lange Leidensgeschichte hinter sich und der Arzt ist – wie der Patient – ratlos, was eigentlich nicht stimmt. Die Behandlung basiert im Kern auf einem tiefenpsychologisch-psychoanalytischen Therapiesetting. In der stationären Behandlung geht es um Erinnern, Verstehen und Durcharbeiten zunächst unbewusster (oft auch nur »heruntergeschluck-

Haus 13
ABB. 114 · OBEN

Team Haus 13
ABB. 115 · UNTEN

ter«) Konflikte mithilfe verschiedenster Verfahren, die von Einzelgesprächen, Gruppenarbeit, imaginativen Verfahren bis hin zu Mal- und Musiktherapie reichen können. Verhaltenstherapeutische Hilfsverfahren wie Genuss-, Selbstbehauptungs-, Angst-, Expositions-, Problemlösungs- und Kompetenztraining u. a. werden ergänzend eingesetzt. Zusätzlich bieten wir medikamentöse Therapien, Biofeedback und andere Entspannungsverfahren an. Im Rahmen der Milieu- und Genusstherapie finden umfangreiche Freizeitaktivitäten am Tage und auch an Wochenenden statt. Körperliche Begleiterkrankungen werden in unserem Haus weiterbehandelt und im Bedarfsfall durch Konsile bei anderen Fachärzten verbessert. Anschließende tagesklinische Behandlung hilft oft, den Übergang zum Alltag besser zu schaffen.

Haus 6 ABB. 116

Team Haus 6 ABB. 117

Im September 1998 erfolgte die vollständige Rekonstruktion des Hauses. Es verfügt über 23 vollstationäre Behandlungsplätze, die in Ein- bis Dreibettzimmern (mit Dusche und WC) aufgeteilt sind.

Bei vielen Patienten stellt die stationäre Behandlung in einer Krise nur eine erste Hilfe zur inneren Umorientierung dar, der sich eine länger dauernde Psychotherapie im ambulanten Bereich anschließen sollte. Da es oft Schwierigkeiten gibt, rasch einen Behandlungsplatz zu finden, bietet Haus 6 eine ärztlich/psychologisch geleitete Wartelistengruppe an, die zur Überbrückung dient. Seit dem 1. Dezember 2011 wird diese Gruppe von Frau Dipl.-Psych. Vogt geleitet, die langjährige Stationsleiterin der Psychotherapiestation seit ihrer Eröffnung 1978 war.

Die Einweisung erfolgt entweder über den Hausarzt, den behandelnden Facharzt oder Psychotherapeuten sowie über unsere Institutsambulanz. Ein ambulantes Vorgespräch oder eine Besichtigung ist nach telefonischer Vereinbarung gern möglich.

Abteilung für geistig und mehrfach behinderte Menschen. Haus 20

Die Abteilung für geistig und mehrfach behinderte Menschen unter der chefärztlichen Leitung von Herrn Dipl.-Med. Preiß in Haus 20 widmet sich der Behandlung geistig und mehrfach behinderter erwachsener Menschen. Dies erfolgt gemischtgeschlechtlich entweder in einem offenen (teil- oder vollstationär) oder geschützten Setting. Intellektuell behinderte Patienten mit Verhaltensauffälligkeiten oder psychischen Störungen unterschiedlichen Schweregrades, aber auch mit schwer einstellbaren Epilepsien, hirnorganischen Psychosyndromen u. a. werden hier aufgenommen. Häufig geht es um Patienten, die heilpädagogisch nicht hinreichend gefördert werden konnten oder in ihrem Umfeld in schwerwiegende Krisen geraten sind, die zu sehr unterschiedlichen psychischen Störungen führen können.

Haus 20   ABB. 118

Die Station befindet sich in einer neu renovierten Villa mit Zwei- und Dreibettzimmern. Das Haus verfügt über 22 Betten in zwei Teilstationen und einer sozialtherapeutisch orientierten, hausinternen Wohngruppe mit vier Betten. Die tagesklinische Behandlung erfolgt je nach Bedarf stationsintegriert.

Schwerpunkt ist nicht die Diagnostik der intellektuellen Behinderung, sondern die der zusätzlichen Komplikationen und Störungen. Wir bieten therapeutisch eine umfangreiche, fachärztlich geleitete psychiatrische, neurologische und allgemeinmedizinische Behandlung an. Es werden regelmäßige Visiten, Einzel- und Gruppengespräche, Physio- und Beschäftigungstherapien durchgeführt. Das Psychotherapieangebot ist pragmatisch-konfliktzentriert oder verhaltensmedizinisch orientiert und beinhaltet neben Gesprächsangeboten unterschiedlich gestufte Trainingsmaßnahmen.

Pflege und Förderung haben einen besonders hohen Stellenwert und sind kombiniert mit einer intensiv stützenden ergotherapeutischen Betreuung und einer spezi-

Team Haus 20 ABB. 119

ellen Physiotherapie. Eine enge Zusammenarbeit besteht mit den Wohnheimen in der Umgebung, den Werkstätten für behinderte Menschen und komplementären Einrichtungen.

Die Angebote orientieren sich an den Standards der Arbeitsgruppe »Geistige Behinderung« der Bundesdirektorenkonferenz, deren Mitglied wir sind.

Weiterhin können ambulante Fragestellungen in der Spezialsprechstunde der Institutsambulanz des Klinikums geklärt und behandelt werden.

1.5 ABTEILUNG FÜR PSYCHIATRIE UND PSYCHOTHERAPIE DES HÖHEREN LEBENSALTERS

Die Abteilung für Psychiatrie und Psychotherapie des höheren Lebensalters unter der chefärztlichen Leitung von Frau Dr. Ursula Warnke befasst sich mit allen psychischen Erkrankungen des höheren Lebensalters und gehört zu den stark vermehrt in Anspruch genommenen Abteilungen des Hauses. Sie befasst sich nicht nur mit den von vielen so sehr gefürchteten und oft zu

Unrecht unterstellten Demenzerkrankungen, sondern auch mit den rein seelisch bedingten Störungen, Angsterkrankungen und Depressionen des höheren Lebensalters, deren Bedeutung oft unterschätzt wird.

1.5.1 Alter und seelische Krankheiten

Die Gerontopsychiatrie versteht sich als Teilgebiet der klinischen Psychiatrie und Psychotherapie und fühlt sich primär zuständig für die Behandlung der alten psychisch kranken Menschen, für die die vielfältigen Verflechtungen zwischen der psychischen Befindlichkeit, dem körperlichen Wohlbefinden und den sozialen Rahmenbedingungen typisch sind. Nach der Definition der Deutschen Gesellschaft für Gerontopsychiatrie und Psychotherapie hat sie unter Bezug auf Ergebnisse der Forschung von Gerontologie und Geriatrie »eigene präventive, diagnostische, therapeutische und rehabilitative Strategien entwickelt« (Website der DGGPP, 2003).

Alt werden ist nicht zwangsläufig mit psychischen Störungen verbunden, aber mit dem Fortschritt der Jahre kommen alterstypische Belastungen, Krisensituationen und Erkrankungsrisiken, die zu bewältigen sind. Dazu zählen der natürliche Alterungsprozess an sich, der Abschied von Gewohntem und Vertrautem und selbstverständlich immer häufiger die Trauer um den Verlust

Ursula Warnke   ABB. 120

geliebter Menschen. Es treten ernsthaftere körperliche Erkrankungen mit erhöhtem Behinderungs- oder Sterblichkeitsrisiko ein, die das bisherige Gefühl von Lebenssicherheit und das eigene Selbstbild bedrohen. Das alles kann, muss aber nicht das seelische Gleichgewicht belasten. Anders als bei körperlichen Erkrankungen erfolgen Beachtung und Auseinandersetzungen mit psychischen Krankheiten des Alters noch ungenügend. Bei vielen alten Menschen führt das zur Scham, sich mitzuteilen.

Sind psychische Störungen im Alter aber offensichtlich, wird eher von einer organischen Ursache ausgegangen und therapeutisch eher pessimistisch gedacht »Das

Alter…«, »Der Alzheimer« etc. Nach wie vor werden erlebnisbedingte Einflüsse noch zu oft außer Acht gelassen; nur 1 % der ambulanten Psychotherapiepatienten ist älter als 60 Jahre.

Die Prognose psychischer Erkrankungen alter Menschen kann durch eine frühzeitige Erkennung und Behandlung erheblich verbessert werden, was sich wiederum günstig auf den Behandlungsverlauf körperlicher Erkrankungen auswirkt.

Natürlich wird auch manchmal die Furcht vor dem »Alzheimer« wahr. In Thüringen erkranken jährlich ca. 6 000 bis 7 000 Menschen neu an einer Demenz, wobei das Erkrankungsrisiko vor allem mit dem Lebensalter ab 80 Jahren steigt. Festzuhalten bleibt aber, dass Angst- und depressive Störungen häufiger sind und leicht damit verwechselt werden können.

1.5.2 Historischer Abriss

Ein kurzer, ergänzender historischer Abriss soll die Entwicklung in unserer Abteilung darstellen. Bis etwa Ende der 80er Jahre erfolgte die Behandlung alterspsychiatrischer Erkrankungen je auf einer Männer- und Frauenstation mit chronisch psychisch kranken Betreuungspatienten, die erst Anfang der 90er Jahre in neu entstandene Heimeinrichtungen verlegt wurden. In den folgenden Jahren haben wir uns oft in Umbruchsituationen und Neuanfängen befunden. Bis Mitte der 90er Jahre erfolgte die Behandlung in der Abteilung mit 60 klinisch stationären Betten in den Häusern 3 und 16. Die Nachfolge der Chefärztin Frau Dr. Ch. Fritzsche übernahm ab 1. April 1997 Frau Dr. Ursula Warnke.

1998 sind wir in unsere erste vollständig neu sanierte Station – Haus 3 – zurückgezogen, die ab 2003 als eine der ersten gerontopsychiatrischen Depressionsstationen Deutschlands geführt wurde. Im März 2001 startete die spezialisierte Gedächtnis- und Demenzsprechstunde als ambulantes Leistungsangebot der Psychiatrischen Institutsambulanz. Ende 2001 zog die ehemalige Station Haus 16 in zwei getrennte Stationen mit unterschiedlichen Behandlungsschwerpunkten in das von der internistischen Abteilung verlassene Haus 7 um. Mit der Eröffnung des NPZ 2004 kam als dritte Station die psychiatrische Station Psych B zur Abteilung. 2005 bestand die Abteilung dann aus drei Spezialstationen mit 62 Betten sowie einer zugeordneten PIA (Haus 3, Haus 7, Psychiatrische Station B). Ab Mai 2008 startete als vierte die Station Psych C im NPZ mit der Möglichkeit einer weiteren Differenzierung und Diagnosetrennung. Im Juni 2009 wurde Herr Dr. Witzenhausen zum geschäftsführenden Oberarzt der Abteilung ernannt.

Mit Erweiterung durch Inbetriebnahme einer fünften Station nach Grundsanierung

2012

und Einzug in das Haus 7 im September 2011 mit zwei gerontopsychiatrischen Stationen und einer Tagesklinik sowie einer PIA-Kontaktstelle wurde das gerontopsychiatrische Zentrum eröffnet.

Wir freuen uns darüber, dass die Abteilung heute über ein beispielhaftes, sehr differenziert gefächertes diagnostisches und therapeutisches Angebot mit vollstationärer, tagesklinischer und ambulanter gerontopsychiatrischer Behandlungsmöglichkeit verfügt.

1.5.3 Intensivstation Psych B im NPZ

Die psychiatrische Station B ist eine gerontopsychiatrische Aufnahmestation im NPZ mit 26 Betten für die Akutbehandlung bei Demenzerkrankungen und hirnorganischen Psychosyndromen mit behandlungsbedürftigen neurologischen und internistischen Parallelerkrankungen. Sie ist somit eine interdisziplinäre Intensivstation für das Management akuter gerontopsychiatrischer Notfallsituationen, vor allem akuter Verwirrtheitszustände/Delire mit erhöhtem diagnostischen Abklärungsbedarf.

Die pflegerische Stationsleitung liegt in den Händen von Schwester Heike Asch.

Zu den Behandlungsindikationen zählen schwerpunktmäßig akute hirnorganische Störungen aufgrund zerebraler oder körperlicher Allgemeinerkrankungen im Alter, sogenannte Durchgangssyndrome, aber auch krisenhafte Verschlechterungen bei Demenzpatienten mit besonders hohem psychiatrisch-pflegerischen Betreuungsbedarf.

Der angestrebte eng verzahnte Behandlungsansatz von Psychiatrie, Neurologie und innerer Medizin soll unter Nutzung der im Neurologisch-Psychiatrischen Zentrum komplett vorhandenen und naheliegenden diagnostischen Möglichkeiten eine kontinuierliche multiprofessionelle Behandlung bei diesen komplexen Krankheitsbildern ermöglichen, um somit einen bestmöglichen Zustand nach Abklingen der akuten Krankheitssymptome zu erreichen und sekundäre Komplikationen zu vermeiden. Die Station hat ebenfalls die Aufgabe der Weiterverlegung zu anderen spezialisierten psychiatrischen Behandlungen innerhalb der gerontopsychiatrischen Abteilung je nach medizinischer und sozialer Indikation.

Psych B Innenhof Garten
ABB. 121 · OBEN

Team Psych B
ABB. 122 · UNTEN

1.5.4 Aufnahmestation Psych C im NPZ

Die psychiatrische Station C ist eine seit Mai 2008 neu eingerichtete Station innerhalb der gerontopsychiatrischen Abteilung. Sie ist in einer neu renovierten, an das NPZ angegliederten Villa untergebracht und bietet in den Zweibettzimmern (teilweise mit Balkon) allen modernen Komfort (behindertengerecht), Fahrstuhlnutzung, gute Erreichbarkeit der Physiotherapie, einschließlich Bewegungsbad.

Die Station mit 20 Betten wird pflegerisch von Schwester Silva Krause geleitet. Sie dient zum einen der Früh- und Differentialdiagnostik und Therapie für ältere Menschen mit kognitiven und alltagspraktischen Beeinträchtigungen zur Befähigung zu bestmöglicher weiterer Selbstständigkeit in der Häuslichkeit.

Neben einer möglichen frühen Demenzabklärung ist ein weiterer inhaltlicher Schwerpunkt die Behandlung von Angst- und Anpassungsstörungen, erlebnisreakti-

Psych C ABB. 123

ven Störungen, chronischen Schmerzsyndromen sowie Abhängigkeitserkrankungen und die Behandlung von Entzugssyndromen, vor allem bei Benzodiazepin- und Schmerzmittelabhängigkeit. Nach einer Entgiftungs- und Stabilisierungsphase zielt die Behandlung auch auf eine Motivation zu einer abstinenten Lebensführung.

Vor und nach der Behandlung steht die ambulante Psychiatrische Institutsambulanz (räumlich benachbart) den Patienten und Angehörigen zur Verfügung.

Team Psych C ABB. 124

1.5.5 Haus 3. Depressionsstation

Haus 3 ist als gerontopsychiatrische Depressionsstation eine gemischtgeschlechtliche Aufnahmestation mit 24 Betten zur Behandlung depressiv Erkrankter im höheren Lebensalter. Sie steht unter der pflegerischen Leitung von Schwester Petra Porzelt.

Depressionen im höheren Lebensalter weisen eine Reihe von Besonderheiten auf, denen in der Diagnostik und Differentialdiagnostik sowie im Behandlungsprozess im Rahmen eines diagnosespezifisch strukturierten stationären Umfeldes Rechnung getragen wird. Die Einzel- und Gruppenbehandlungen beinhalten neben der medikamentösen Therapie auch psychotherapeutische und sozialtherapeutische Angebote, Ergo- und Bewegungstherapie, Angehörigenarbeit sowie die Mitbehandlung körperlicher Begleiterkrankungen. Neben dem Behandlungsziel, depressive Symptome im Alter zu lindern oder zu heilen, sollen die Patienten auch motiviert werden, ihre gesunden Anteile und Potenziale in die Behandlung einzubringen und zu entfalten. Angehörige depressiv Erkrankter werden in die Behandlung mit einbezogen, beraten und über die Erkrankungsbilder aufgeklärt, da sie häufig selbst stark belastet sind. Die Behandlung depressiver Störungen im Alter ist aussichtsreich und lohnend. Über die gerontopsychiatrische Institutsambulanz ist eine ambulante Behandlung depressiv erkrankter

2012

100 JAHRE PFAFFERODE 1912–2012   HEUTE   **223**

1.5.6 Gerontopsychiatrisches Zentrum

Unter Berücksichtigung der sehr unterschiedlichen psychiatrischen Erkrankungsbilder im Alter und daraus resultierender Betreuungsbesonderheiten und Anforderungen sind die Stationen nach Behandlungsschwerpunkten differenziert.

1.5.6.1 Station 7/1. Aufnahme bei besonderem Schutzbedarf für demenziell Erkrankte

Die ebenerdig gelegene Station mit 18 Betten steht bei besonderem Schutzbedarf zur Diagnostik und Therapie, vor allem bei Störungen des Verhaltens und der Emotionen bei mittelschwer bis schwer demenziell Erkrankten, zur Verfügung. Sie dient auch der Krisenintervention von Heimpatienten. älterer Patienten im Anschluss an einen stationären Aufenthalt möglich, wenn noch keine Betreuung in einer niedergelassenen Facharztpraxis besteht oder das Krankheitsbild einer besonders intensiven multiprofessionalen Nachbetreuung bedarf. Mit der ambulanten Nachsorge soll die stationäre Aufenthaltszeit verkürzt und Wiederaufnahmen vermieden werden. Es gibt regionale Kooperationen mit Einrichtungen der Altenhilfe und Angehörigen-Selbsthilfegruppen. Die pflegerische Stationsleitung liegt in den Händen von Schwester Simone Mieth.

Demenzerkrankungen zählen zu den schwersten psychischen Störungen überhaupt. Gedächtnis, Denkvermögen und Orientierungsfähigkeit nehmen im Krankheitsverlauf allmählich ab und erreichen im mittelschweren Krankheitsstadium einen Grad, der die selbstständige Lebensführung nicht mehr möglich macht. Die Patienten verlieren das Zeitgefühl, finden sich in der

Haus 3
ABB. 125 · LINKS OBEN

Team Haus 3
ABB. 126 · LINKS UNTEN

Team Haus 7/1
ABB. 127 · RECHTS OBEN

2012

Gerontopsychiatrisches Zentrum Haus 7 ABB. 128

eigenen Wohnung nicht mehr zurecht und können mitunter keine vollständigen Sätze mehr bilden. Das ist meist der Zeitpunkt, an dem Überforderung bei pflegenden Familienangehörigen auftritt. Eine besondere Belastung stellen Verhaltensstörungen, Sinnestäuschungen, wahnhafte Überzeugungen, Misstrauen bis hin zu Feindseligkeit und rastloser Unruhe dar.

Zum Aufgabenschwerpunkt der Station zählt die psychopathologische Erfassung und Behandlung dieser Symptome, die Beurteilung »unklarer Situationen«, die Behandlung begleitender körperlicher Erkrankungen, die Vermittlung psychosozialer Hilfen, Symptomlinderung durch medikamentöse Strategien einschließlich Schmerzbehandlung bis hin zu gerontopsychiatrischer Palliativversorgung (Betreuung bei zusätzlichen unheilbaren Erkrankungen). Es geht um Förderung von Bewegung, Sicherung der Ernährung, Verbesserung des Zugangs für pflegende Personen und auch darum, Kommunikationswege zu suchen, um Bedürfnisse von demenziell Erkrankten besser zu erfassen und Symptome dadurch zu lindern und die Integration in die soziale Gemeinschaft wieder zu ermöglichen.

2012

Team Haus 7/2 ABB. 129

1.5.6.2 Station 7/2. Behandlung von Psychosen

Die Station dient mit 22 Betten auf zwei Ebenen der Behandlung von Psychosen und bipolaren Störungen sowie der Betreuung bei Sinnkrisen im höheren Lebensalter. Die pflegerische Stationsleitung hat Schwester Doris Zengerling inne.

Halluzinationen und Wahn sind Krankheitssymptome, die bei älteren Menschen im Zusammenhang mit anderen Erkrankungen aber auch als alleinige Erkrankung auftreten können.

Die Erkrankungsbilder bringen die älteren Patienten meist aus dem jüngeren Erwachsenenalter mit. Es sind schwerwiegende, oftmals ein Leben lang andauernde Erkrankungen. Die häufig vorliegenden körperlichen und psychischen Begleiterkrankungen sowie ein erhöhtes Risiko für Medikamenten-Nebenwirkungen verkomplizieren die ohnehin schon manchmal schwierige Behandlung dieser Patienten. Eine wichtige Rolle in der Behandlung spielen hier neben den Medikamenten auch psychosoziale Behandlungsansätze.

1.5.6.3 Gerontopsychiatrische Tagesklinik

In der Tagesklinik werden ältere Menschen mit seelischen Erkrankungen behandelt, die bestimmte Voraussetzungen erfüllen. Dazu zählen eine ausreichende Beweglichkeit, die Bereitschaft und Fähigkeit zur Therapieteilnahme und eine gewährleistete häusliche Versorgung.

Die Tagesklinik verfügt über sämtliche diagnostische und therapeutische Möglichkeiten einer modernen psychiatrischen Klinik. Die Dauer der Behandlung wird jeweils mit den Patienten individuell abgestimmt. Ziele der Behandlung sind die Förderung seelischer und körperlicher Gesundheit, Erhalt bzw. Wiederherstellung von Selbstständigkeit im Alltag sowie die Wiedereingliederung in das häusliche und soziale Umfeld. Für die Patienten bietet sich der Vorteil, dass sie am Abend, in der Nacht und an den Wochenenden zu Hause in ihrer vertrauten Umgebung leben können.

1.5.7 Gerontopsychiatrische Ambulanz

Für den ambulanten Erstkontakt mit Überweisungsmöglichkeit durch den Hausarzt und für poststationäre ambulante Nachsorge zur Gewährleistung einer fachärztlichen ambulanten Nachbetreuung bis zur Übernahme in eine niedergelassene Facharztpraxis steht die gerontopsychiatrische Institutsambulanz zur Verfügung. Es gibt regelmäßige Sprechstunden, zu denen auch die Gedächtnis- und Demenzsprechstunde gehören, bei denen es vor allem um die Früherkennung und rechtzeitige Behandlung von Gedächtnisstörungen geht.

Gerontopsychiatrische Tagesklinik ABB. 130

In der Ambulanz können sämtliche psychische Erkrankungen des höheren Lebensalters betreut werden. Es besteht die Möglichkeit für aufsuchende Hilfen durch Hausbesuche oder Visiten in Heimeinrichtungen. Häufig geht es um eine vor- oder nachstationäre Behandlung zur Verkürzung oder Vermeidung stationärer Einweisung.

Neben der Behandlung der Patienten erfolgt eine Beratung von Angehörigen oder Betreuern sowie eine Zusammenarbeit mit regionalen komplementären Einrichtungen (Verein »Lebensbrücke e. V.«) und Heimen.

1.6 Abteilung für Abhängigkeitserkrankungen im ÖHK

Die Abteilung für Abhängigkeitserkrankungen, seit 1. Januar 2012 unter der chefärztlichen Leitung von Frau Dr. Katharina Schoett, beschäftigt sich mit dem Entzug von allen stoffgebundenen Süchten sowie der Diagnostik und Mitbehandlung bestehender Komorbiditäten. Ziel der Behandlungen ist es, gemeinsam mit dem Patienten über die unmittelbare Entgiftung hinaus eine Vorstellung von einem drogenfreien Leben zu bekommen und ein Konzept zu entwickeln, wie dies künftig realisiert werden kann.

Katharina Schoett ABB. 131

1.6.1 Haus 16. Alkohol- und Medikamentenentzug

Im Haus 16 werden aktuell Menschen behandelt, die legale Substanzen wie Alkohol oder Medikamente missbräuchlich konsumieren oder stoffungebundenen Süchten, wie Spielsucht, verfallen sind. Die Station arbeitet vergleichsweise offen und niedrigschwellig.

Die Therapie beinhaltet am Anfang in der Regel den medikamentös gestützten Entzug sowie die Mitbehandlung der oft erheblichen Folgeerkrankungen. Es folgt, wenn die Entgiftungsbehandlung im Wesentlichen durchgeführt ist und die schwersten Symptome abgeklungen sind, im Rahmen von Gruppen- und Einzelgesprächen eine erste kritische Auseinandersetzung mit den aus der persönlichen Lebensgeschichte resultierenden Gründen, die zur Entwicklung einer Abhängigkeit beigetragen haben, wie auch eine Analyse der bereits eingetretenen seelischen, körperlichen und sozialen Folgen. Angehörige und Freunde werden ebenso wie möglicherweise bereits vorhandene Betreuer in die Problemlösung einbezogen.

Haus 16
ABB. 132 · OBEN

Team Haus 16
ABB. 133 · UNTEN

2012

Haus 23 ABB. 134

Team Haus 23 ABB. 135

1.6.2 Haus 23. Entzug von illegalen Drogen

Im Haus 23 befinden sich Abhängige illegaler Drogen, die sich freiwillig auf der geschützten Station einem Substanzentzug bzw. der Behandlung von Begleiterkrankungen unterziehen. Diese klare Spezialisierung der Station ermöglicht ein gut zugeschnittenes Therapieprogramm und ist im Übrigen aktuell so nur in zwei weiteren Einrichtungen in Thüringen zu finden. Entsprechend bewerben sich hier Patienten aus einem Umkreis von ganz Thüringen, aber auch benachbarten Bundesländern, um einen Behandlungsplatz. Über die Hälfte von ihnen konsumieren Opiate, weshalb eine Substitutionsmedikation unentbehrlich ist. Der Anteil sowohl psychiatrischer als auch somatischer Komorbiditäten ist enorm und umfasst z. B. Psychosen ebenso wie Hepatitis C oder Venenentzündungen.

1.6.3 Suchtambulanz

Ergänzt wird das Behandlungsangebot inzwischen durch eine funktionstüchtige

Suchtambulanz. In dieser werden insbesondere Suchtpatienten mit einer ausgeprägteren psychiatrischen Komorbidität von einem multiprofessionellen Team behandelt. Zudem besteht für Opiatabhängige die Möglichkeit zur Substitutionsbehandlung im Rahmen einer Ermächtigungssprechstunde. Begleitend wird der Bereich der tagesklinischen Angebote ausgebaut.

1.7 PSYCHIATRISCHE INSTITUTSAMBULANZ, ERWACHSENENBEREICH

Doris Bernstein ABB. 136

Die Psychiatrische Institutsambulanz der Erwachsenenpsychiatrie und Psychotherapie (PIA) unter der Leitung von Frau Dipl.-Med. Doris Bernstein umfasst einen wichtigen Baustein in der komplexen Behandlung chronisch und/oder schwer psychisch kranker Menschen, die einer intensiven ambulanten Nachbetreuung bedürfen.

Zweiter Schwerpunkt sind all die Patienten, die akut psychisch erkrankt sind und nicht hinreichend schnell einen ambulanten Behandlungstermin in der Nähe bekommen können.

Die gesetzliche Grundlage für diese beiden Behandlungsformen wurde im SGB V § 118 bereits im Jahre 1975 festgelegt: »...*Die Behandlung ist auf diejenigen Versicherten auszurichten, die wegen Art, Schwere oder Dauer ihrer Erkrankung oder wegen zu großer Entfernung zu geeigneten Ärzten auf die Behandlung durch diese Krankenhäuser angewiesen sind.*«

Unsere Langzeitpatienten haben meist eine Krankheitsgeschichte mit ernsten Komplikationen und vielen stationären Aufenthalten hinter sich, die die Lebensqualität deutlich beeinträchtigt. Häufig ist keine Beschäftigung auf dem ersten Arbeitsmarkt möglich. Das familiäre Umfeld ist durch die Schwere der Erkrankung sehr belastet und häufig hilflos, die Patienten leben oft zurückgezogen und sind vereinsamt. Eine Behandlung bei einem niedergelassenen Nervenarzt reicht aus diesem Grund oft nicht mehr aus. Durch die zahlreichen Therapieangebote in unserer Ambulanz können diese Patienten erreicht werden. Häufig gelingt es, die Schwere der Erkrankung für den Betroffenen zumindest zu mildern, die Angehörigen im Umgang mit der Erkrankung zu stützen und die soziale Integration unserer Patienten zu verbessern. Um dieses Ziel zu erreichen, benötigen unsere Patienten eine besonders intensive und aufwendige Betreuung durch ein multiprofessionelles Team. In der Institutsambulanz arbeiten Ärzte, Psychologen, Sozialarbeiter, Ergotherapeuten und Krankenschwestern so eng zusammen wie sonst nur bei stationären Angeboten. Die Behandlung basiert auf einem Bezugsbetreuungssystem, dessen Kernstück die Erstellung eines spezifischen Behandlungsplanes für den jeweiligen Patienten ist. Dieser wird von allen an der Therapie beteiligten Berufsgruppen gemeinsam erarbeitet. Durch die Anbindung an ein psychiatrisches Krankenhaus ist eine besonders enge Vernetzung zwischen ambulanter und stationärer Therapie möglich.

Aktuell stehen für die Betreuung fünf Fachärzte für Psychiatrie und Psychotherapie sowie Innere Medizin zur Verfügung. Die Arbeitsweise dieser Kollegen unterscheidet sich von der Tätigkeit der niedergelassenen Psychiater durch die Möglichkeit einer Komplex-Behandlung. Die Notfallsprechstunde ist häufig der

Team der Psychiatrischen Institutsambulanz ABB. 137

2012

erste Anlaufpunkt. Fast alle, die über diesen Weg zu uns kommen, werden durch den Hausarzt vorgestellt und sind meist zum ersten Mal in einer psychiatrischen Einrichtung. Berührungsängste, falsche Vorstellungen der psychiatrischen Therapien und Ängste vor Stigmatisierungen sind die häufigsten Ursachen, weshalb eine fachärztliche Behandlung erst nach längerer Erkrankung akzeptiert wird – meist, wenn es schon kaum noch auszuhalten ist. Es ist deshalb bei den meisten neu vorgestellten Patienten anfangs ein intensiver regelmäßiger Arztkontakt in kurzen Abständen notwendig. Der Aufbau einer tragfähigen Arzt-Patienten-Beziehung steht am Anfang. Zu Beginn erfolgt eine umfangreiche Diagnostik. Die notwendigen Untersuchungen können in unserer Klinik kurzfristig durchgeführt werden. Eine enge Zusammenarbeit mit z. B. unseren neurologischen Kollegen im Hause ermöglicht ein zügiges diagnostisches Vorgehen. Die Auswertung der Untersuchungen kann unmittelbar nach deren Durchführung erfolgen. Der Patient hat dadurch keine langen Wartezeiten. Die spezifische Therapie kann somit rasch beginnen.

Viele Patienten kommen aber auch von den Stationen direkt zu uns, wenn sie nicht dort in den Abteilungssprechstunden speziell versorgt werden wollen oder können.

Durch die Einrichtung krankheitsspezifischer Spezialsprechstunden ist es uns möglich, eine hohe Fachkompetenz zu bieten und dem Patienten ein sicheres Gefühl während der Behandlung zu vermitteln. Aktuell existieren in unserer Ambulanz viele Spezial-Sprechstundenangebote (u. a. für Depressionen, Borderline-Störungen, chronisch-psychotische Erkrankungen, seelische Krisen bei Krebserkrankungen, geistiger Behinderung in Kombination mit seelischen Störungen).

Die Arbeit in der Sprechstunde ist aber lediglich ein Teil der ärztlichen Tätigkeit in unserer PIA, da fast alle Kollegen an der Gestaltung der regelmäßig stattfindenden Therapiegruppen teilnehmen und auch in expertengestützten Selbsthilfegruppen präsent sind. Haben unsere Patienten die akute Krankheitsphase überwunden und/oder durch die medikamentöse Therapie genügend Stabilität erreicht, kann sich – soweit notwendig und in Wohnortnähe nicht zu realisieren – nahtlos eine psychotherapeutische Behandlung anschließen. Diese Therapie, die in der Ambulanz durch drei Psychologen durchgeführt wird, kann als Einzel- oder Gruppenbehandlung organisiert sein. Die psychotherapeutischen Behandlungen, die in unserer Ambulanz durchgeführt werden, können den besonderen Bedürfnissen der Patienten gut angepasst werden. Die in unserer PIA tätigen Ärzte und Psychologen haben sich neben ihrer Approbation als Fachpsychologen auch spezifische Therapiekenntnisse, wie z. B. Familienbehandlungen, Paartherapien etc. in verschiedenen Zusatzweiterbildungen erarbeitet. Sollte sich während der Behandlung z. B. eine partnerschaftliche Krisensituation ergeben, besteht die Möglichkeit, eine akute Krisenintervenionsbehandlung zur raschen Klärung der Konflikte zu organisieren. Für diese Art der Behandlung stehen Frau Dipl.-Psych. Körner und Schwester Ines König zur Verfügung.

Patienten mit besonders schwierigen Problemen ist es möglich, eine Einzelpsychotherapie über einen längeren Zeitraum zu erhalten, ohne dass die starren Auflagen der »Richtlinien-Psychotherapie« gelten. Es kann aber auch eine spezielle Gruppentherapie, z. B. in der Skill-Gruppe nach Linehan, eine moderne psychoedukative Gruppe angeboten werden. Sie bietet Patienten und Angehörigen die Möglichkeit, sich mit ihrer Krankheit auseinanderzusetzen, deren Frühwarnsymptome zu erkennen und dadurch erneute Krankheitsphasen zu verhindern. Es gibt z. B. Depressions- und Angstbewältigungsgruppen, Persönlichkeits- und Kommunikationsgruppen, Gruppentraining sozialer Kompetenzen, Fertigkeitstraining für Menschen mit einer Borderline-Persönlichkeitsstörung, zieloffene Gruppen, Trauergruppen bis hin zu Raucherentwöhnungsbehandlungen.

Sozialarbeit in der Institutsambulanz

In der PIA sind zwei Sozialarbeiter beschäftigt. Die Sozialarbeit in der Institutsambulanz besteht i. W. aus Patientenberatung, Gruppenarbeit, Angehörigenberatung und Netzwerk- und Gremienarbeit. Unsere Sozialarbeit ist ein Bestandteil der Komplexbehandlung in der PIA, da die Berufszweige der Institutsambulanz eng miteinander verflochten sind.

Bezugspflege in der Institutsambulanz

Seit dem Jahr 2006 wird in der Psychiatrischen Institutsambulanz nach einem Bezugsbetreuungssystem gearbeitet. Hier werden momentan etwa 120 Patienten von Krankenschwestern und Sozialarbeitern unter der Leitung von Schwester Heike Weiland betreut. Die Betreuung ist individuell auf die Bedürfnisse unserer Patienten abgestimmt. Sie umfasst psychiatrische Hausbesuche und Expositionstrainings bis hin zum Sozialtraining. Seit 2009 können wir hierzu eine eigene Therapieküche und unseren Therapiegarten nutzen. Ziel der Bezugsbetreuung ist die Schaffung einer vertrauensvollen Beziehung und in Krisen einer sofortigen Interventionsmöglichkeit.

Ergotherapie in der Institutsambulanz

Die benötigte ergotherapeutische Behandlung wird in den regelmäßigen Teambesprechungen festgelegt. Für die Einzelbehandlungen steht unserer Ergotherapeutin Frau Uthardt in unserer PIA ein spezieller Raum

Tagesklinik in Heilbad Heiligenstadt ABB. 138

zur Verfügung. Die verschiedenen Gruppenangebote sind überwiegend in die ergotherapeutische Abteilung unserer Klinik integriert. Je nach Zielsetzung bzw. Indikation kann mit dem Patienten kompetenzzentriert, ausdruckszentriert oder interaktionell gearbeitet werden. Durch komplexe aktivierende und handlungsorientierende Verfahren sollen funktionelle, handwerkliche und gestalterische Techniken eine Verbesserung und Stabilisierung der psychischen Grundleistungsfunktionen sowie der Selbstständigkeit ermöglichen.

1.8 TAGESKLINIK IN HEILBAD HEILIGENSTADT

Die »Tagesklinik für Psychiatrie und Psychotherapie« Heilbad Heiligenstadt unter der ärztlichen Leitung der Geschäftsführenden Oberärztin Frau Dagmar Marx (Supervision Prof. Dr. L. Adler) dient der Erkennung und Behandlung aller psychischen Erkrankungen und bietet in einer großzügig sanierten Villa insgesamt 20 Behandlungsplätze. Eine Tagesklinik ist immer dann eine Alternative zur stationären Aufnahme, wenn eine ambu-

100 JAHRE PFAFFERODE 1912–2012   HEUTE   **237**

Team der Tagesklinik in Heilbad Heiligenstadt   ABB. 139

lante Behandlung nicht ausreicht und komplexe Diagnostik und Therapie nötig, aber die allabendliche Rückkehr in die eigene Wohnung/Familie möglich und gut ist.

Als Tochter des ÖHK in Mühlhausen stehen hier alle diagnostischen Möglichkeiten des größten nervenärztlichen Fachkrankenhauses Thüringens zur Verfügung; das Schwesterklinikum St. Vincenz bietet alle diagnostischen und therapeutischen Möglichkeiten der körperlichen Medizin. Das komplexe Behandlungsangebot wird gemeinsam von Ärzten, Psychologen, Fachkrankenschwestern, Sozialarbeitern und Ergotherapeuten getragen. Es reicht von tiefenpsychologisch fundierter Psychotherapie über Verhaltenstherapie bis hin zu konzentrativer Bewegungstherapie, Rollenspielen und tagesstrukturierenden Maßnahmen. Wenn nötig, werden auch Medikamente eingesetzt. Seelsorgerisch steht Bruder Jordan zur Verfügung.

2012

1.9 Tagesklinik in Bad Frankenhausen

Unter der ärztlichen Leitung von Herrn Oberarzt A. Kreis (Chefarzt Prof. Dr. L. Adler) dient die »Tagesklinik für Psychiatrie und Psychotherapie« in Bad Frankenhausen der Erkennung und Behandlung aller psychischen Erkrankungen; Patienten mit im Vordergrund stehenden primären Suchterkrankungen sowie Alterserkrankungen mit ausgeprägten Verwirrtheitszuständen können jedoch nicht aufgenommen werden. Immer dann, wenn eine ambulante Behandlung nicht ausreicht und komplexe Diagnostik und Therapie nötig, aber eine Rückkehr am Abend in die eigene Wohnung/Familie möglich und gut ist, ist die Tagesklinik richtig.

Tagesklinik in Bad Frankenhausen ABB. 140

Team der Tagesklinik in Bad Frankenhausen ABB. 141

Als Tochter des ÖHK in Mühlhausen stehen hier alle diagnostischen Möglichkeiten des größten nervenärztlichen Fachkrankenhauses Thüringens zur Verfügung; das Rotkreuzklinikum in Bad Frankenhausen/Sondershausen bietet alle üblichen diagnostischen und therapeutischen Möglichkeiten der körperlichen Medizin.

Das komplexe Behandlungsangebot wird gemeinsam von Ärzten, Psychologen, Fachkrankenschwestern, Sozialarbeitern und Ergotherapeuten getragen. Es reicht von tiefenpsychologisch fundierter Psychotherapie über Verhaltenstherapie bis hin zu konzentrativer Bewegungstherapie, Rollenspielen und tagesstrukturierenden Maßnahmen. Wenn nötig, werden auch Medikamente eingesetzt.

2.0 INTERDISZIPLINÄRE ELTERN-KIND-STATION. HAUS 1

Die interdisziplinäre Eltern-Kind-Station in Haus 1 ist ein deutschlandweites Novum, bei dem die Erwachsenenpsychiatrie (Frau Chefärztin Dr. Marlene Möller) und die Kinder- und Jugendpsychiatrie und -psychotherapie (Chefarzt Dr. Fritz Handerer) zusammenarbeiten, um Familien in seelischer Not zu helfen. Erhöhte Anforderungen in Beruf und Gesellschaft führen bei Familien immer häufiger zu Konflikten und seelischen Erkrankungen, in denen Rat und Hilfe benötigt werden. Wir bieten eine stationäre Behandlung für die gesamte Familie bei interaktionsbezogenen Störungsbildern an, in denen sich dysfunktionale Verhaltensweisen aufgrund seelischer Erkrankungen manifestiert haben. Aufgenommen werden Eltern/Mütter/Väter und deren Kinder.

Die bereits seit elf Jahren in unserer Klinik mögliche Mutter-Kind-Behandlung (früher Haus 4) wird weiterhin im Haus 1 fortgesetzt. Dabei geht es um die Behandlung von Müttern, die unter der Geburt (z. B. postpartale Depressionen) erkranken oder wegen seelischer Erkrankungen mit der neuen Rolle als Mutter oder in der Interaktion mit ihren Kindern Probleme haben.

Im Haus 1 werden 18 Behandlungsplätze vorgehalten. Die Verweildauer beträgt ca. sechs bis acht Wochen. Die Patienten werden i. R. einer Multifamilientherapie sowohl in Mehrfamiliengruppen als auch in Einzeltherapie behandelt.

Therapieangebote: basales soziales Kompetenztraining, Informationen über die Entwicklungsschritte des Kindes, videogestützte Interaktionstherapie, angeleitetes Spiel, Wahrnehmungstherapie, Ergotherapie, Kunsttherapie, Physiotherapie, Sport, Entspannung, Babyschwimmen/-massage.

Behandlungsziele: Orientierung auf gemeinsamen elterlichen Erziehungsstil, Vermittlung altersentsprechender entwicklungsphysiologischer Kenntnisse, Erkennen und Umgang mit Stressfaktoren, Rückfallprävention, Information und Aufklärung über die jeweilige psychische Erkrankung.

Die Besonderheit der Eltern-Kind-Station besteht darin, dass diese sowohl von der Erwachsenen- als auch der Kinder- und Jugendpsychiatrie unter der Leitung von Frau Dipl.-Psych. Pia Scherzberg gemeinsam betreut wird.

Haus 1 ABB. 142

Team Haus 1 ABB. 143

 **Klinik für Kinder- und Jugendpsychiatrie und -Psychotherapie**

3.1 Einleitung

Innerhalb der psychiatrischen Disziplinen hat sich die Kinder- und Jugendpsychiatrie/-psychotherapie (KJPP) vor ca. 60 Jahren als eigenständiges Fachgebiet etabliert. Mit dieser Entwicklung wurde dem Umstand Rechnung getragen, dass im Kindes- und Jugendalter eine komplexe dynamische Entwicklungsvielfalt besteht, sich aber auch spezifische psychiatrische Krankheiten frühzeitig manifestieren können. Insbesondere ist dabei zu berücksichtigen, dass das Kind in seiner Entwicklung noch deutlicher als der erwachsene Mensch abhängig ist von Umwelteinflüssen und den Menschen, die unmittelbar für ihn sorgen.

Unsere Klinik am Ökumenischen Hainich Klinikum unter chefärztlicher Leitung von Herrn Dr. Fritz Handerer verfügt derzeit über 63 Betten und drei tagesklinische Plätze, die auf die Häuser 1, 8, 11 und 15 aufgeteilt sind. Eine eigene Tagesklinik mit 12 Plätzen dient in Eisenach einer weiteren Verbesserung der Patientenversorgung. Sowohl in Mühlhausen als auch in Eisenach steht eine Institutsambulanz ergänzend in enger Zusammenarbeit mit den Jugendämtern und Jugendhilfeträgern zur Verfügung. Diagnostisch und therapeutisch reicht das Behandlungsangebot von den Lern- und Leistungsstörungen, über die Essstörungen bis hin zu den Tic-, Zwangs- und Verhaltensstörungen. Aus jahrelanger Erfahrung wissen wir, wie schwierig es ist, gerade auch im Kindes- und Jugendalter seelische Nöte und Unzulänglichkeiten zuzugeben und sich somit fremden Menschen anzuvertrauen.

Entsprechend bedeutsam ist es, so enge Vernetzungsstrukturen zu schaffen, dass alle vorstellbaren Formen der Hilfe und Unterstützung durch unsere Klinik mit eingeleitet werden können und in Kooperation mit den Trägern der Jugendhilfe durchgeführt werden. Dieses Angebot reicht von besonderen Formen der ambulanten Betreuung über die Aufnahme in spezialisierte Einrichtungen der Jugendhilfe bis hin zur Einleitung individualpädagogischer Einzelmaßnahmen im In- und Ausland. Viele Projekte werden durch die Bezugstherapeuten unseres Hauses vor Ort supervidiert und in einem engen Beratungsprozess begleitet.

3.2 HAUS 8

Aufgenommen werden Kinder und Jugendliche ab ca. 3 bis 18 Jahren ohne akute Eigen- und Fremdgefährdung. Krankheits- und Störungsbilder, die bei uns behandelt werden, sind z. B. das hyperaktive Syndrom, Schulschwierigkeiten, Störungen des Sozialverhaltens, psychosomatische Erkrankungen, Angststörungen, Tics, Essstörungen, Drogenprobleme, schizophrene und bipolar affektive Psychosen und Epilepsien.

Haus 8 ist eine ansprechend renovierte Villa. Unseren jungen Patienten stehen auf zwei Etagen 18 Betten (Ein- bis Dreibettzimmer) mit Außenspielplatz, aber auch Spiel- und Therapieräumen im Haus zur Verfügung. Behandelt wird verhaltenstherapeutisch (z. B. Verhaltenstraining nach

Fritz Handerer
ABB. 144 · LINKS OBEN

Haus 8
ABB. 145 · RECHTS OBEN

Team Haus 8
ABB. 146 · RECHTS UNTEN

100 JAHRE PFAFFERODE 1912–2012 **HEUTE** **243**

2012

Petermann), orientiert mit themen- und klientenzentrierter Gesprächspsychotherapie (Gruppe, einzeln), Sozialtherapie, Ergo-, Arbeits-, Beschäftigungs-, Mal-, Gestaltungs-, kommunikativer Bewegungs-, Physiotherapie, Entspannungsverfahren etc. Die Beschulung in den Grundlagenfächern erfolgt durch Fachlehrer.

Ziel aller Bemühungen ist es immer, die Rückkehr der Kinder und Jugendlichen in ihre bisherigen Familien oder ihre Bezugsgruppen zu ermöglichen, neue Kompetenz zu gewinnen und dort dauerhaft »klar« zu kommen. Nicht nur bei der Entlassung arbeiten wir eng mit Bezugspersonen aus der Familie, Heimbetreuern, niedergelassenen Ärzten und Psychologen, Schulen, Jugend- und Schulämtern zusammen.

Dafür steht im ÖHK ein Team aus Menschen mit verschiedenen Berufen bereit, die das Interesse verbindet, Kindern, Jugendlichen und deren Eltern diese Unterstützung anzubieten. Unser Team besteht aus Krankenschwestern und -pflegern, Erzieherinnen, einem Sozialarbeiter, drei Psychologinnen, einer Familien-, einer Kunst- und einer Mototherapeutin. Es wird verstärkt durch unseren Chefarzt Dr. med. F. Handerer, unseren Oberarzt Dr. E. Kieselbach, anderen Therapeuten des Gesamtklinikums sowie Lehrern für die klinikinterne Beschulung.

Wir arbeiten nach einem ganzheitlichen, lösungsorientierten Ansatz, bei dem die Ressourcen der Kinder und deren Familien im Mittelpunkt stehen.

3.3 HAUS 11

Unser Haus wurde grundlegend saniert und konnte nach 18-monatiger Bauzeit am 28. Mai 2010 übergeben werden. Es umfasst zwei Stationen, auf die Kinder und Jugendliche im Alter zwischen 4 und 18 Jahren aufgenommen werden können. Wenn es Kindern und Jugendlichen auf der Seele drückt, wenn der Stress zu Hause oder in der Schule zu groß wird, wenn Ängste unüberwindbar erscheinen und in vielen anderen Situationen, kann es hilfreich sein, sich professionelle Unterstützung zu holen.

Haus 11   ABB. 147

Nach einer anfänglichen umfangreichen Phase der Diagnostik erstellen wir zusammen mit den jungen Patienten einen Behandlungsplan, mit dem die gemeinsam erarbeiteten Ziele erreicht werden können. Dazu nutzen wir verhaltenstherapeutisch- und systemisch orientierte Einzel- und Gruppengespräche, Familienberatung, Kunst- und Mototherapie und Entspannungsgruppen. Zudem gibt es Therapiemöglichkeiten wie die Ergotherapie, therapeutisches Reiten, das Bewegungsbad und die Grünholztherapie.

Bei manchen Krankheitsbildern ist es hilfreich und notwendig, die Behandlung durch den Einsatz von Medikamenten zu unterstützen.

3.4 HAUS 15

In Haus 15 bestehen die personellen und baulichen Voraussetzungen, insgesamt 23 Patienten unter besonders geschützten Bedingungen zu diagnostizieren und zu therapieren.

Die Notwendigkeit einer Behandlung in diesem Haus ergibt sich, wenn Kinder und Jugendliche aufgrund einer psychiatrischen Erkrankung erheblich in Selbstwahrnehmung, Selbststeuerung, Kommunikations- und Bindungsfähigkeit und Realitätsorientierung eingeschränkt sind und sich und Andere gefährden. Manchmal ergibt sich diese Notwendigkeit aber auch aus Situationen, die eine sozialpädagogische Struktur-

Team Haus 11 ABB. 148

246 HEUTE 100 JAHRE PFAFFERODE 1912–2012

2012

setzung zur Sicherung von Diagnostik und Therapie voraussetzen. Solche Situationen sind Verhaltensweisen von Kindern und Jugendlichen mit mangelnder Lenkbarkeit und Erreichbarkeit, mit Neigung zu aggressiven Durchbrüchen und Kontrollverlusten, aber auch bei zunehmender Verwahrlosung, Schulverweigerung, Drogenmissbrauch etc.

Die Grundlage einer Betreuung im Haus 15 stellt in den meisten Fällen eine familiengerichtliche Unterbringung gemäß § 1631 b BGB dar, um bei der zeitweise bestehenden Hilflosigkeit der Patienten Maßnahmen zur Sicherung persönlicher Interessen einleiten und drohende schädigende Verhaltensweisen abwenden zu können.

Die Behandlung ist an die besonderen Bedürfnisse der Patienten angepasst. Sie reicht von Psychopharmakotherapie über Verhaltenstraining bis hin zu soziotherapeutischen Maßnahmen.

Ziel ist es immer, selbstgesteuertes Verhalten (wieder) herzustellen, das den zumeist Jugendlichen hinreichend Raum zur Selbstentfaltung bietet, aber auch ermöglicht, sich an gesellschaftliche Regeln zu halten, wieder menschlich verbindliche Beziehungen aufzubauen und in der anspruchsvollen Umwelt hinreichend leistungsfähig zu sein.

Haus 15
ABB. 149 · OBEN

Team Haus 15
ABB. 150 · UNTEN

3.5 Tagesklinik und Ambulanz Eisenach

Seit September 2009 komplettieren wir das Angebot der Klinik für Kinder- und Jugendpsychiatrie und -psychotherapie und geben auch unseren Patienten in und um Eisenach die Möglichkeit, ohne lange Wege ambulant Termine oder eine tagesklinische Behandlung wahrzunehmen.

Am 18. Februar 2011 konnte der Neubau für die Tagesklinik eingeweiht werden. Die Tagesklinik bietet mit 12 Plätzen hinreichend Raum für zwei Gruppen für Kinder und Jugendliche vom Kleinkindalter bis zum 18. Lebensjahr mit unterschiedlichen Krankheitsbildern.

Wir betreuen Kinder mit Ängsten, Zwängen und Depressionen, Aufmerksamkeits-, Konzentrations-, Sozialverhaltensstörungen, Lernschwierigkeiten und mit Auffälligkeiten im Essverhalten, in der Sauberkeitsentwicklung u. a.

Kinder mit Weglauftendenz, erheblich eigen- und fremdgefährdendem Verhalten und durchgängig fehlender Therapiemotivation können in der Regel tagesklinisch nicht betreut werden.

Wichtig ist für uns eine regelmäßige Mitarbeit der Eltern, z. B. in Gesprächen und Eltern-/Eltern-Kind-Gruppen, um das hier Erlernte auch zu Hause umsetzen zu können. Die Einweisung erfolgt durch niedergelassene Ärzte und Therapeuten nach

Tagesklinik und Ambulanz in Eisenach ABB. 151

Abklärung über unsere Institutsambulanz, im Einzelfall durch Verlegung aus vollstationärem Behandlungssetting, z. B. durch das Ökumenische Hainich Klinikum in Mühlhausen. Die Anmeldung erfolgt telefonisch. Unter Berücksichtigung der Wartezeiten wird ein Termin für ein ambulantes Erstgespräch vereinbart.

Therapieangebote: Kinderpsychiatrische Abklärung und Behandlung durch unsere Fachtherapeuten und Ärzte, verhaltenstherapeutische, systemische und tiefenpsychologisch orientierte Einzel- und Gruppentherapie und Familientherapie, eine sozialtherapeutische Koch- und Backgruppe, erlebnisorientierte Ausflüge, Bewegungsangebote, eine Musikgruppe, kreative Angebote wie Mal- und Bastelgruppe, Soziales Kompetenztraining, Eltern-Kind-Gruppen etc.

Mit elterlichem Einverständnis bieten wir eine enge Kooperation und Koordination mit Helfersystemen (Schulen, Jugendämtern, Beratungsstellen etc.).

Unser Team besteht aus der Leitenden Ärztin Frau Dr. Ulrike Scholl, Psychologen, weiteren Spezialtherapeuten, einer Dipl.-Sozialpädagogin, Krankenschwestern, Erzieherinnen, zwei Sekretärinnen und einem Hausmeister. Wir arbeiten verhaltens- und familientherapeutisch und versuchen durch verschiedene Angebote, einen abwechslungsreichen Tagesablauf zu gestalten.

Team der Tagesklinik und Ambulanz in Eisenach ABB. 152

3.6 PSYCHIATRISCHE INSTITUTSAMBULANZ DER KINDER- UND JUGENDPSYCHIATRIE. HAUS 9

Institutsambulanzen ergänzen die Angebote niedergelassener Kinder- und Jugendpsychiater. Immer dann, wenn dies nicht ausreicht oder gar nicht erst zustande kommt, sind wir Ansprechpartner. Sie finden die KJPP-Institutsambulanz im neu eröffneten Haus 9.

Wesentlicher erster Schritt ist natürlich immer die Diagnostik. Danach erfolgt die ambulante Therapie, die oft rein psychotherapeutisch sein kann, manchmal aber auch mit Medikamenten erfolgen sollte. Immer geschieht dies im Rahmen einer engmaschigen Arbeit mit den Eltern und Bezugspersonen. Auf diesem Weg gelingt es häufig, stationäre Aufnahmen zu vermeiden oder so vorzubereiten, dass die Dauer nur kurz ist.

Im Anschluss an eine stationäre Aufnahme übernimmt die Ambulanz aber auch die nachstationäre Betreuung, wenn heimatnahe Behandlungsmöglichkeiten (noch) nicht bestehen, um den jungen Patienten und ihren Angehörigen in der Phase der Stabilisierung mit therapeutischer Unterstützung zur Seite zu stehen.

Im Rahmen der Notfallversorgung werden Kriseninterventionen bei akuter Eigen- oder Fremdgefährdung durchgeführt und, falls notwendig, eine stationäre Aufnahme veranlasst. Es besteht eine enge Zusammenarbeit mit den regionalen Diensten für Kinder und Jugendliche mit Entwicklungsschwierigkeiten und psychischen Erkrankungen.

Einen weiteren Schwerpunkt umfasst die Beratung von Fachleuten und Institutionen. Es existiert eine wissenschaftliche Zusammenarbeit mit dem Psychologischen Institut der Universität Göttingen.

Mit folgenden typischen Problemen werden Kinder und Jugendliche hier vorgestellt (Auswahl):

- Aufmerksamkeits-, Konzentrationsstörungen und Unruhe
- Lese-Rechtschreib-Schwächen, Mathe-Schwächen etc.
- Schulverweigerung, Aggressivität, Drogenprobleme
- Verspätete Entwicklung von z. B. Sauberkeit, Sprache, Motorik
- Ängstliche und depressive Verstimmungen
- Störungen der Ausscheidungsfunktionen aus seelischen Gründen

Haus 9 ABB. 153

Team KJPP-Ambulanz Haus 9   ABB. 154

3.7 Therapiezentrum der Kinder- und Jugendpsychiatrie

Komplizierte Dinge wie das Zusammenleben mit anderen Menschen und das Erwachsenwerden, verbunden mit Schulbesuch und beruflichem Lernen, bedürfen manchmal der Unterstützung und Hilfe durch andere Menschen.

Ärzte, Psychologen und die verschiedensten Therapeuten arbeiten deshalb in unserer Institutsambulanz und dem angeschlossenen Therapiezentrum zusammen, um diesen manchmal schwierigen Weg zu begleiten und zu unterstützen.

3.8 Kooperierende Einrichtungen in der KJPP

In vielen Fällen kann durch die stationäre oder ambulante Behandlung ein Heilungs- oder Besserungsprozess eingeleitet werden. Zur weiteren Stabilisierung bedarf es dann aber individueller Maßnahmen und Hilfen, die in Trägerschaft der örtlichen Jugendämter geplant und finanziert werden. Als Beispiel für besonders enge Kooperationspartner ist die unmittelbar benachbarte Wohngruppe »Hand in Hand« des Priorates Mühlhausen zu nennen, in der Kinder mit weniger expansiven Verhaltensweisen bei Bestehen einer psychischen Erkrankung nach- und weiterbetreut werden. Ein weiteres Beispiel für individuelle und in kleinen Gruppen konzipierte Hilfsangebote bietet die HKJ (heilpädagogische Kinder- und Jugendhilfe), die an mehreren Standorten in Thüringen in ihrer Arbeit von uns begleitet wird.

Eine ganz besondere Form von Hilfe stellen individualpädagogische tiergestützte Angebote im In- und Ausland dar. Die seit über 15 Jahren bestehende Kooperation mit dem Jugendhilfeträger »Let's go!« im sauerländischen Brilon stellt besondere Hilfsformen auch in Island und Rumänien mit entsprechenden Nachbetreuungsangeboten in Deutschland zur Verfügung. Klinische Hilfe kann dauerhaft nur dann erfolgreich sein, wenn eine enge Verzahnung mit nachfolgenden Helfersystemen den Fortbestand und die weitere Festigung der positiven Entwicklung sicherstellt.

4.0 Klinik für Neurologie

Neurologische Krankheiten sind organische Leiden des Gehirns, wie Durchblutungsstörungen (z. B. Schlaganfälle), entzündliche Erkrankungen der Hirnhäute und des Gehirns, Tumore, Degenerationserkrankungen (z. B. Parkinson- und Alzheimerkrankheit), aber auch des Rückenmarks, z. B. als Folge von Bandscheibenschäden oder der Nervenfasern und der Muskeln. Diese und spezielle Krankheitsbilder wie Multiple Sklerose, Epilepsie und chronische Schmerzen werden durch eine differenzierte klinische und apparative Diagnostik geklärt und von einem Team erfahrener Neurologen, Psychologen, spezialisierter Schwestern und Pfleger und Physio- sowie Ergotherapeuten behandelt.

Die Klinik für Neurologie am ÖHK versorgt auf 42 Planbetten über 2 000 Patienten mit dem gesamten Spektrum neurolo-

Individualpädagogik in Island
ABB. 155 · OBEN

Individualpädagogik in Island
ABB. 156 · UNTEN

Individualpädagogik in Rumänien
ABB. 157

gischer Erkrankungen stationär. Von den elf neurologischen Akutkliniken im Freistaat Thüringen ist die des Ökumenischen Hainich Klinikums für die Versorgung der Landkreise Unstrut-Hainich, Eichsfeld sowie anteilig des Kyffhäuserkreises, Wartburgkreises und Gotha zuständig, darüber hinaus werden auch Patienten aus dem angrenzenden Bundesland Hessen, hier insbesondere des Werra-Meißner-Kreises, stationär versorgt.

Die überregionale Bedeutung des ÖHK wird auch durch regelmäßige vertraglich fest vereinbarte Konsiltätigkeit im Eichsfeld-Klinikum und in der geriatrischen Fachklinik St. Elisabeth in Lengenfeld unterm Stein unterstrichen sowie durch das Einbringen neurologischer Fachkompetenz in die Schmerzkonferenzen in Worbis und Mühlhausen.

Die personelle und apparative Ausstattung (u. a. 3-Tesla-MRT) ermöglicht dabei rasche und präzise Diagnostik sowohl in Notfallsituationen (Schlaganfall) als auch bei komplexen Fällen, wie z. B. peripheren Nervenschädigungen, welche hier besonders vorteilhaft in Zusammenhang mit der hochauflösenden Nervensonographie abgeklärt werden können.

Es besteht eine enge interdisziplinäre Zusammenarbeit bei fachübergreifenden Krankheiten, z. B. mit der Kardiologie und Gefäßchirurgie in Mühlhausen und den Kliniken für Neurochirurgie in Erfurt, Kassel und Göttingen sowie, manifestiert durch die Anerkennung als Lehrkrankenhaus, mit

Marek Jauß ABB. 158

dem Universitätsklinikum Jena. Hier ist insbesondere die Zusammenarbeit mit den Abteilungen Neurologie und Neuroradiologie hervorzuheben.

Zu den Aufgaben einer überregional bedeutsamen Neurologischen Abteilung gehört nicht nur die Patientenversorgung, sondern auch die Aufklärung der Bevölkerung über das richtige Verhalten im Krankheitsfall (hier insbesondere beim Schlaganfall) und die Zusammenarbeit mit Selbsthilfegruppen. Die Klinik für Neurologie

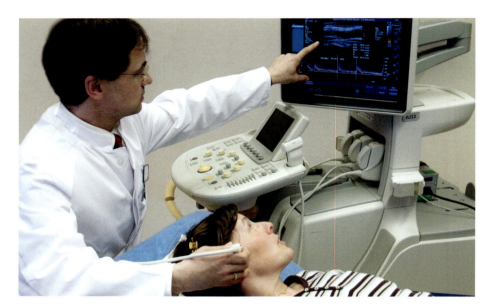

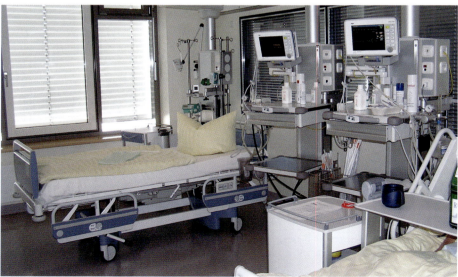

2012

führt regelmäßig Patientenschulungen und Veranstaltungen der Öffentlichkeitsarbeit durch und unterstützt Selbsthilfegruppen durch ärztliche Betreuung und Fortbildung.

Perspektivisch wird die Neurologische Abteilung bestrebt sein, das Leistungsangebot weiter auszuweiten. Hier sind insbesondere Möglichkeiten einer sektorübergreifenden spezialärztlichen Versorgung zu nennen. Die gute personelle, bauliche und apparative Ausstattung der Neurologischen Abteilung des ÖHK wird auch in Zukunft die Anpassung und Gestaltung einer Versorgung von Patienten mit neurologischen Erkrankungen auf höchstem Niveau ermöglichen.

4.1 Neurologische Intensivüberwachungsstation mit Stroke-Unit-Überwachungsbetten

Auf dieser Station unter der Leitung der Stationsschwester Annette Henning sowie unter der ärztlichen Leitung des Geschäftsführenden Oberarztes Lars Adam und des Oberarztes Clemens Eickhoff werden akut erkrankte Patienten mit der Notwendigkeit der Überwachung von Vitalparametern behandelt, bei Bedarf kann auch eine künstliche Beatmung erfolgen. Ein Raum mit Besucher- und Personalschleuse für Patienten mit infektiösen Erkrankungen steht ebenfalls zur Verfügung. Die Überwachungsmonitore sind an einer zentralen Überwachung mit Stationskanzel angebunden, wobei hier zu jeder Tages- und Nachtzeit Personal anwesend ist. In diesem Teil der Neurologischen Klinik werden auch Schlaganfallpatienten in Stroke-Unit-Überwachungsbetten behandelt.

4.2 Station Neurologie 1 mit Stroke-Unit-Überwachungsbetten

Auf dieser personell großzügig ausgestatteten Station befinden sich vier Überwachungsbetten für Schlaganfallpatienten (zertifizierte Stroke Unit), darüber hinaus werden aufgrund der personellen Besetzung mit guter Ausbildung (u. a. speziell geschulte Schlaganfallpflegekräfte) und großzügigen Räumlichkeiten pflegebedürftige Patienten behandelt. Eine Mobilisierung ist durch das entsprechende Platzangebot und die Ausstattung mit Mobilisierungsstühlen ohne Probleme möglich. Durch die Nähe zur Intensivstation kann bei klinischer Verschlechterung rasch eine Rückverlegung erfolgen. Auch gehbehinderte Patienten, welche erhöhten pflegerischen Aufwand benötigen, können hier ohne Probleme behandelt werden.

Ultraschall-Diagnostik
ABB. 159 · OBEN

Stroke-Unit-Überwachungsstation
ABB. 160 · UNTEN

NPZ. Blick vom Mittelweg ABB. 161 · OBEN

Team Neuro 1 ABB. 162 · UNTEN

4.3 Station Neurologie 2

Auf dieser Station unter der Leitung der Stationsschwester Petra Schrön sowie der ärztlichen Leitung von Dipl.-Med. Christiane Franke und Dr. Annette Cicholas werden Patienten mit neurologischen Erkrankungen, welche nur mit geringen Behinderungen einhergehen, behandelt. Hier steht die Diagnostik im Vordergrund; so werden täglich zahlreiche Untersuchungen (beispielsweise der Muskeln und der Nerven) durchgeführt. Eine Stationspsychologin, welche in die Behandlungsabläufe eingebunden ist, steht für Gespräche zur Verfügung.

4.4 Diagnostikabteilung

Neurologische Erkrankungen sind komplex und ihre Abklärung erfordert spezialisierte diagnostische Verfahren. Hier sind zunächst bildgebende Verfahren zu nennen.

Das ÖHK verfügt über ein hochauflösendes 3-Tesla-MRT und ein 16-Zeilen-CT, welche rund um die Uhr zur Verfügung stehen (Leitende MTRA: Rita Leister; ärztliche Betreuung: Dr. Thomas Bauer, Dr. Beate Hempel, Toralf Wehnemann). Durch spezielle Sequenzen (sogenannte Diffusions- und Perfusionswichtung) können Ärzte auch bei schwierigen therapeutischen Entscheidun-

Team Neuro 2 ABB. 163

gen (z. B. Thrombolyse) unterstützt werden. Die Neurophysiologie (ärztliche Leitung: Dr. A. Cicholas) erfasst Hirnströme (Elektroenzephalographie), ein Untersuchungsverfahren, welches zur Diagnostik der Epilepsie eine Rolle spielt, sowie Nerven- und Muskelströme, welche z. B. im Falle von Bandscheibenvorfällen oder Muskelschmerzen diagnostisch hilfreich sein können.

5.0 Klinik für Forensische Psychiatrie

Die Klinik für Forensische Psychiatrie als Abteilung der Psychiatrischen Klinik hat neben ihrer Aufgabe im medizinischen Versorgungssystem im Rahmen des zweigleisigen Systems strafrechtlicher Sanktionen auch eine durch die Justiz definierte freiheitsentziehende Maßnahme zur Gefahrenabwehr für die Öffentlichkeit darzustellen. Gesetzliche Intention dieser durch ein Gericht in einem Straf- oder auch Sicherungsverfahren angeordneten Unterbringung in einer – Maßregelvollzug (MRV) genannten – Psychiatrischen Klinik, ist die Gefahrenabwehr durch »Besserung und Sicherung« der untergebrachten Patienten durch einerseits angemessene Kontrolle, andererseits aber

Norbert Boyan ABB. 166

auch Behandlung und Förderung. Dieser gesellschaftliche Auftrag erfordert von den Mitarbeitern ein hohes Maß an Verantwortung sowohl dem Einzelnen wie auch der Gesellschaft gegenüber. Es wird in der forensischen Psychiatrie auch weiterhin dafür Sorge zu tragen sein, dass diese Aufgabe von den Mitarbeitern unserer Klinik mit Kompetenz, Engagement und Zufriedenheit bewältigt werden kann.

Zusammen mit dem Asklepios-Klinikum Stadtroda ist der Maßregelvollzug am ÖHK Mühlhausen für die Aufnahme der gemäß

Team der Radiologischen
Abteilung
ABB. 164 · OBEN

Team der Neurologischen
Funktionsdiagnostik
ABB. 165 · UNTEN

Innenhof der Klinik für Forensische Psychiatrie ABB. 167

§ 63 StGB unterzubringenden Patienten Thüringens zuständig, während der Maßregelvollzug im Rhön-Klinikum Hildburghausen die gerichtlichen Einweisungen in eine Entziehungsanstalt (§ 64 StGB) aufzunehmen hat. Die zwischenzeitlich notwendige Ausbreitung des Maßregelvollzuges in Pfafferode auf mehrere Häuser (Haus 15, 16 und 23) hatte – neben verbesserten grundsätzlichen Möglichkeiten für therapeutisch ausgerichtetes Arbeiten – auch eine Differenzierung der Teamkonzeptionen und Behandlungsangebote begünstigt, die letztlich auch mit in die Bauplanung der Forensisch-Psychiatrischen Klinik einging.

Der Neubau des geschlossenen Maßregelvollzuges in Form eines abgerundeten dreieckigen Ringes beherbergt fünf Stationen zu je 16 Plätzen. Die zwei Stationen im Dachgeschoss mit Hochsicherheitsstandard verfügen jeweils über einen eigenen Dachgarten, der in Einzelfällen Ausgänge bei optimal kontrollierbaren Bedingungen ermöglicht. Auf den Stationen sind alle Patienten in Einzelzimmern mit eigener Nasszelle untergebracht.

Diese Station mit den Behandlungsschwerpunkten Aufnahme, Krisenintervention und Motivation bietet neben besonderen Sicherungsmöglichkeiten wie Isolierung, Fixierung oder Kameraüberwachung des Zimmers auch stationseigene Räumlichkeiten für Beschäftigung und Aktivitäten für Patienten, bei denen noch unüberschaubare Risiken bei der Integration in den allgemeinen Klinikalltag gesehen werden.

Noch eine weitere Station verfügt im Bedarfsfall über Unterbringungsmöglichkeiten mit Hochsicherheitsstandard, ist jedoch in der therapeutischen Konzeption geprägt von dem grundlegenden Ansatz des Erziehungsgedankens des Jugendgerichtsgesetzes (JGG) und auf die Behandlung Jugendlicher und junger Erwachsener ausgerichtet.

Die drei übrigen Stationen im Obergeschoss haben als Behandlungsschwerpunkte Psychoseerkrankungen, Sozialtherapie sowie Persönlichkeitsstörungen/Psychotherapie. Sie sind identisch gegliedert in zwei Wohnbereiche für je eine Gruppe von acht Patienten, jeweils mit eigenem Gemeinschafts-/Aufenthaltsraum, eigener Küche und einem an eine Loggia angeschlossenen Raucherraum im Zentrum jeder Halbstation. Das Besprechungs-/Stationszimmer für das Mitarbeiterteam ist, vom Stationsflur gut einsehbar, in der Mitte der Station gelegen.

Die Stationsteams setzen sich zusammen aus Pflegekräften, die in einem Bezugspflegesystem ihren Beitrag zur therapeutischen Arbeit mit dem Patienten leisten,

Team der Klinik für Forensische Psychiatrie ABB. 168

Team Haus 12 (Klinik für Forensische Psychiatrie) ABB. 169

sowie aus stationsleitenden Ärzten und/oder Psychologen und Mitarbeitern des Sozialdienstes.

Ein Leitgedanke bei Planung und Bau der neuen Maßregelklinik war, der individuellen Entfaltung und der Entwicklung von Selbstständigkeit auch schon im geschlossenen Bereich des Maßregelvollzuges angemessene Anregung und Förderung zu bieten. Im Neubau der Forensik sind zu den Räumen, die zur sozialen Gestaltung ermuntern, auch zu zählen: ein grundsätzlich allen zugänglicher Innenhof, die durch Mitarbeiter angeleiteten Patientenarbeitsplätze in »Cafeteria« und Patientenbibliothek, eine Sporthalle für vielfältige Sportmöglichkeiten, ein großzügiger Außenbereich, wo vielfältige Veranstaltungen und Feste mit vorzugsweise eigenen Beiträgen der Patienten und Mitarbeiter gestaltet werden können.

Die Klinik für Forensische Psychiatrie und ihr Behandlungskonzept wäre allerdings keinesfalls vollständig dargestellt ohne ihre Möglichkeiten der Unterbringung im sogenannten gelockerten Bereich, einem Stationsgebäude des Klinikums (Haus 12), bei dem unter weitgehendem Verzicht auf einen Hochsicherheitsstandard und auf anspruchsvolle Umbauten weitere 16 Patienten einen Unterbringungsstatus mit geringerer Außenkontrolle erproben, für die eine stabile Entwicklung verlässlicher Eigenverantwortung jedoch Voraussetzung ist. In einer Wohngruppe des offenen Maßregelvollzuges unter sozialpädagogischer Betreuung besteht darüber hinaus für vier bis fünf Patienten in Haus 81a ein Angebot weitgehend eigenständiger Gestaltung ihrer sozialen Rolle.

Die seit Anfang 2008 offiziell mit einer Finanzierung auf Einzelleistungsbasis eingerichtete Forensische Institutsambulanz mit Räumlichkeiten in Haus 81 hat bis Mitte 2011 die Anzahl zu betreuender – meist aus dem stationären MRV entlassener – Patienten auf 28 gesteigert. Neben der überwiegend aufsuchenden Betreuung im sozialen Empfangsraum des Patienten ist zur Stabilisierung der im MRV erreichten Entwicklungen die Aufgabenstellung der Ambulanz geprägt durch beratende und koordinierende Angebote bei der Vernetzung der in die Nachsorge eingebundenen Personen und Institutionen. Kontakte und Kooperationen mit den verschiedensten Institutionen sind auch schon während der stationären Unterbringung ein wesentlicher Bestandteil der Behandlungsbemühungen – in den Bereichen von Therapie, schulischer und beruflicher Förderung sowie Freizeitgestaltung – durch die eine soziale Reintegration der Patienten ermöglicht werden soll.

Sabine Schröter (Heimleiterin) ABB. 170

6.0 HEIMBEREICH

6.1 DAS »WARUM« DER HEIME AM ÖHK

Heime sind dauerhafter Lebensraum für pflegebedürftige und behinderte Menschen, sie sollten möglichst gemeindenah eingerichtet und dem normalen Leben angepasst sein. Die historisch gewachsenen Langzeitbereiche in Krankenhäusern der Psychiatrie weit außerhalb der Städte waren grundsätzlich dazu nicht geeignet. Nur besondere Gründe können heute die Einrichtung oder

264 HEUTE 100 JAHRE PFAFFERODE 1912–2012

2012

Weiterführung eines Heimes in einem psychiatrischen Krankenhaus rechtfertigen. Im ÖHK ist gemeindenahe Unterbringung zwar gegeben, weil eine günstige städtische Randlage mit guter Verkehrsanbindung besteht; gleichwohl wäre der Klinikcharakter nicht günstig, wenn es darum geht, für gewöhnliche Heimbewohner Lebensraum mit maximal möglicher Selbstständigkeit und Förderung zu erreichen.

Die Klinik hält als Spezialaufgabe einen Heimbereich für Bewohner vor, die für Heime zu krank und für Kliniken nicht akut krank genug sind. In der Regel bestehen Erkrankungen, die ständiger ärztlicher Akutbehandlung, z. B. durch tägliche Visiten, Tag- und Nachtbereitschaftsdienste etc., bedürfen. Dies scheint der Diakonie die Herausforderung zu sein, die fachlich den Verbleib eines Heimbereiches bei einer Klinik rechtfertigt.

Innerhalb der komplementären Strukturen, zumeist von den Gesellschaftern des ÖHK getragen, bietet sich unser Heimbereich als »Heim der medizinischen Maximalversorgung« an. Gleichzeitig bietet er für die Bewohner eine heimatähnliche, langfristige »Behandlungsperspektive«, die durch die Akutstationen nicht soweit herzustellen ist, dass zumindest eine Verlegung in einen geschützten Rahmen außerhalb des Klinikums möglich ist. Dieses Ziel erreichen wir durch motivierte Mitarbeiter, die sich ihrer hohen Verantwortung bewusst sind, engagiert handeln und ihre individuelle Qualifizierung durch lange Erfahrung und ständige Weiterbildung garantieren. Besonders bei der Betreuung von chronisch Kranken, bei denen nur sehr langsam Fortschritte, manchmal auch Rückschläge zu verzeichnen sind, ist es wichtig, die Behandlung und Pflege sorgfältig und mit »langem Atem« als Prozess zu verstehen. Alle Planungen erfolgen nach einer individuellen Einschätzung der körperlichen, psychischen und sozialen Probleme des Bewohners in enger Zusammenarbeit mit dem Betroffenen, seinen Angehörigen und evtl. Betreuern.

6.2 »Elisabeth von Thüringen«

Das Haus »Elisabeth von Thüringen« ist ein Wohnheim der Eingliederungshilfe nach § 75 SGB XII für Menschen mit einem besonders ausgewiesenen Hilfebedarf. Das Heim ist ein Neubau, der außerhalb des Klinikgeländes in einem neu entstandenen Park errichtet wurde und am 11. Oktober 2006 seiner Bestimmung übergeben werden konnte.

Die Bewohner lebten zuvor in Haus 24. Das Heim »Elisabeth von Thüringen« ist ein moderner Rundbau mit großzügigem Außenbereich und geschütztem, für die

Wohnheim
»Elisabeth von Thüringen«
ABB. 171 · OBEN

Team Wohnheim
»Elisabeth von Thüringen«
ABB. 172 · UNTEN

Bewohner aber zugänglichem Innengarten. Der Zugang zum wunderschön gestalteten Garten ist ebenerdig und gibt jedem Bewohner die Möglichkeit – auch bei besonderem Schutzbedürfnis – eigenständig an die frische Luft gehen zu können. Das neue Wohnheim verfügt über einen hohen Wohnkomfort mit 32 hell und freundlich ausgestatteten Einzelzimmern mit integrierter Nasszelle, mit Pflegebädern, Therapieräumen einschließlich »Snoozle«-Raum und schönen, übersichtlichen, modernen Gruppenräumen mit Essbereich und Küche. Das Heim ist natürlich barrierefrei und rollstuhlgerecht.

Im Haus »Elisabeth von Thüringen« wohnen erwachsene Menschen mit schwerer geistiger Behinderung und zusätzlichen schwersten Mehrfachbehinderungen, akuten oder chronischen zusätzlichen medizinischen Erkrankungen, die nicht selten mit schweren sozialen Anpassungsstörungen und unerwünschten Verhaltensweisen verbunden sind. Es geht um Menschen, die störungsbedingt der Nähe zum Krankenhaus bedürfen, ohne so akut krank zu sein, dass

Villa »St. Martin«　ABB. 173

eine stationäre Behandlung indiziert wäre. Ziel ist, sie mit medizinischen, pädagogischen und pflegerischen Mitteln wieder zu befähigen, in ihr normales Lebensumfeld zurückzukehren. Für diesen besonderen Auftrag haben die Kostenträger auch einer besonders guten Personalausstattung zugestimmt. Erfahrene und junge Mitarbeiter der verschiedenen Berufsgruppen bilden ein Team, das der Förderung der Bewohner dient. Besonders intensiv und wichtig ist eine optimale ärztliche Betreuung, die durch Fachärzte unserer Klinik mit regelmäßigen Visiten sowie Arztsprechstunden gewährleistet wird und in einer 24-stündigen Notfallbereitschaft besteht. Die Bewohner leben in vier Wohngruppen zu jeweils acht Bewohnern zusammen. Die Betreuung und Behandlung erfolgt in Vierergruppen mit abgestufter Betreuungsintensität.

Entsprechend dem jeweils festgelegten Hilfebedarf und der individuellen Bedürfnisse bieten wir unseren Bewohnern ein differenziertes Angebot von pädagogischen, therapeutischen, pflegerischen und vor allem medizinischen Maßnahmen an, die in anderen Einrichtungen der Eingliederungshilfe so nicht gewährt werden können. Im Haus »Elisabeth von Thüringen« erfahren die Bewohner eine Heilung zusätzlich bestehender, oftmals nicht erkannter Krankheiten und eine oft erst dann mögliche grundlegende Anbahnung und Förderung von Fähigkeiten in allen Bereichen der lebenspraktischen, emotionalen und sozialen Kompetenzen. Ihr schönes Zuhause ist dabei ein nicht unwesentlicher Motivationsfaktor – auch für uns Mitarbeiter.

6.3 »St. Martin«

Villa »St. Martin« ist eine Pflegeeinrichtung gemäß Sozialgesetzbuch XI für gerontopsychiatrische und vor allem chronisch psychische Kranke. Das Haus wurde 2005 neu renoviert. Hier leben 29 Bewohner in

Team Villa »St. Martin« ABB. 174

Wohnheim »Hildegard von Bingen« ABB. 175

Team Wohnheim »Hildegard von Bingen« ABB. 176

einer komfortablen Villa in Zwei- und Einbettzimmern mit hohem Komfort (Nasszellen, ansprechenden Aufenthaltsräumen, Fahrstuhl, Heimgarten etc.). Das Haus ist im schönen, denkmalgeschützten Park des Ökumenischen Hainich Klinikums Mühlhausen gelegen, ganz in der Nähe zum Hainich mit seinen herrlichen Wanderwegen. Zum Heim gehören eine Terrasse, ein Balkon und ein schöner großer Garten. Nur wenige Schritte entfernt befinden sich das Kultur- und Sozialzentrum mit gastronomischen Einrichtungen sowie ein Supermarkt und die öffentliche Bushaltestelle. Ebenfalls in unmittelbarer Nähe gibt es eine Kirche mit regelmäßigen sonntäglichen Gottesdiensten. Wenn möglich und gewünscht können die Bewohner ihre Mittags- und Abendmahlzeiten im Restaurant des Krankenhauses einnehmen.

Ziel des psychiatrischen Pflegeheimes Villa »St. Martin« ist es, für die Bewohner einen Lebensbereich zu bieten, in dem optimale medizinische Versorgung und Pflege gesichert und gleichzeitig ein Lebensabend in Würde und in einem »Zuhause« möglich ist. Es werden nur solche Bewohner aufgenommen, bei denen andere Pflegeeinrichtungen in Thüringen die erforderliche Betreuung und Behandlung nicht gewährleisten können; es soll um Menschen gehen, die die Nähe zum Fachkrankenhaus brauchen, weil sie in ihrer Gesundheit labil sind und besondere ärztliche Präsenz benötigen.

Die ärztlich-psychiatrische Behandlung erfolgt kontinuierlich über die Institutsambulanz (neben der hausärztlichen). Das Pflegepersonal sowie eine Ergotherapeutin sorgen gemeinsam für eine fördernde und abwechslungsreiche Tages- und Wochenstruktur. Alle diagnostischen und therapeutischen Angebote des Klinikums stehen den Bewohnern zur Verfügung.

6.4 »Hildegard von Bingen«

Das Wohnheim »Hildegard von Bingen« ist ein Wohnheim für seelisch behinderte Erwachsene nach dem SGB XII. In diesem Wohnheim leben 25 Bewohner beiderlei Geschlechts. Das Heim wurde 1994 saniert.

Die hier lebenden Menschen leiden zumeist an chronischen Denk-, Wahrnehmungs- und Gefühlsstörungen. Eine Vermittlung in komplementäre Einrichtungen war nicht möglich oder die Unterbringung in Heimen mit geringerer Behandlungs- und Pflegeintensität nicht erfolgreich. Das Heim bietet für chronisch seelisch behinderte Erwachsene eine heimatähnliche langfristige Behandlungsperspektive.

Die Kranken benötigen wegen ihrer chronischen Symptomatik den unmittelbaren Schutz der psychiatrischen Klinik und auch eine wesentlich intensivere ärztliche Betreuung (u. a. mit regelmäßigen Visiten, Notfallbereitschaft 24 Stunden an 7 Tagen der Woche, moderne Diagnostik etc.), als sie in üblichen komplementären Heimen gewährleistet werden kann.

Die Klinik bietet in ihren sozialen Angeboten und dem toleranten Umfeld in der Regel mehr Freiraum für ein lebenswertes Leben, als es gemeindenahe Heimunterbringung bieten könnte. Wir gehen davon aus, dass die Rehabilitation dieser chronisch Kranken nur in einem Milieu denkbar ist, das nicht seinerseits krankhafte Verhaltensweisen provoziert.

Unser Konzept basiert auf einer allmählichen, oft in kleinen Schritten nur erreichbaren Besserung des Grundleidens mit Beseitigung sozial unerwünschter oder schwer tolerierbarer Verhaltensweisen.

Wir versuchen, fehlende oder verlernte soziale Kompetenzen wieder aufzubauen und trainieren Selbstständigkeit. Den Bewohnern wird eine nach Art und Umfang ihrer Betreuungsbedürftigkeit angemessene Lebensgestaltung ermöglicht und stets die erforderliche Hilfe gewährt. Die Grundlage unserer Behandlung basiert auf der Förderung

- der Selbstwahrnehmung, der Selbstbestimmung und Selbstständigkeit,
- der Entwicklung affektiver und emotionaler Fähigkeiten,
- sozialer und kognitiver Fähigkeiten.

Die genannten Ziele, einschließlich ihrer methodischen Umsetzung, werden dem jeweiligen Krankheitsbild entsprechend angepasst. Die Anforderungen an die Bewohner wurden bewusst niedrig angesetzt, weil ihre Belastungssensibilität hoch ist.

7.0 Krankenhausapotheke

Bereits 1912 gehörte zum Klinikum eine Krankenhausapotheke. Fast jeder Patient profitiert während seines Aufenthaltes im ÖHK von den Dienstleistungen der Krankenhausapotheke oder kommt mit den von ihr gelieferten oder hergestellten Produkten in Berührung.

Die Krankenhausapotheke versorgt die Stationen des Krankenhauses mit Arzneimitteln, Infusions- und Ernährungslösungen,

Team der Apotheke ABB. 177

Desinfektionsmitteln, Verbandstoffen und ausgewählten Medizinprodukten. In der Arzneimittelkommission, in der Ärzte und Apotheker mitwirken, wird das Sortiment der Medikamente für das Krankenhaus festgelegt und regelmäßig aktualisiert. Ziel dieser Arbeit ist es, qualitativ hochwertige Medikamente im Krankenhaus zur Verfügung zu haben und dabei gleichzeitig die Wirtschaftlichkeit der Arzneimitteltherapie zu gewährleisten. Ein weiterer Schwerpunkt der Tätigkeit der Krankenhausapotheke liegt in der Information und Beratung der Ärzte und des medizinischen Personals.

Die Krankenhausapotheke trägt Verantwortung für die Arzneimittelsicherheit im Krankenhaus. Hier laufen alle Informationen über Arzneimittelrisiken und Chargenrückrufe zusammen und werden zeitnah umgesetzt.

Weitere Aufgabenfelder der Krankenhausapotheke sind die rezepturmäßige Herstellung von Arzneimitteln auf individuelle Anforderung, die Prüfung von Ausgangsstoffen für die Rezeptur sowie die Herstellung von Zytostatika-Zubereitungen.

Die Apotheke steht unter der Leitung von Dipl.-Pharm. S. Richwien. Zu den weiteren Mitarbeitern zählen eine Apothekerin, zwei Pharmazieingenieure und eine Pharmazeutisch-kaufmännische Angestellte.

Im Rahmen der Ausbildung werden regelmäßig Famulanten und Praktikanten ausgebildet.

8.0 Verwaltung und Wirtschaft

Wer an ein Krankenhaus denkt, denkt an Ärzte, Psychologen, Schwestern und Pfleger – vielleicht noch an die technischen Geräte und ob das Essen und die Zimmer gut sind. Damit all dies, was den Kern des Krankenhauses ausmacht und der Behandlung dient, auch wirklich vorhanden, gut organisiert und bezahlbar ist, benötigt ein Krankenhaus wie jedes andere Unternehmen auch eine gut funktionierende Verwaltungs- und Wirtschaftsabteilung.

Für das Ökumenische Hainich Klinikum sind der Verwaltungs- und Wirtschaftsbereich sowie die technischen und Versorgungsdienste wichtige und unverzichtbare interne Dienstleistungen für das Gesamtziel der optimalen Patientenversorgung. Auch die Beschäftigten in Verwaltung, Service und Technik sind sich bewusst, dass ihre Arbeit für das Funktionieren des Krankenhausbetriebes wichtig ist. Sie versuchen mit den begrenzten Mitteln, das bestmögliche Ergebnis zu erzielen.

Eine Verwaltung mit 30 Mitarbeiterinnen und Mitarbeitern sichert den kaufmännischen und verwaltungsorganisatorischen Ablauf im Krankenhaus unter der Leitung von Verwaltungsdirektor Herr Dipl.-Ing. oec. K.-L. Mähler. Von der Abrechnung (Stellv. Verwaltungsdirektorin Frau M. Siegmund) der ambulanten und stationären Leistungen, der Kostensicherung, der Abklärung

Team der Verwaltung ABB. 178

mit den Krankenkassen, der Eintreibung und Verwaltung der finanziellen Mittel bis hin zur Beschaffung (Frau Dipl.-Ing. oec. S. Jagemann) und Verwaltung der Verbrauchs- und Investitionsgüter sowie des Personalwesens (Frau Dipl.-Jur. I. Rudat) mit seinen vielschichtigen Aufgaben erstreckt sich diese verantwortungsvolle und unverzichtbare Aufgabe.

Ohne Computertechnik ist heutzutage im Krankenhaus nichts mehr machbar. Unter Leitung von Herrn Dipl.-Ing. W. Fuchs als Nachfolger von Herrn Dipl.-Ing. D. Ehrsam hat die EDV-Abteilung eine effiziente Anwendung des Krankenhausinformationssystems umgesetzt. Neben den traditionellen Bereichen der Anwendung von Softwarelösungen wie die Finanzbuchhaltung, der Kostenrechnung, Materialwirtschaft, Anlagenbuchhaltung und der Patientenverwaltung wurde in den letzten Jahren die Vernetzung aller Stationen und Bereiche realisiert. Somit konnten die Programmpakete Stationsarbeitsplatz, Arztarbeitsplatz, Arztbriefschreibung, Medizinische Dokumentation und das interne Intranet vollständig umgesetzt werden. Heute bestehen ungefähr 450 Computerarbeitsplätze im Haus.

Wissen kann heute nicht mehr ausschließlich durch Bücher erworben werden. Häufig sind diese schon bei Erscheinen in Teilen veraltet. Oft haben unsere Ärzte und Psychologen aber auch besondere Fragestellungen, die eine Zusammenstellung der gesamten Weltliteratur verlangen – möglichst sofort und gleich. Neben Literaturrecherchen und Fachbuchbestellungen sind die ständigen aktuellen Neuerscheinungen durch die Medizinische Bibliothek zu verwalten. Das alles ist heute mit der modernen Computertechnik unserer Bibliothek möglich – denn eine so erfahrene Bibliothekarin wie unsere Frau E. Goethe weiß wie.

Das leibliche Wohl wird von den Patienten als sehr wichtig eingeschätzt. Dem Anspruch stellen sich die 20 Mitarbeiterinnen und Mitarbeiter der Zentralen Küche unter der Leitung von Frau I. Eisenhardt. Täglich werden über 800 Portionen in drei Wahlmenüs und vier verschiedenen Diätessen zubereitet. Die meisten Patienten und die Belegschaft nehmen das Mittagessen bzw. das Abendbüfett in der freundlichen Umgebung des Klinikrestaurants ein, das veraltet noch »Cafeteria« heißt. Es sollte eigentlich »Wunderland« heißen. Was die Küche mit den geringen Mitteln – nicht einmal fünf Euro pro Tag und Patient stellen die Krankenkassen für vier Mahlzeiten zur Verfügung – zaubert, kann nur durch Liebe und Begeisterung für die Aufgabe geschafft werden. Es schmeckt richtig gut, wundert Besucher und Patien-

Team der Küche ABB. 179

ten immer wieder und macht viele Mitarbeiter zu treuen Gästen.

Die sieben Mitarbeiterinnen und Mitarbeiter der Gärtnerei pflegen den unter

Denkmalschutz stehenden Park und die angrenzenden Grün- und Waldflächen unter der Leitung von Herrn Gärtnermeister M. Hause mit stiller Hingabe.

Insgesamt sind 46 Hektar Park fachmännisch zu pflegen und wieder herzustellen, weil lange aus finanziellen Gründen vieles nicht möglich war. Grundanliegen ist die Wiederherstellung der ursprünglichen Parkanlage, die als einmaliges Zeugnis historischer Gartenbaukunst gilt – und der Stolz der Pfafferöder ist.

Eine besondere Aufmerksamkeit verdienen die 30 Mitarbeiterinnen und Mitarbeiter des Technischen Bereiches unter der Leitung von Frau Dipl.-Ing. A. Schumann, die das Amt 2009 von Herrn Dipl.-Ing. R. Herrmann übernahm. Hier sind Tischler, Maler, Maurer, Installateure und Elektriker für die vielen kleinen Reparaturen und die Sicherung von Heizung, Licht und Wasser im Hintergrund rund um die Uhr tätig, damit alles »funktioniert und läuft«. Seit 1991 wurden über 120 Millionen Euro in die Restaurierung der

Blick auf das Verwaltungsgebäude ABB. 180

ebenfalls denkmalgeschützten Villenanlage investiert – eine fast ebenso hohe Summe wird für Erweiterung und Modernisierung in den kommenden Jahren nötig sein. Die bauliche Entwicklung im Krankenhaus hat bereits jetzt zu einer sichtbar großzügigen Erneuerung und Sanierung der Gebäude, der Straßen und Wege geführt. Der gewollte Standard »West« und die Gleichstellung der Nervenheilkunde mit anderen medizinischen Fächern erfordern weitere Anstrengungen.

Nicht unerheblich auf den ersten Eindruck ist der Einfluss der Mitarbeiterinnen und Mitarbeiter in der zentralen Patienteninformation, die früher »Pforte« genannt wurde. Hier laufen die Informationen und Anfragen auf und funktionieren als Betriebsleitstelle.

Es ist noch vieles zu nennen. Wie immer müssen natürlich Räume gereinigt, Wäsche gewechselt, Räume geheizt und nicht zuletzt Personal bezahlt werden. Verwaltung ist so komplex wie das Krankenhaus selbst.

9.0 Mitarbeitervertretung

9.1 Entwicklung von der Betriebsgewerkschaftsleitung zur Mitarbeitervertretung

Zu Zeiten des DDR-Regimes gab es im »Bezirkskrankenhaus für Psychiatrie und Neurologie« eine *Betriebsgewerkschaftsleitung* (BGL), welche die Aufgabe hatte, die Beschäftigten zu vertreten. Diesem Anspruch konnte sie nicht voll gerecht werden, da sie Machtorgan der Betriebsleitung und des Staates war.

Erst mit der demokratischen Wende im November 1989 traten auch hier politische Veränderungen ein. Im August 1990 bildete sich die erste Personalvertretung nach dem Personalvertretungsgesetz der DDR (Gesetz zur sinngemäßen Anwendung des Bundespersonalvertretungsgesetzes, welches mit Wirkung vom 1. Juli 1990 in Kraft getreten war). Der Personalrat wurde zur legitimierten Interessenvertretung aller Beschäftigten unseres Krankenhauses. Durch Beschluss der Landesregierung wurde das Krankenhaus mit der Wende als Regiebetrieb des Landes Thüringen in den Landesdienst übernommen und zum »Landesfachkrankenhaus für Psychiatrie und Neurologie«. In der obersten Dienstbehörde des Thüringer Ministeriums für Soziales und Gesundheit war die Stufenvertretung »Hauptpersonalrat« angegliedert. In diesem Gremium waren Beschäftigte unseres Hauses Mitglied und vertraten die Interessen der Beschäftigten des Dienstbereiches.

In den folgenden Jahren hat sich der Personalrat unseres Krankenhauses aktiv intern und extern für die Interessen der Beschäftigten und des Krankenhauses eingesetzt. Grundlage der Arbeit war mit Inkrafttreten vom 29. Juli 1993 das Thüringer Personalvertretungsgesetz.

Nach der Wahl der neuen Landesregierung 1999 wurde der Trägerwechsel durch die CDU-Landesregierung forciert. In den Prozess des Trägerwechsels wurde die Personalvertretung teilweise einbezogen. Sie organisierte aktive Maßnahmen in Form von Aktionen, Demonstrationen und Unterschriftensammlungen zur Verhinderung des Trägerwechsels. Ungeachtet aller Proteste der Mitarbeiter und Personalvertretung wurde vom Land Thüringen der Träger- und Rechtsformwechsel zum 1. Januar 2002 vollzogen. Das Landesfachkrankenhaus in Trägerschaft des Landes wurde an die Ökumenischen Kliniken für Psychiatrie gemeinnützige GmbH verkauft. Es entstand das Ökumenische Hainich Klinikum gGmbH in kirchlicher Trägerschaft mit geringfügiger Beteiligung des Freistaates Thüringen.

Der Personalrat in der alten Form verlor damit seine Wirkungsrechte und Pflichten.

9.2 Mitarbeitervertretung heute

Auf der Grundlage des Mitarbeitervertretungsgesetzes der Evangelischen Kirche Deutschlands wählten die Mitarbeiter im April 2002 ihre erste Mitarbeitervertretung. In die Mitarbeitervertretung wurden lt. diesem Gesetz elf Mitglieder und vier

Mitarbeitervertretung   ABB. 181

2012

Ersatzmitglieder aus unterschiedlichen Berufsgruppen gewählt. Die Mitarbeitervertretung vertritt seit diesem Zeitpunkt mit elf Mitgliedern gemäß des Mitarbeitervertretungsgesetzes und der arbeits- und sozialrechtlichen Gesetze sowie Verordnungen die dienstlichen, sozialen und personellen Belange der Mitarbeiter gegenüber dem Dienstgeber – dem ÖHK gGmbH Mühlhausen. Sie arbeitet eng mit der Schwerbehindertenvertretung zusammen, um auch deren Interessen zu vertreten. Des Weiteren wird eine Zusammenarbeit mit anderen Mitarbeitervertretungen, dem Gesamtausschuss der Mitarbeitervertretungen in der Diakonie in Mitteldeutschland und mit der Gewerkschaft ver.di gepflegt.

Hervorheben möchten wir, dass sich in den letzten Amtsperioden eine vertrauensvolle Zusammenarbeit mit der Geschäftsführung entwickelte und somit derzeit die Mitarbeiterinteressen optimal vertreten werden können.

10.0 Neue therapeutische Berufe

Was eine Ärztin, ein Psychologe oder eine Apothekerin machen, können sich die meisten Menschen vorstellen. Was eine Krankenschwester, ein Sozialarbeiter, ein Ergotherapeut, ein Logopäde etc. in der Nervenheilkunde aber machen, wissen die Wenigsten. Deshalb stellen wir Ihnen diese »neuen« therapeutischen Berufe vor, die im Übrigen auch interessante Berufsfelder sein können, wenn man kein Hochschulstudium anstreben will.

Pflege im psychiatrisch-neurologischen Krankenhaus

Psychiatrische und neurologische Pflege ist sehr vielseitig. Sie reicht von der rein körperlichen Versorgung hilfsbedürftiger Menschen über die aktive Mitarbeit bei kognitivem Training bis hin zu verhaltenstherapeutischen und tiefenpsychologischen Behandlungen. Dies kann auf Stationen mit sehr langer Liegezeit erfolgen, die intime Kenntnis des Patienten ermöglicht, aber auch auf Stationen mit nur wenigen Tagen Liegezeit und intensiver Diagnostik. Psychische Krankheit führt immer zu einer persönlichen inneren Mitbeteiligung und oft auch zu einer besonderen Beziehung zwischen Schwester/Pfleger und Patienten, die, richtig verstanden, zu einer inneren Bereicherung für beide Seiten werden kann. Die neurologische und psychiatrische Pflege stellt deshalb an die Pflegeperson nicht nur hohe fachliche, sondern auch persönliche Anforderungen und setzt ein intensives Interesse am Menschen voraus. Das Pflegepersonal arbeitet in einem multiprofessionellen Team mit Ärzten, Psychologen, Sozialarbeitern,

Andrea Mayer (Pflegedirektorin) ABB. 182

Ergo-, Physiotherapeuten und anderen zusammen. Es gewährleistet natürlich zu allererst die Grund- und Behandlungspflege. Bei allem steht immer die individuelle Planung und Durchführung einzelfall- und gruppenbezogener Pflegemaßnahmen im Vordergrund, die je nach Krankheitsbild in Absprache mit dem Patienten erfolgt. Bezugspflege, Bereichs- und Gruppenpflege werden dabei je nach Möglichkeit eingesetzt.

Psychiatrisches Personal ist stärker noch co-therapeutisch in die Gruppen integriert und führt viele Therapien, wie therapeutisches Malen, Rollenspiel, Psychoedukation, Gedächtnis- und Verhaltenstraining und anderes, selbstständig durch.

Qualität und Professionalität der Pflege werden ständig durch interne und externe Fort- und Weiterbildungen verbessert. Erkenntnisse aus der Pflegewissenschaft werden in unsere tägliche Arbeit eingebunden.

10.2 Sozialdienst

Auch die Abteilung des Sozialen Dienstes blickt auf eine langjährige Geschichte im Ökumenischen Hainich Klinikum zurück. Freilich hat sich seit den Anfangstagen an der klinischen Sozialarbeit bis heute einiges verändert. Deutlich wird dies auch in der personellen Entwicklung: war zunächst lediglich eine »Fürsorgerin« für die gesamte Klinik zuständig, arbeiteten zu Beginn der 1980er Jahre drei Kolleginnen im ÖHK. Bis zum heutigen Tag vergrößerte sich der Soziale Dienst auf nunmehr 27 Kolleginnen und Kollegen, jede spezialisierte Station verfügt über eine sozialwissenschaftlich ausgebildete Fachkraft. Fachlich betrachtet, brachte die Wiedervereinigung Deutschlands, wie andernorts beschrieben, eine nicht unwesentliche Entwicklung der psychiatrischen Versorgungslandschaft der ehemaligen DDR und damit neue Herausforderungen mit sich. Mit der Psychiatrie-Enquete und dem allenthalben diskutierten bio-psycho-sozialen Krankheitsverständnis hielt die

Sozialdienst am ÖHK ABB. 183

soziale Ebene Einzug in das Verständnis von Gesundheit und Krankheit. Der Paradigmenwechsel der psychiatrischen Arbeit von »Verwahrung« zu einer therapeutisch-rehabilitativen Versorgung erforderte auch ein weitaus breit gefächertes »soziales Arbeiten«: Lagen die Aufgaben in den Anfangstagen des Sozialen Dienstes z. B. bei der Betreuung von Patienten in externen Arbeitstherapien, dem Stellen von Rentenanträgen sowie von Krankengeldansprüchen, so definiert sich professionelle Soziale Arbeit im klinischen Bereich über multiperspektivisches, am Einzelfall orientiertes Arbeiten im interdisziplinären Kontext. Auch der Bereich der Netzwerkarbeit ist nicht nur wegen der heute deutlich vielfältigeren Trägerlandschaft, den ausdifferenzierten Anspruchsvoraussetzungen für Sozial- und Rehabilitationsleistungen und der Vielzahl verschiedener Nachsorgemöglichkeiten bedeutend komplexer. Zudem ist der psychisch erkrankte Mensch nach heutigem sozial(arbeits)wissenschaftlichem Verständnis keineswegs mehr Objekt, sondern so weit wie möglich Mitgestalter des Interventionsprozesses. Soziale Arbeit meint heute deshalb auch, die Bereitschaft zur Mitarbeit des Patienten zu fördern, im therapeutischen Prozess aus multiprofessioneller und sozialer Sicht (Interventions-)Ziele mit dem Patienten zu entwickeln und die ersten Schritte zu diesen Zielen zu planen und durchzuführen.

Mit der fachlich auf die Anforderungen des jeweiligen Indikations- und Tätigkeitsbereiches abgestimmten Sozialarbeit der Abteilung Sozialdienst verfügt das ÖHK über eine leistungsfähige sozialwissenschaftliche Komponente im multiprofessionellen Team, die dazu beiträgt, auch in Zukunft gut auf die wachsenden Anforderungen des Gesundheits- und Sozialwesens und in der Arbeit mit unseren Patienten vorbereitet zu sein.

10.3 ERGOTHERAPIE

Vor 100 Jahren gab es das Berufsbild des Ergotherapeuten als solches in Deutschland noch nicht. Erst Anfang der 20er Jahre stellte man allgemein fest, dass verschiedene Betätigungen förderlich für die Genesung psychisch kranker Menschen sind. Es entstand ein arbeitstherapeutisches Angebot in den Anstalten, wobei die ausschließlich vom Pflegepersonal und Fachkräften angeleiteten Tätigkeiten z. B. Feld-, Küchenhilfs- und Wäschereiarbeiten umfassten. Erst Mitte der 60er Jahre etablierte sich das Berufsbild der Beschäftigungs- und Arbeitstherapie, die heutige Ergotherapie, auch in unserer Einrichtung. Von anfänglich einer ausgebildeten Therapeutin wuchs unser Team auf heute mehr als 30 Mitarbeiter.

In unserem Krankenhaus gliedert sich Ergotherapie als ein Baustein in das komplexe Gesamttherapieprogramm ein und dient vor allem der psychischen Stabilisierung, dem Training von Grundarbeitsfähigkeiten und psychosozialen Kompetenzen. Im Vordergrund steht die (Wieder-)Gewinnung, Förderung und der Erhalt von individueller Handlungsfähigkeit im Alltag, in der Selbstversorgung, in Beruf und Freizeitgestaltung.

Um Einfluss auf die Handlungsfähigkeit zu nehmen, bedient sich die Ergotherapie verschiedener Behandlungsverfahren, welche je nach Fachbereich und Störungsbild angewandt werden. So kommen psychosoziale- und arbeitstherapeutische Behandlungsverfahren schwerpunktmäßig in den allgemeinpsychiatrischen Abteilungen im stationären und teilstationären Bereich, der Institutsambulanz, der Kinder- und Jugendpsychiatrie, im Suchtbereich, der Gerontopsychiatrie, im Heimbereich, den Tageskliniken sowie in der Forensik zum Einsatz.

Neuropsychologische, neurophysiologische, motorisch-funktionelle und adaptive Behandlungsverfahren kommen vor allem in der Neurologie, bei neurologischen (Mit-)Erkrankungen in der Psychiatrie sowie der Kinder- und Jugendpsychiatrie zum Tragen.

Ergotherapie wird nach Bedarf auf den Stationen, in den Außenbereichen, in Einzel- oder Gruppentherapien auf ärztliche Verordnung durchgeführt. Für die spezielle Therapieplanung ist eine ergotherapeutische Befunderhebung Voraussetzung. Daraus leitet sich die Zielsetzung ab. Den Ergotherapeuten stehen in den unterschiedlichen Fachbereichen spezielle Befundinstrumente zur Verfügung. Bei den psychosozialen Behandlungsverfahren steht die Neuorganisation bzw. die Selbstorganisation von Verhalten im Mittelpunkt. Hier bedient sich die Ergotherapie folgender Methoden:

Die *interaktionelle Methode* hat überwiegend die Kontakt- und Kommunikationsfähigkeit zum Ziel. In Partner- oder Gruppenarbeit soll sowohl Individualität als auch Anpassung an eine Gemeinschaft erprobt und gelebt werden.

Durch die *kompetenzzentrierte Vorgehensweise* sollen verloren gegangene oder nicht vorhandene Fähigkeiten und Fertigkeiten trainiert werden. Zu diesem Zweck werden ausgewählte handwerkliche Tech-

Team der Ergotherapie   ABB. 184

niken oder Tätigkeiten aus den Bereichen Selbstversorgung und Freizeitgestaltung eingesetzt.

Der *ausdruckszentrierten Methode* liegen tiefenpsychologische Konzepte zugrunde. Es können dem Patienten Möglichkeiten erschlossen werden, über kreativ-gestalterisches Tun zur besseren Wahrnehmung von Erlebnisqualitäten zu finden.

Beim Anwenden der *wahrnehmungszentrierten Methode* steht die Sinnes- und Körperwahrnehmung im Vordergrund. Dem Patienten sollen sensorische und sensomotorische Erfahrungen ermöglicht werden.

So sind auch die *sensorische Integrationstherapie* und die *basale Stimulation* als wahrnehmungszentrierte Methode dargestellt und werden in den entsprechenden Bereichen angewendet.

Mithilfe ergotherapeutischer Angebote zur neuropsychologischen Behandlung werden verschiedene kognitive Funktionen wie Aufmerksamkeits- und Konzentrationsstörungen, Lern- und Gedächtnisstörungen, Orientierungsstörungen, zerebrale Sehstörungen, Störungen räumlicher Leistungen, Apraxien, Neglect etc. trainiert. Im Training werden verschiedene Medien wie Papier-Stift-Aufgaben, therapeutische Spiele oder ein speziell entwickeltes computergestütztes Training eingesetzt, welches den tatsächlichen Anforderungen einer patientenorientierten Behandlung entspricht.

Weitere Schwerpunkte in der ergotherapeutischen Behandlung im neurologischen Bereich und auf der Stroke Unit sind korrekte Lagerung und Transfer, Beüben funktioneller Bewegungsabläufe sowie alltagsorientiertes Training, Sensibilitätstraining, Training von Grob- und Feinmotorik, Koordinationstraining und die Anleitung zum Eigentraining. Zusammenfassend kann man sagen, dass Ergotherapeuten heute für alle Fachbereiche in unserer Klinik tätig sind. Stetige Fortbildungen und Zusatzqualifikationen für die verschiedensten Fachgebiete haben dazu geführt, nach neuesten Erkenntnissen, Konzepten und Modellen zu arbeiten.

Ergotherapie im Therapiezentrum ABB. 185

10.4 Logopädie

Die Logopädie befasst sich mit Prävention, Befunderhebung, Therapie und Beratung von Menschen jeden Alters mit Sprach-, Sprech-, Schluck- und Stimmstörungen. Die erste konsiliarische Betreuung durch eine Logopädin wurde mit Entstehung der Stroke Unit ins Leben gerufen.

Erstmalig wurde im November 2010 eine Logopädin fest eingestellt mit dem Auftrag, eine logopädische Abteilung aufzubauen. Um den Patienten nach ihrem Klinikaufenthalt eine weiterführende ambulante Therapie zu ermöglichen, wurde noch im selben Jahr der Klinik eine logopädische Praxis angegliedert. Die logopädische Abteilung musste aufgrund der steigenden Anforderungen erweitert werden. Zurzeit versorgen inzwischen drei LogopädInnen die Stroke Unit, die Neurologischen Stationen 1 und 2 sowie verschiedene psychiatrische Stationen und Häuser als auch die stationäre Kinder- und Jugendpsychiatrie und -psychotherapie.

In der Ambulanz der KJPP werden intensive Befunderhebungen durchgeführt und in interdisziplinärer Zusammenarbeit die optimalen Fördermöglichkeiten für und mit den Patienten besprochen und an zuständige Ärzte und Therapeuten weitergeleitet.

Das logopädische Team ergänzt das komplexe Therapieprogramm unserer ökumenischen Einrichtung.

Logopäden des ÖHK ABB. 186

Wir sind da für Erwachsene und Kinder mit neurologischen Sprach- und Sprechstörungen (Aphasien/Dysarthrophonien/Apraxien) nach Schlaganfall, Hirnoperationen, Hirntumoren, Schädel-Hirn-Traumen, Multipler Sklerose, Amytrophe Lateralsklerose u. a. m., des Weiteren bei Schluckstörungen (Dysphagien), bei organischen und funktionellen Stimmstörungen (wie Heiserkeit, Recurrenzparesen, Teilresektionen von Kehlkopf, Zunge oder Unterkiefer), bei Aussprachestörungen, Störungen im Spracherwerb und im Satzbau (Dysgrammatismus) sowie bei Kommunikationsproblemen.

Unser Angebot umfasst Erstgespräche und gründliche testbasierte Befundung des sprachlichen Leistungsniveaus, individuelle, aus der Befundung abgeleitete Einzeltherapie, Weiterführung der in unserem Haus begonnenen stationären Behandlung in ambulanter Form in unserer angegliederten logopädischen Praxis, ambulante Therapie für externe Patienten aus der Umgebung (auch Hausbesuche), persönliche Beratung und Information rund um das Thema Sprache, Sprechen, Stimme und Schlucken sowie Vortragsveranstaltungen, Fort- und Weiterbildungen.

10.5 Physiotherapie

Seit Januar 2005 befindet sich die Physiotherapie des ÖHK im Neurologisch-Psychiatrischen-Zentrum. Die Funktionsräume wurden räumlich und strukturell auf den modernsten Stand konzipiert und schließen ein Bewegungsbad mit ein.

Unser Team besteht aus 14 Physiotherapeutinnen und -therapeuten, deren Aufgaben im stationären und ambulanten Bereich liegen. Die bestehenden Qualifizierungen der Mitarbeiter sind nicht nur auf neurologische und psychiatrische Krankheitsbilder ausgerichtet, sondern auch übergreifend auf andere fachspezifische Gebiete, wie Orthopädie und Innere Medizin.

Team der Physiotherapie ABB. 187

286 HEUTE 100 JAHRE PFAFFERODE 1912–2012

Unser therapeutisches Spektrum umfasst in der Psychiatrie psychomotorische Therapie, kommunikative Bewegungstherapie, Babymassage, Entspannungstherapie, Yoga-Therapie, Einzel- und Gruppentherapie für chronisch kranke und geistig behinderte Patienten, Einzel- und Gruppentherapie für Kinder und Jugendliche mit zum Beispiel ADHS, Ängsten, Zwängen oder Essproblemen.

Die spezielle Physiotherapie in der Neurologie umfasst zur Behandlung von zentralen Bewegungsstörungen nach dem Bobath-

Konzept bei Patienten mit Schlaganfällen (auch als Frührehabilitation) gezielte Krankengymnastik, die auf spezielle neurologische Krankheitsbilder abgestimmt ist (z. B. auf Multiple Sklerose, extrapyramidale Bewegungsstörungen, Polyneuropathien, periphere Lähmungen), Parkinsongymnastik oder Schwindeltraining.

Einzel- und Gruppengymnastik werden sowohl für den stationären und ambulanten Bereich sowie die PIA angeboten. Es gibt natürlich auch Programme für Mitarbeiter, wie Rückengymnastik, Wasserjogging u. ä.

Im Bewegungsbad werden Einzel- und Gruppentherapien für den stationären und ambulanten Bereich (PIA) angeboten. Unsere jüngsten Patienten freuen sich über das Babyschwimmen.

11.0 Klinikseelsorge

Im Johannesevangelium gibt es eine Begebenheit, die eine besondere Erfahrung von Seelsorge beschreibt:

Jesus kommt durstig zu einem Brunnen und trifft dort eine Frau, die er nicht kennt. Er bittet sie, ihm Wasser zu schöpfen. Die beiden kommen miteinander ins Gespräch und in dessen Verlauf wird aus dem bittenden Jesus ein Hörender und Gebender. Jesus erkennt die Lebensgeschichte der Frau. Er erkennt sie. Jesus spürt ihren Durst. Er, der eben noch der Empfangende gewesen ist, gibt nun der Frau. Er sagt ihr, dass das Wasser dieses Brunnens den Durst nur vorübergehend löscht. Das Wasser aber, das er geben wird, stillt den Durst für alle Zeit als eine sprudelnde Quelle im Menschen selbst.

Seelsorge ist das miteinander Sitzen am Brunnenrand, das Gespräch, der Abstieg in die Tiefe und das Aushalten der Dunkelheit. Es ist durstig sein und suchend. Es ist verstanden und gesättigt werden. Seelsorge ist, im Hier und Jetzt eine Ahnung von der heilenden Nähe Gottes zu spüren.

Menschen brauchen Seelsorge, um wieder in Balance zu kommen mit sich, ihrer Umwelt und mit Gott. Wie wichtig geistliche Begleitung gerade in Krisensituationen ist, wussten auch die Gründer der Landesheilanstalt. Ein Blick in die Geschichte zeugt von der Präsenz von Seelsorgern vor Ort: Die erste geistliche Versorgung der Landes-

Aquamassageliege
ABB. 188 · OBEN

Bewegungsbad
ABB. 189 · UNTEN

heilanstalt übernahm Pfarrer Knabe von der St.-Petri-Kirche in Mühlhausen. Seit dem Frühjahr 1913 fanden regelmäßig alle 14 Tage und an den Feiertagen evangelische Gottesdienste statt – zunächst in einem noch ungenutzten Saal des Männerlazaretts, später in der am 8. Juni 1913 fertiggestellten Begräbniskapelle. Ein Franziskanermönch vom Kerbschen Berge bei Dingelstädt, Pater Burghardt, hielt 14-tägig den katholischen Gottesdienst. Einen eigenen evangelischen Anstaltsgeistlichen bekam die Landesheilanstalt am 1. Oktober 1916 mit Pfarrer Emmelmann. Bereits im Jahr 1914 war mit dem Bau der Anstaltskirche begonnen worden. Sie wurde am 9. September 1917 geweiht, allerdings ohne die Glocken, die kurz zuvor zur Gewinnung von Kanonenmetall zerschlagen werden mussten.

An die Tradition anknüpfend finden heute jeden Sonntag evangelische bzw. katholische Gottesdienste in der renovierten Kirche statt. Im Winter versammelt sich die Gemeinde im geheizten Raum der Winterkirche mit Blick in das Kirchenschiff und den Altarraum. Andachten werden im Raum der Stille und auf den Stationen gehalten.

Die klinische Seelsorge hat sich im Lauf der Geschichte sehr verändert. Seelsorge im Krankenhaus geschieht im kirchlichen Auftrag in ökumenischer Verantwortung. Voraussetzung für die angewandte Seelsorge ist eine fundierte klinische Seelsorgeausbildung. Die Schweigepflicht ist unabdingbarer Bestandteil des Seelsorgegeheimnisses. Zur Arbeit gehören neben der Zeit für Patienten und Angehörige auch Zeiträume für Personal, Unterricht und Veranstaltungen.

Kirche in Pfafferode ABB. 190

100 JAHRE PFAFFERODE 1912–2012 — HEUTE

Gemeinsam mit dem Franziskaner Bruder Jordan vom Hülfensberg arbeitet die evangelische Pfarrerin Kathrin Skriewe im ökumenischen Team der Klinikseelsorge.

Deren Aufgaben im Ökumenischen Hainich Klinikum sind vielfältig: Seelsorge geschieht am Krankenbett, beim Gespräch mit Patienten in der Forensik oder bei der Suche mit Kindern und Jugendlichen nach dem Sinn ihres Lebens. Seelsorge geschieht in Begegnungen auf den Wegen zwischen den Häusern im Klinikgelände und beim kurzen Gespräch im Dienstzimmer oder beim Mittagessen.

Der Ort der Begegnung ist dabei nicht wichtig. Brunnen zum Schöpfen können an unerwarteten Orten sein.

Pfarrerin Kathrin Skriewe
KLINIKSEELSORGERIN

Bruder Jordan Tentrup
KLINIKSEELSORGER

Kathrin Skriewe
ABB. 191 · OBEN

Bruder Jordan Tentrup
ABB. 192 · UNTEN

2012

12.0 Abbildungsverzeichnis

Bildarchiv Ökumenisches Hainich Klinikum gGmbH Mühlhausen
(Fotografen u.a.: W. Fuchs, Th. Georgi, G. Jaeckel, S. Herz, A. Technau, A. Ternes)
 (Abb. 1, 2, 3, 12, 13, 14, 15, 17, 18, 19, 20, 21, 23, 24, 25, 26, 27, 28, 29, 31, 32, 42, 43, 44, 45, 46, 47, 48, 49, 50, 52, 54, 55, 56, 57, 58, 59, 60, 61, 62, 63, 66, 67, 68, 69, 70, 71, 72, 73, 74, 75, 76, 77, 79, 80, 81, 82, 83, 84, 85, 86, 87, 88, 89, 90, 91, 92, 93, 94, 95, 96, 97, 98, 99, 100, 101, 102, 103, 104, 105, 106, 107, 108, 109, 110, 111, 112, 113, 114, 116, 117, 118, 119, 120, 121, 122, 123, 124, 125, 126, 127, 128, 129, 130, 132, 133, 134, 135, 136, 137, 138, 139, 140, 141, 142, 143, 144, 145, 146, 147, 148, 149, 150, 152, 153, 154, 159, 160, 161, 162, 163, 164, 165, 166, 167, 168, 169, 170, 171, 172, 173, 174, 175, 176, 177, 178, 179, 180, 181, 182, 183, 184, 185, 186, 187, 188, 189, 190, 191, 192)

Schrenk, M.: Über den Umgang mit Geisteskranken. Springer, Berlin, Heidelberg, New York, 1973, S. 187
(Abb. 5)

Kolle, Kurt (Hrsg.): Große Nervenärzte Bd. 1 Georg Thieme Verlag, Stuttgart, 1956
(Abb. 6, Abb. 22)

Ambrosius, E. (Hrsg.): Andrees allgemeiner Handatlas. 8., neubearb. u. verm. Aufl. Bielefeld, Leipzig, Velhagen & Klasing, 1930, S. 56
(Abb. 7)

Archiv für Psychiatrie und Nervenkrankheiten, Bd. 116 (1943)
(Abb. 33)

Kranken-, Heil- und Pflege-Anstalten der Provinz Sachsen. Otto Fritz Druckerei u. Verlag, Düsseldorf, 1929, S. 57
(Abb. 8)

Stadtarchiv Mühlhausen (Abb. 9: Mühlhäuser Geschichtsblätter Bd. 32. 1933; Abb. 16, 34, 35, 39, 41, 65)

Ruprecht (Landesbaurat): Errichtung einer neuen Heilanstalt der Provinz Sachen in Mühlhausen in Th. Psychiatrisch-Neurologische Wochenschrift 1913; 42: 502
(Abb. 11)

LWL-Institut für westfälische Regionalgeschichte Münster
(Abb. 36)

Faulstich, H.: Hungersterben in der Psychiatrie 1914–1949. Lambertus, Freiburg i. Br., 1998, S. 518
(Abb. 37)

Linde, Otfried K. (Ed.): Pharmakopsychiatrie im Wandel der Zeit. Tilia Verl. Mensch u. Medizin, Klingenmünster, 1988, S. 93
(Abb. 38)

Zeitschrift für die gesamte Neurologie und Psychiatrie, Bd. 177 (1944)
(Abb. 30)

Architektengemeinschaft Schwieger/Ortmann
(Abb. 78, 151)

Let's go! e.V. Jugendhilfe Brilon-Wald
(Abb. 155, 156, 157)

Wikipedia Commons
http://upload.wikimedia.org/wikipedia/commons/2/29/Emil_Kraepelin2.gif (Abb. 4)

http://upload.wikimedia.org/wikipedia/commons/thumb/8/82/Binswanger.JPG/220px-Binswanger.JPG (Abb. 10)

http://upload.wikimedia.org/wikipedia/commons/thumb/4/40/Gerh_Rose.jpg/220px-Gerh_Rose.jpg (Abb. 40)

Privataufnahmen
Dr. Niedermeyer (Abb. 51, 53)
Dr. F. Walther (Abb. 64)
J. Drößler (Abb. 115)
K. Schoett (Abb. 131)
M. Jauß (Abb. 158)

Arcyd - Fotolia.com (Titel-Hintergrund Baumstamm)

13.0 Abkürzungsverzeichnis

AEP	akustisch evozierte Potentiale
CCT	Craniale Computertomographie
EEG	Elektroenzephalographie
EMG	Elektromyographie
ENG	Elektroneurographie
HU-Bau	Haushaltsunterlagen Bau
KHG	Krankenhausfinanzierungsgesetz
KJPP	Kinder- und Jugendpsychiatrie und -psychotherapie
MRV	Maßregelvollzug
MRT	Magnetresonanztomographie
NLG	Nervenleitungsgeschwindigkeit
NPZ	Neurologisch-Psychiatrisches Zentrum
PIA	Psychiatrische Institutsambulanz
SSEP	somatosensorisch evozierte Potentiale
VEP	visuell evozierte Potentiale
ZML	zentralmotorische Leitgeschwindigkeit
ZNS-Erkrankung	Erkrankungen des zentralen Nervensystems

Anhang:

ÜBERSICHT ÜBER DIE DIREKTOREN VON 1912 BIS 2012
(Die mit Klammern versehenen Daten bezeichnen das Datum ihrer offiziellen Ernennung zum Direktor.)

Dr. Adolf Schmidt	2.12.1912 (ab 1.7.1912 anwesend) bis 30.3.1926
Dr. Emil Jach	3.3.1927 (ab 31.3.1926 kommissarisch) bis 11.10.1930
Dr. Paul Langer	24.3.1931 (ab 12.10.1930 kommissarisch) bis 7.10.1934
Dr. Ernst-Heinrich Gengnagel	Ende Oktober 1934 bis 31.5.1935 (kommissarisch)
Dr. Fritz Karl Rust	1.6.1935 bis 23.8.1938
Dr. Kurt Schroeder	Ende August 1938 bis 30.11.1938 (kommissarisch)
Dr. Karl Kolb	1.12.1938 bis 1940 oder Anfang 1941 (genauer Zeitpunkt unbekannt)
Dr. Kurt Schroeder	1940 oder Anfang 1941 bis 30.9.1942 (31.3.1943) (genauer Zeitpunkt unbekannt) (kommissarisch)
Dr. Theodor Steinmeyer	1.4.1943 (vermutlich ab 1.10.1942 kommissarisch) bis 17.5.1945
Dr. Willibald Haeuptner	20.6.1945 (ab 18.5.1945 kommissarisch) bis 30.6.1946
Dr. Eva Gatzek	1.7.1946 bis 31.3.1947 (kommissarisch)
Dr. Richard Lische	1.4.1947 bis 31.1.1953
Dr. Hans-Peter Schulz	1.2.1953 bis Sommer 1954 (genauer Zeitpunkt unbekannt)
Dr. Hans Albrecht	1.8.1954 bis 31.3.1958

Doz. Dr. Ehrig Lange	*15.8.1958 bis 30.6.1963*
Doz. Dr. Kurt Niedermeyer	*1.8.1963 bis 30.4.1985*
Dr. Helmut Heinroth	*1.4.1985 bis 10.11.1989*
Dr. Klaus Seelisch	*9.11.1989 bis 31.5.1990 (kommissarisch)*
Dr. Norbert Fröhlich	*1.6.1990 bis 26.7.1993*
Dr. Falk Walther	*1.8.1993 bis 31.12.1994*
Prof. Dr. Lothar Adler	*ab 1.1.1995*